이뢰자 목사
설교 메모집 5
녹취 설교

엮은이 김정윤

새일과새시대

이뢰자(雷子) 목사 약력, 경력

약력

이뢰자 목사

1915. 11. 4	황해도 곡산에서 출생
1949. 4. 22	북에서 월남
1954. 3. 1	부산 고려신학교 입학
1956. 1. 4	중심성결 받음
1957. 5. 21	10개월 철야기도 시작
1958. 3. 19	「요한계시록」 해석 받아씀(4~14장)
1960. 3. 1	「말세비밀」 출간, 전국적으로 부흥 성회 인도
1964. 9. 24	「새일수도원」 건축 시작
1965. 5. 15	「새일수도원」 완축 및 헌당식
1967. 8. 15	권세 새힘 받음(사40:27~31)
1967. 10. 15	입에 하나님의 말씀이 임함(사28:11, 59:21), 「말씀의 칼」 받아씀
1968. 1. 1	「여호와 새일교단」 창립
1968. 5. 27	「조직신학 강의」, 「선지서 강의」, 「요한계시록 강의」 등 받아쓰기 시작
1970. 3. 1	「새일중앙교회」 창립
1970. 7.	「아름다운 소식」 창간호 발행

경력

강원도 홍천과 인제 두 곳에서 개척 교회, 보수동교회(부산) 담임
영도침례교회(부산) 담임, 세도침례교회(충남) 담임
새일중앙교회(서울) 담임
여호와 새일교단장, 새일수도원 원장, 아름다운소식 사장

이뢰자 목사를 통하여 나타난 책

「조직신학 강의」, 「선지서 강의(이사야~말라기)」, 「요한계시록 강의」
「성경해석법과 요한일서 강의」, 「말씀의칼」, 「인간론」, 「인간의종말」
「아름다운 소식」27권, 「새일성가집」 등…

일러두기

1. 본서는 이전에 출간된 「강의」, 「아름다운 소식」, 「말씀의 칼」, 「특강」 등과는 달리 말씀이 직접 입에 임하여 받아써서 나온 책은 아닙니다.
2. 이뢰자 목사의 설교를 메모해 두었던 분들의 기록들을 취합한 자료(1~4권)와, 녹취 자료(5권)를 가지고 「**이뢰자 목사 설교 메모집**」이라고 책명을 붙였습니다.
3. 본서는 '녹취 자료'를 옮겨 적은 '제5권'으로 아래와 같은 점이 있다는 것을 참고해 주시기 바랍니다.
   ① '녹취 자료'를 그대로 옮기는 것을 원칙으로 했지만, 정확한 의미 전달을 위해 부득이하게 이뢰자 목사가 사용하던 황해도 사투리, 고어, 특이한 표현법 등…을 약간 수정한 부분도 있습니다.
   ② 설교 내용을 그대로 메모함으로 인해 어법이 부자연스러운 부분이 있을 수 있습니다.
   ③ 녹음 상태로 인해 잘못 옮겨진 부분이 혹시 있을 수 있습니다.
4. 이미 '새일과새시대'에서 출간한 「강의」, 「이뢰자 목사 강해집」 세트(5권), 「아름다운 소식」 세트(10권), 「인간론」, 「인간의 종말」, 「말씀의 칼」, 「특강」, 「새일성가」 등의 서책을 구입하여 읽으신다면 진리를 아시는 일에 더욱 도움이 될 것입니다.
5. 본서의 성경 인용 부분은 '개역한글판'을 사용하였습니다.
6. 책 내용에 대해 문의하고 싶으시거나 좀 더 진리를 알아보시는 데 도움이 필요하시다면 '010-7171-1691'로 연락 주시기 바랍니다.

머 리 말
-「이뢰자 목사 설교 메모집」을 엮으면서 -

　하나님의 정한 때가 왔기 때문에 선지 예언대로 이뢰자 목사의 머리에 하나님의 신이 임하고 입에 말씀이 임하여 이날까지 숨겨 놓았던 심판의 다림줄의 진리가 1년에 약 1,500페이지 정도의 분량의 말씀으로 수 년 동안 여러 서책으로 나타났습니다.
　인류 역사상 이렇게 서책을 내는 선생은 없었다고 해도 과언은 아닐 것입니다. 분명히 이사야 선지 예언에 동방 땅 끝 사람에게 입에 말씀이 임한다는 예언이 이루어졌다고 봅니다. 이러한 역사가 우리나라에 나타났다는 것은 여러 사명자들에게 큰 축복이 올 징조라고 봅니다.
　금번에「이뢰자 목사 설교 메모집」세트(5권)를 발행하게 되었습니다. 이 책들은 직접 입에 임하여 나타난 말씀으로 출판된 이전의 책들과는 달리 이뢰자 목사의 설교를 모아 편집했습니다.
　아쉽게도 녹음의 음질이 깨끗하지 못하여 직접 들을 수 있는 설교가 몇 편 없지만 이렇게나마 설교집으로 나오게 되어 이 시대의 양 된 심정을 가지신 분들에게는 하늘의 양식임에 틀림없습니다. 또한 영적으로 기근과 기갈을 만난 이때에 진리를 찾는 분들에게는 만족함을 얻게 해 주는 기독교 종말의 때를 따른 양식이 될 것 또한 확신합니다.
　어두움이 땅을 덮고 캄캄함이 만민을 가리우고, 무저갱에서 나온 검은 연기가 해와 공기를 어둡게 한다는 말씀대로 기독교 종말에 미혹의 흑암으로 세계가 어두워진 이때에 부족한 종을 통해 이토록 귀한 자료를 모아 설교집으로 출판하여 이 시대의 '말씀의 빛'으로 나타나도록 역사해 주신 하나님께 모든 영광을 돌립니다.

이 책의 출판은 많은 분들의 희생의 결과물입니다. 귀한 자료가 나올 수 있기까지는 먼저 이뢰자 목사의 설교 말씀을 귀한 생명의 말씀으로 여기면서 메모를 하시거나 녹취하신 분들의 은혜의 수고가 이 책이 이루어진 가장 큰 원동력이라고 생각하면서 이 자리를 빌어 관계되신 모든 분들께 감사의 말씀을 전합니다.
 아울러 '판에 명백히 새겨 달려가면서도 읽어 볼 수 있도록 하라'는 말씀대로 문서운동을 위해 교정으로 도와주시고 기도로, 성금으로, 기타 여러 가지 물심양면으로 협력해 주신 모든 사명자들과 믿음의 권속들에게 감사의 뜻을 전합니다.
 끝으로 이 설교집이, 독자 여러분에게 기독교 종말의 진리를 분명히 깨달아 미혹의 흑암을 뚫고 나가 재림의 주를 영광 중에 맞이할 수 있는 신앙의 정로를 걷는 길잡이 역할을 하는 데 일조할 것을 확신하며 기꺼이 필독을 권하는 바입니다.

2017. 1. 10
신림동 기도실에서
김 정 윤

【 차 례 】

일러두기 - *3*
머리말 - *4*

1. 하나님은 영원한 분깃 (시73:1~28) - *9*
2. 헌신과 인격 (시110:1~7) - *15*
3. 여호와 경외하는 집에 축복 (시128:1~6) - *27*
4. 하나님을 찬송할 일 (시148:1~14, 149:1~150:6) - *43*
5. 제단과 새 땅 축복 (사19:19~25, 시112:1~10) - *49*
6. 여호와의 이름을 부르는 자가 원수를 이기는 역사 (사41:25~27) - *55*
7. 십자가의 정로 (사53:1~12)   - *61*
8. 사로잡힌 자를 돌아오게 하자 (욜3:1~3) - *79*
9. 재림의 날에 설 인격 (마7:15~27) - *99*
10. 기독교 신앙의 정로 (마13:44~50) - *109*
11. 큰 믿음을 가지자 (마14:22~33) - *119*
12. 간구와 응답 (눅11:5~13) - *135*
13. 하나님께서 주시는 영광 (요8:51~59) - *145*
14. 양 된 생활 (요10:22~39) - *157*
15. 예수 이름으로 승리하자 (요14:12~14) - *175*
16. 온전함을 이루어 하나 되게 하는 역사 (요17:21~26) - *193*
17. 사명자의 특권 (요20:19~23, 계22:17~19, 11:1) - *199*
18. 완전히 아는 믿음 (고전13:1~13) - *231*

19. 지혜에 장성한 자가 되자 (고전14:20~22) – *249*
20. 은혜로 된 인격 (고전15:1~11) – *257*
21. 은혜의 선물 (엡2:8~10) – *263*
22. 예언의 말씀을 지켜야 할 때는 왔다 (계1:3) – *289*
23. 증인 권세와 교회 통일 (계11:3~6) – *301*
24. 땅에서 구속 받을 인격 (계14:1~5) – *325*

※ 부록
- 완전한 것 주고 싶어 하시는 아버지의 심정을 내가 믿나이다
  (이뢰자 목사 걸어온 길) – *340*
- 사랑 떠난 교회를 위한 눈물의 기도 – *347*
- 사진 자료 – *350*

하나님은 영원한 분깃
― 시73:1~28 ―

악한 놈이 점점 잘되고, 점점 형통하고, 점점 높아지고, 점점 더 올라갑니다. 그래도 이 마음이 깨끗하고, 마음이 그냥 깨끗하고 주님만 이렇게 사모하는 사람이라면 이 사람이 즉, 의인이라 그 말입니다. 지금 그렇소, 안 그렇소? 악한 놈이 점점 잘돼요, 안돼요? 형통하죠? 우리는 공장이 망가지는데, 악한 놈의 공장은 더 잘되지요? 우리는 장사가 안되는데, 악한 놈의 장사는 더 잘되지요?

그러게 저는 그렇게 알아요. 아무리 세상에 내 일이 다 망가지고 망가지고, 아무리 악의 세력이 강하게 올라가도, 그 마음 가운데 악한 세력과 타협하지 않고 주님만 사모한다면 그 사람이 옳은 사람이야요. 그렇지요? 어디 요즘 점점 주님을 더 사모하게 됩니까, 타협할 맘이 있습니까?

자, 주님께서 선한 사람을 복을 주고, 악한 사람을 벌한다더니 점점 악한 놈이 더 잘되니 주님께 맘이 좀 떠져야지. 예? 요즘 주님께 마음이 떠지는 사회가 됐소, 더 사모하는 사회가 됐소? 예? 말 마시오! 요즘에 인제는요, 웬만한 사람은 다 주님께 마음이 좀 떠져요. 떠져요. 도무지 성경을 보면 성경대로 맞질 않는 것 같아요. 그러나 요즘에 바로 깨달은 사람은 점점 사모합니다. 야~ 이거, 자, 악한 놈이 잘되는 거 보니 심판기로구나, 아이쿠 큰일 났구나! 성경 바로 아는 사람은 점점 사모하지. 심판기에는 악한 사람이 잘된다고 그랬지요. 예? 권세 받는다고 그랬지요? 더 성한다고 그랬지요? 그러지 않았어요?

그러게 저는 이렇게 봐요. 난 그저 지금 꼭 요때를 심판기로 봅니다. 꼭 주님 나타날 날이 가까왔습니다. 무엇으로 보든지 요때는 우리 주님 나타날 때요. 무엇으로 보든지 심판기입니다. 그러니까 이걸 알기 때문에 정말 주님을 더 사모하게 되고, 내 마음에 티끌 만한 티라도 있을까 봐 벌벌 떨면서 사모하게 됩니다.

어느 정도 사모하십니까? 예? 하여간 세간살이가 다 망가지고, 친구가 나를 배반하고, 정말 나만 홀로 남아도 조금도 까딱없이 주님만 사모하면 그 사람은 그만하면 변화성도 돼요. 다 망가져 버렸어요. 소망 없습니다. 그렇게 될 적에 거기에서 더 주님을 사모한다면 그 사람 그만하면 사람으로는 꽤 쓸 사람이라요. 그건 무엇보다도 주님을 사모하는 증거죠?

그러나 여러분들, 사람이 안 알아준다고 해서 노발대발해서 기도 못 한다면 빵점이야. 재산이 다 실패해서 공장이 망가지고, 재산이 다 없어졌다고 해서 주님을 사모하는 마음이 떠진다면 그건 빵점입니다. 다 망가지고 망가지고 망가지고 다 망가져도 주님만 더 사모한다면 그 사람은 그게 즉 진짜 종입니다. 그건 왜냐? 세상 재물이 더 좋아요, 은혜가 더 좋아요? 예? 친구가 더 좋아요, 은혜가 더 좋아요? 정말이오?

난 지금 그저 세상이 다 안 알아 줘도 내 머리에 내리는 은혜발 끊어질까 봐 이게 겁납니다. 세상이 다 나를 천사같이 보더라도 이거 끊어지면 그거 뭘 합니까? 끈 떨어진 두레박인데. 그거 큰일 아니겠습니까? 여러분이 날 암만 신같이 알아준다고 하더라도 내게 오는 은혜 발 끊어지면 내가 무슨 필요가 있겠냐 그말이야요. 예? 내가 고립누각에 드러누워서 필하를 친다 해도.

　난 그래서 지금 하나님이 내게 분명히 내리고 있는데, 지금도 그저 머리로, 이 몸으로 그냥 침투시키는 요거 하나 그저 감소될까 봐. 저는 털끝만치도 감소될까 봐 거기에 벌벌 떨어요. 뭐 끊어질까 보다도. 자, 이거 더 와야지 이거 감소되면 어떻게 합니까?

　그저 저는 이렇게 밤낮 지금 그저 호소하는데요. 조금만 마음에, '아이구! 너무 바빠.' 그래도 싹~ 감해질라고 그래요. '아이쿠 큰일 났구나. 오 주여!' 바빠 소리도 하면 안 돼. 바쁜 것이 더 축복이요, 축복 아니요? 예? 그래 안수해 달라는 것도 '아이구! 난 이렇게 원, 네 시간 다섯 시간 설교했는데 또 안수해 달라고 머리를 또 디밀어. 에이구!' 그래도 감해요. '에잇, 또 해준다.' 하하. 정말 너무하거든요. 아니 네 시간 다섯 시간 설교 했는데 또 갖다 들이댄단 말이요. 그런데 그걸 귀찮게 본다면 감해져요. 그러니까 그냥 들어가면. 그러니까 부득불 그저 또 해줘야지, 또 은혜 감할까 봐.

　전 그러게 그저 지금 은혜 받는 재미에 그만 반해버렸거든요, 거기. 그래서 정말 뭐, 언제 뭐 다른 거 생각할 새가 없습니다. 그거 그저 요거 감해지면 큰일 났거든. 전 오늘이라도 하늘 영양이 감해지면 픽픽픽픽합니다. 요기만 감해지면 골이 아찔아찔해요. 야, 큰일 났단 말야. 이거 떨어지면 난 골이 아찔아찔해요. 예? 그러니 뭐 이 배로 오는 거 이거 떨어지면 난 지금 미치갱이, 그저 골이 팽팽, 전 오늘이라도요, 이 배로 들어오는 게 약해지면 머리가 아찔아찔해요. 자 이거,

머리가 팽팽. 그러니까 그저 배로 들어오는 거 이거 약해질까 봐, 그저. 밥을 먹으면서도 이거 약해지면, 밥이 문제가 아니라 이게 문제다. 하하. 참 사모합니다. 밥상 받아도 내게 은혜 주는 거 이걸 사모하지 밥을 사모하지를 않아요. 그래서, 그러게 그래야지, 조금만 요음식을 요놈을 먹어서 내가 영양 보충을 해야겠다 요렇게 맘만 먹어도 벌써 약해집니다. 그러면 누가 손해요?

저 이런 생활하고 있어요. 알아요? 저는 지금 조금이라도 은혜가 약해지면 골이 팽팽팽팽 돌라고 그래요. 뭐 조금이라도 이게 약해지면 벌써 골이 팽팽팽팽 돌라고 그럽니다. 그렇게 돼 있거든요. 그 이상해요. 쓸 사람이요, 못쓸 사람이오? 예? 못쓸 놈이 아니에요? 은혜가 조금만 약해지면 머리가 팽팽 도는 녀석이 뭣에다 씁니까? 이상해요. 못 견딥니다. 절대로. 그저 몸이 어찔어찔할라 그래요. 그건 왜냐? 지금 내가 은혜로 몸이 이렇게 됐지, 물질 영양으로는 제가 지금 피 보존을 못하게 돼 있거든요. 그렇잖아요? 어떻게 피가 보존이 됩니까? 말이 됩니까? 그러니까 내가 그만 조금만 벌써 은혜가 약해지면 머리가 팽팽 돌라 그러고, 이 몸이 어찔어찔하면서 이래요. 그러니까 부득불 내가 매달릴 수밖에 어디 있냐 말이야요. 그렇잖아요?

여러분이 다 하나같이 나처럼 사모한다면 오늘 큰 역사 떨어져요, 괜히. 정말 사모하고 애쓰겠습니까? 예? 저기 저 집들 사모 안 돼요? 저거, 악한 저 사람들 저거, '야~ 집 참 좋다. 나도 저런 거 하나 있으면 좋겠다.' 저런 것 하나 있으면 좋겠지요? 정말 우리. 예? 자, 우리 교단에 저런 거 하나 있으면 좋겠소, 안 좋겠소? 예? 좋지요, 사실. 하하.

자, 저런 게 우리 교단에 있더라도 은혜가 안 내리면 필요 있습니까? 우리 정말 새일교단 본부가 저런 게 하나 있더라도 은혜가 안 내린다면 그거 뭣합니까? 이런 셋방살이 본부를 정했더라도 은혜가 오면 그게 됐지요. 그렇잖아요?

 자, 어떻게 또 좀 받을까요? 예? 갈 사람은 가세요. 우리 칠 배나 받읍시다.

헌신과 인격
−시110:1∼7−

■ 기도: 우리가 받았지마는 우리 마음은 다 냉정해져 버렸고, 용서를 받았지마는 남을 용서하는 마음이 적고, 하나님께서 우리를 살리셨지마는 남을 살리겠다는 마음이 적고, 하나님께서 우리를 이날까지 아끼고 아꼈지마는 우리는 남을 아끼는 맘이 적게 되었사옵니다.

만일 우리가 소위 신자라 하면서, 종이라 하면서 이런 난국을 당해서 눈물의 기도가 없고, 눈물의 전도가 없이 나간다면 여지없이 우리 자체도 망할 수밖에 없는 열매 없는 나무가 아니겠사옵니까.

심히 원하옵나니 이 민족을 살리는 것은 하나님의 사랑의 불길이 우리 마음에 붙어서 우리들이 눈물 흘리며 나가 외치는 일이 있어야 하겠고, 눈물의 기도가 있을 적에 하나님의 응답이 내림으로만이 동방 아시아의 문제는 해결이 될 것이오니, 주여! 이번 우리가 모인 목적은 호소 성회로 모였사옵나이다.

이 시간에 하나님 앞에 호소하되 상달 못 될 원인이 뭐 있습니까. 하나님의 응답 받지 못할 잘못된 뭣이 있다면 이 시간 말씀을 통하여 이것을 깨닫게 해서 이번에 꼭 하나님의 응답을 받고, 하나님 앞에 영광 돌리는 단체가 일어나도록끔 강하게 역사를 내려보내 주시옵소서. 예수 이름으로 기도하옵나이다. 아멘.

시편 110편이요. [성경 본문 봉독: 1절~7절]

이렇게 예수님이 세상에 오시기 전에 벌써 다윗 왕에게 성신 감동이 임해서 말씀이 올 때에 만왕의 왕 예수님은 하나님 보좌 우편에 앉아서 원수를 갚는 날까지 앉아 계신데 마지막 때에 여기 역사를 두고 하는 말씀이 3절에, 주의 권능의 날에 주의 백성이 거룩한 옷을 입고 즐거이 헌신하니 새벽이슬 같은 주의 청년들이 주께 나아오는 도다. 주의 권능의 날.

하루 종일 아침부터 설교할 수 있습니다. 청년이 됐소, 안 됐소? 예? 젊어서는 식은땀만 뻘뻘 나면서 그랬었는데 지금은 땀도 안 나고요, 넥타이 딱 매고 강단에 서서 뭐 종일 더운 날도 설교할 수 있고요, 또 런닝을 입어도 일주일 입어도 땀도 안 배요. 이거 어떻게 된 노릇인지 모르겠습니다. 청년 때는 길을 가면 다리가 아팠댔는데 지금은 다리가 안 아픕니다. 언덕에 올라가도 다리가 안 아파요. 청년 때는 고기로 보신 안 하고는 일을 못했는데 지금은 고기라고는 냄새도 안 쐬고요, 그저 밥 한 숟가락씩 먹어도 팔팔합니다. 그 왜냐? 주께 헌신하기 때문에 그렇다.

그래서 오늘부터 여러분들은 주님께 헌신하고 공산당 때려 부수는 청년이 됩시다. 우리 할머니들도 말짱 청년이 되라구요, 예? 자, 공산 청년이 이길 거요, 주의 청년이 이길 거요? 공산 청년은 그건 아무 맥 못 춥니다. 나도 정말 이북에서 공산 청년들과 싸워 봤지만요, 그건 꼭 짐승 모양이야요. 자, 소란 놈이 요런 놈의 거, 뒤에서, 끼야! 하고 때리면 뜁니까, 안 뜁니까? 예? 자, 짐승들 앞에다 놓고, 이놈의 짐승아! 그러면 다 뛰죠. 꼭 공산당은 그런 식입니다. 그 공산당 속에는 아무것도 없어요.

그래서 이제 공산당을 이길 사람은 주의 청년인데, 그저 아무리, 여기 지금 88세 나는 장로님이 오셨는데요, 우리 88세 난 장로님도 주의 청년이 되십시오. 우리 저 김장로님 주의 청년이 되시라고요. 예? 우리는 지금 이제 주의 청년이 돼야 공산당 때려 부숴요. 피곤이 뭡니까? 주의 청년이. 오늘부터 말짱 젊어지자구요.

자, 이제 공동묘지 갈 사람이 공산당과 싸울 수 있습니까? 예? 성경 보면 그랬거든요. 어느 선지나 다 말할 때에 북방 세력을 인간 병력으로, 인간의 어떤 무력으로 말이요, 인간의 어떤 정치로 당하지 못하게 될 때에는 반드시 하나님의 사람이 나타나는데, 정말 하나님의 사람들이 나타나는데 그 사람들은 무슨 사람이냐 할 것 같으면 죽지 않고 새 시대 갈 사람들이 나타나 가지고서 그 사람들이 세계 통일한다고 그랬거든요. 그럼 죽지 않고 새 시대 갈 사람이 늙겠소, 젊겠소?

난 그래서 지금 내가 육십이 가까운 사람인데, 아니 제가 스무 살 나니까 스물다섯으로 보더니, 그다음엔 스물다섯 살 나니까 삼십 오세로 보더니, 삼십이 나니까 사십으로 보더니 그러더니 요즘 와서는 저를 미남이라 그럽니다. 하하 참, 기독교도 이런 은혜가 있어요. 알아요? 그래서 우리 새 일의 역사는 다른 게 아닙니다. 새 일의 역사는 말짱 다 푸른 새순의 종이 되는 거요.

자, 옛 일은 아담의 범죄로 다 썩어져 흙이 됐지만 새 일은 말짱 썩지 않고 살아서 새 시대 가는 역사입니다. 그게 새 일이야요. 다른 거 없어요. 그저 새 일 역사 반대하는 사람은 말짱 썩을 줄만 아시오. 예? 그렇잖겠어요? 이 몸이 살아서 새 시대, 자, 이렇습니다. 새 일이란 건 이 세상에 원자탄이 빵빵 떨어져 온 세계가 불탈 때에 그 때에 외양간에서 나온 송아지같이 뛰는 사람이 나타난다 그랬거든요.

우리가 지금 오늘 여기와 부를 때에 어떤 분들 와 보면 아니 이게 무슨 굿중팬가? 이게 뭐야 이거? 그게 말짱 젊어질라고 그러는데. 하하. 그런데 좀 일어서는 건 좀 절제했으면 좋겠습니다. 왜냐하면 남자 앞에 여자가 일어서노니까 남자가 내 얼굴이 안 뵈는데요, 하하.

그래서 저는 이렇게 봐요. 주님께 몸만 바치면, 지금 이때야요. 자, 일러 봐요, 과거에 주께 몸 바친 사람은 병들어 죽지 않고 의를 위하여 순교했습니다. 그래 과거에 주께 몸 바친 사람은 염병에 죽고, 폐병에 죽고, 정말 장질부사에 죽은 사람 없어요. 전부 주께 몸 바친 사람은 죄를 위해 죽지 않고 말짱 의를 위해 애쓰고 죽었어요. 기왕 죽을 바엔 염병한테 죽는 게 가치가 있소, 의를 위해 순교하는 게 낫소? 말짱 옛날부터 본다면요, 하나님께서는 절대 사람이 병들어 죽고 이걸 아주 슬퍼하십니다.

그래서 옛날부터 본다면 주께 헌신하는 종은 두 사람이 구름타고 올라가고 그 밖의 사람은 말짱 다 순교를 시켰어요. 더럽게 그렇게 병에 죽게 하질 않고, 의를 위해서 죽어라 그랬고, 인제에 우리 새 일 역사는 주께 몸 바친 사람은 절대 원수 짓밟고 나가요.

자, 여기 5절 보시라고요. 예? 자, 주의 우편에 계신 주께서, 이건 예수님이죠? 예? 주의 우편에 계신 주께서, 누굽니까? 예수님 아닙니까? 그 노하시는 날에 열왕을 쳐서 어떻게 해요? 파하실 것이라. 열방 중에 판단하여 시체로 어떻게 해요? 가득하게 하시고, 여러 나라의 머리를 쳐서 파하시며 길가에 시냇물을 마시고 인하여 그 머리를 드시리로다. 봐요. 예? 그래서 지금 여기는 보좌 우편에 계신 예수님이 이 강단에다 지금 비밀을 내려보냅니다. 가장 사랑하는 제자 요한에게 줬던 그 비밀, 그것을 이 강단에 지금 내려보냈어요. 보좌 우편에 계신 예수님이 이 강단을 통하여 당신이 재림할 때에 세상 될 거, 모든 숨은 비밀.

예수님이 부활해서 하나님께로 보좌 앞에 갔다 와서 나타나서는 사도들에게, 십자가 부활을 성경대로 이뤄졌다는 것을 증거해라. 내가 나기를 성경대로 나지 않았느냐? 성경대로 죽지 않았느냐? 성경대로 부활하지 않았느냐? 성경대로 온 천하에 복음을 전파해라. 그 비밀을 알려줬고, 부활, 승천하신 예수님께서 모든 사도가 순교한 다음에 사도 요한에게 이후에 마땅히 될 일을 보여줬는데 그것이 무엇인지를 몰랐지만 오늘 이 강단에 보좌 우편에 계신 예수님께서 이 강단에 선 이 사람에게 직접으로 정말 이 말씀을 제게다 알려주신 것입니다. 그런 동시에 지금 새 노래를 보냈어요. 이 강단이 그런 강단입니다.

새 노래를 보낼 적에 오늘 아침에도 말했지만 3월 1일날 아침에 새벽 강단에 순교응답 내려온다는 노래 부르라고 내려보냈고, 이번에 성회는 주의 청년들이 나옵니다. 이걸, 난 이렇게 봐요. 인제 목사님이나 장로님이나 전도사님이나 집사님이나 여러분들이 정말 주님께다 몸을 바쳤는지 안 바쳤는지는 이제, 하여간, 자, 주께 몸 바친 자는 주의 청년이 된다 그랬지요? 예? 그러면 피곤치 않아져야 될 것이 아니냐 말이야요.

여기 이래봬도 제가요, 여러분 앞에 지금 말하는 것을, 이건 내가 전부, 저는 성경을 증거할 때에 '이렇답니다'가 아니고 '이렇습니다'하는 것으로 증거해요, 저는. '이렇습니다'. '이렇답니다' 하는 것은 그건 생명이 없고, '이렇습니다' 이거야. 전 성경에 구름 타고 하늘로 올라간다는 말씀만 제게 응하지 않았지, 그밖에는 말짱 제게 다 응했어요. 그래 저는 성경을 증거할 적에 '이렇습니다' 하는 것으로 증거합니다. '이렇습니다.'

아마 성경에 대한 체험을 받았다면 이 사람은 죽어 천당 가는 사람이 받는 체험을 받은 사람이 아니고, 살아서 새 시대 가는 사람이 받는 그 은혜 체험을 제가 몽땅 다 가지고 지금 선 사람이야요. 알아요?

그래서 여러분들이 참으로 주님께 몸을 바쳤는지 못 바쳤는지는 그 열매를 봐서 압니다. 최 장로 만날 다리만 아프다면 그건 합격이 못 된 거야, 괜히. 신경통이 뭐야? 하하. 이제 얼굴 보면 알아요. 차츰 젊어지면 그 사람은 분명이 주님께 바친 사람이고 차츰 늙어지면 공동묘지 갈 날이 가까운 증거고.

우리 대전에 장로교에서 집사 하나가 들어 왔는데 그 양반이 전신 관절염이 들었거든요. 그래 내가 있다가, 여보시오! 당신 관절염이 뭐야? 요러~ 하고. 당신 말야, 단단히 몸 바치고 일해 보라고! 아 그랬더니 이 양반이 성산에 와서 억지로 일을 좀 해 보더니요, 아, 요즘엔 뭐 힘이 나가지고는요, 뭐 이렇게 하면 다 부숴질 것 같다 그래요, 바로.

얼굴이 빤빤해 젊어 싱싱해지면서. 어느 게 나아요? 가만히 놀다 공동묘지 가는 게 나아요? 주께 몸 바쳐서 애쓰다가 한번 젊어져 올라가는 게 나아요? 예? 그러면 놀지 말라구요. 괜히 지금 사명자가 가만히 잠자기 좋아하다가는 슬그머니 간암이 듭니다. 슬그머니 위암이 듭니다. 안 돼요, 슬그머니 병들어요. 안 돼요.

자, 공산 청년은 김일성이 위해서 몸을 바치고, 만날 수령님 수령님 하고 있는데, 그거 가치가 있소? 우리는 만왕의 왕께다 몸을 바치자는 말이에요. 지금 보좌 우편에 계신 예수님이 이 강단 위에다 새 힘을 내리고 계십니다. 기왕 몸 바칠 바엔 한번 만왕의 왕께, 여보시오! 사람이 세상에 났다가 어느 회사에 취직하다가 주님 올 때 벼락 맞아, 악! 하고 죽고 말아? 이게 뭐야 이게? 여보시오! 기껏 공부한다고 그래요. 기껏 공부해 가지고 살다가 지금 우리가 주께 몸을 못 바치고 돈에 몸을 바치고 어떤 회사에 몸을 바치고? 가치가 있소, 없소? 예? 얼마 앞날이 남지 않았어요! 주님 다시 나타날 날이 얼마 안 남았으니 단단히 몸 바치고 주의 청년이 되라 이거요. 후회하지 말고, 예? 밥 조금 먹고도 젊어지는 거야. 뭐 불고기 먹고 만날 잘 먹고 보신 먹었다고 뭐 젊어질 것 같애?

 자, 누구든지 주께 몸 바치는 사람은 하늘로서 오는 새 힘을 이슬같이 받게 되는 거요. 여기 이슬이라고 그랬지요? 지금 내려 뻗치고 있어요. 누구에게 줄라고요? 누구에게 몸 바친 사람이요? 주께 몸 바친 사람. 지금 누구든지 그저 주님께만 몸을 바치고 인정받으면 분명히 이슬같이 내리는 역사를 받게 돼 있습니다. 내가 뭘 자꾸 내려온다면, '난 모르겠구만, 저게 뭐?' 그러면 못 바쳐서 그렇지. 그래요, 안 그래요? 예?

 어떻게, '돈, 돈' 하다가 돈과 같이 타져 버리겠소, '주여, 주여' 하다가 주와 같이 한번 영생 해 보겠소? 그까짓 것 누가 알아주든 말든 한번 우리 만왕의 왕께 몸 바쳐 보자구요. 지금 보좌 우편에 계신 예수님이 지금 세상을 때려 부술 날이 가까웠어요.

 자, 보좌 우편에 계신 예수님이 공산당을 쳐부술 날이 몇 날 안 됐으니 어디다 몸을 바치겠어요? 예? 협상하겠어요? 협상만 해 봐라! 급살 맞는다. 말이 안 돼요. 목사가 공산당과 협상을 해? 이 죽일 놈의 목사. 말이 안 되는 거야. 얼마 남지 않았어요! 괜히 후회하지 말라구요! 여기 오신 분들 몽땅 주께 몸 바치라고요. 이거 분명히 아시라고요.

그래서 나의 체험이 그겁니다. 전 지금 이래요, 조금이라도 뭘 할 적에 내가 바쳤다는 맘으로 나가지 않으면, 저는 그러게 암만 바빠도 바쁘다 소리 안 해야 힘이 오지, '아이구, 바빠서 못하겠다' 한 마디 해도 안 돼요. 난 완전히 바쳐버린 사람이야요. 그래서 오늘은 이 시간에 우리, 주께다 완전히 바쳐라! 헌신하니 새벽이슬 같은 주의 청년들이 주께 나오는 도다 그랬단 말이야.

자, 지금 여기에 이슬 단비같이 역사가 내릴 테니깐요. 이 사람 몸 바친 사람인 줄 믿습니까? 여기 내리고 있습니다. 그러면 여러분들이 같이 우리가 공산당과 싸우겠다고 결심한다면 오늘 다 돼요. 싸우자구요! 일어나야 되는 거요! 말만 주여, 주여 하지 말고. 자, 그래서 이 시간에 우리 호소하겠습니다. 예? 완전히 주께 몸 바치는 사람은 다 오늘 이 시간에 받습니다. 받아요. 자, 우리 호소 ….

그랬거든요. 온 천하에 한 번 하나님을 공경하는 이 복음이 전파된 다음에는 북방에서 무신론자가 나온다, 침략자가 나온다, 궤휼자가 나온다, 강포를 행하는 자라. 그래서 북방 세력이 나오는데, 인간의 세력은 북방을 당하지 못하나 하나님의 사람이 일어나서 북방을 치게 됨으로써 이 세상은 영원한 평화 왕국이 온다. 꼭 같이 말했습니다.

마지막 싸움은 북방과 싸움을 하는데 세상 나라 사람들이 북방 세력을 당하지 못할 때에 그때에 하나님께 호소하던 청년들이, 호소하던 주의 종들이 초인간적인 역사를 받아가지고서 북방을 치고서 세상은 성도의 나라가 온다는 것이 모든 종들이 동일하게 본 묵시란 말이죠.

자, 그러면 오늘에 천하에 복음이 전파 됐고, 오늘의 북방 공산당이 무신론자요, 무신론자 아니요? 침략자요, 침략자 아니요? 궤휼자요, 궤휼자 아니요? 강포를 행해요, 행하지 않아요? 자, 지금 인간의 힘으로 북방을 당할 수 있게 됐습니까? 그러니까 이제 이때는 뭐냐 할 때에 이제는 하나님의 사람, 그래서 이번에 우리 호소성회의 목적이 그거야요.

하여튼 이번에 하나님의 사람들이 정말, 단체로 일어나는 역사를 받아야 돼요. 이제는 세상 정권으로는 북방과 싸울 수 없습니다. 싸울 수 없다는 건 벌써 이제는 만민이 압니까, 모릅니까? 예? 안 돼요. 안 돼요. 그래서 다 말하기를 동방 땅 끝에서부터 나온다고 그랬거든요, 북방과 싸우는 역사는. 동방 땅 끝에서. 아주 지렁이같이 밟히던 사람들이라, 쫓겨난 사람이라, 가난한 사람이라, 멸시 받는 사람이라 그랬거든요.

그래서 여러분들 자, 인제 우리가 그러면 마지막 싸움은 단체 싸움입니까, 개인 싸움입니까? 그러니까 북방 세력과 싸우는 단체가 나와야 되는 데는 그게 누구냐 할 때에 하나님이 같이하는 단체야요, 말하는 대로 되는 단체, 북방이 깃발만 봐도 도망가게 만드는 단체야요. 그 역사가 나와야 되거든요. 그러면 지금 이제 나올 것을 목적 두고 우리가 호소해야 됩니까, 안 해야 됩니까? 예?

지금 그러죠? 예? 우리를 지금 미쳤다고 그러죠? 우리를 서울 사람들이 미쳤다고 그러는 거요, 안 미쳤다고 그러는 거요? 예? 미쳐도 돈에 미치지 말고 우리 하나님께 미쳐 보자구요. 저 사람들 다 뭣에 미쳤어요? 사상이 있어? 우리가 지금 하나님 편에서는요, 여기 와 호소하는 우리를 제일 똑똑한 사람으로 봅니다. 자, 하나님의 지혜, 하나님의 지식, 하나님의 능력, 하나님의 권세가 내리고 있으니 누가 똑 똑합니까? 틀림없어요. 괜히.

　우리, 서울 신사 양반들이 와 보면 '저거 좀 저 무슨 의사빌딩에 10층에 그거 좀 정말 미친 것들 모였두만' 그러지마는, 예? 미치긴 자기네가 미친 거야, 사실은. 자, 무신론 공산당이 아시아 땅을 다 덮고 남한을 노리고 나올라는데 극장 구경하는 놈들이 미쳤소, 안 미쳤소? 술잔 빨고 춤추는 놈들! 예? 사무상에 앉아서 붓대 도둑놈들! 다 미친 놈들 아니요? 말짱 미친놈들이야. 잘 났지요? 예? 돈만 아는 사람들. 사실 따지고 보면 자기네가 미친 거야. 지금 그럴 땝니까?

　똑똑히 알아야 돼요! 하나님이 보호하사 우리나라 만세의 애국가라면 그 사상에서 눈물이 나와야지, 하는 짓대가리는 망할 짓을 하면서, 반공? 말이 안 돼요.

　이제 공산당 이기려면 주께 몸 바친 사람이 주의 청년이 돼야 돼요. 이슬같이 단비같이 내리는 역사 받아야 된다 말이에요. 안 돼요. 하여간 이번에 우리 주의 청년들이 말짱 되자구요! 주의 청년! 그래서 공산 청년과 주의 청년과 싸워요. 그래 인제 싸움은 그거에요. 그저. 공산당과 끝까지 싸울 사람은 하나님의 사람이야요. 초인간적인 지혜 받고, 지식 받고, 능력 받고, 권세 받고 나오는 사람 아니고는 이제 나설 사람 없는 거에요.

　어떻게 좀, 어디 어떡하겠소? 어디, 공산당이 내려오든 말든 밥벌이나 하다가 죽고 말겠소, 한 번 일어나 보겠소? 예? 여보시오! 새도 죽으면서 찍~ 하고야 죽는 거야, 짹~ 하고야.

　나는 이북에서 공산당 세계에서 3, 4년간 훈련 받은 게 내게 큰 지식입니다. 아, 중공세계에 있던 양반도 나왔지만은, 여러분들 말이요. 난 그래서 이 공산당 세계에서 3, 4년간 그 아주 탄압한 거기에서 있었던 그것이 내게는 큰 지식 이야요. 안 돼요. 공산당도 아주 지독한 공산당 정치 아래 그 목회지가 있었거든요, 아주. 빨갱이도 지독한 빨갱이가 있고, 좀 뜬 빨갱이가 있어요. 빨갱이 종류도 정통이 있고, 좀 뜬 파가 있습니다.

그런데요. 도저히 지금 우리 남한에 이런 상태 가지고는 안 됩니다. 턱이나 있나요? 턱이 없습니다. 거리가 너무 멀어요. 안 돼요. 안 됩니다. 이렇게 정치 해가지고 됩니까? 안 됩니다. 지금 그래도 우리 남한이 지금 반공, 반공 그러니 용하긴 제일 용해요. 여보, 미국 정치 같아 가지고서 공산당과 싸워요? 턱도 없수다. 원! 턱이 있나요? 미국 정치 가지고 되나요? 말이 되나요?

자, 생각해 보라구요. 아까도 말했지만 자, 장사꾼과 강도놈과 달라붙으면 누가 못 견뎌요? 예? 순 미국 정치는 장사꾼 정치 아니야요? 공산당은 강도 정치고. 칼 든 강도인데요. 자, 칼 든 강도를 거꾸러뜨리려면 주의 칼을 든 용사가 나타나야 되는 거요. 안 돼요. 강도 정친데 말할 건 뭐 있어요. 여보, 강도 놈 얼리면 말 듣겠대? 예? 말이 안 되는 거요. 그래서 이제는 정말 하나님의 사람, 하나님의 청년의 단체가 일어나야 됩니다.

■ 기도: 하나님이여, 이번 뭘 할라고 호소성회를 열어 주셨사옵나이까? 지렁이 같은 것들이 모였어도 사상은 살았사옵나이다. 무식하고 가난하고 짓밟히는 사람이지만 우리는 사상만은 살아서 이곳에 모였사오나 위에서 응답이 오지 않는다면 우리가 사상으로 싸워 보려한들 이 사상이 무슨 일을 치르겠사옵나이까? 이 시간도 성경 한 절 다

시 보고 성경대로 이루어지는 응답을 받겠사오니 강하게 역사해 주시옵소서. 예수 이름으로 기도하옵나이다. 아멘.

여호와 경외하는 집에 축복
- 시128:1~6 -

■ 기도: 십자가 앞에서 완전한 것을 우리는 받을 것을 믿사옵나이다. 말로는 십자가를 믿지마는 십자가로 오는, 우리가, 성결을 받지 못하고, 오히려 십자가를 망령되이 짓밟는 자가 될까 봐 두려운 것뿐이오니 원하옵고 원하옵나이다. 당신이 십자가에서 승리하신 승리의 역사로 우리에게 인간성 죄악성이 싹 죽어지도록 십자가에서 내가 죽어 버리게 하시고, 완전히 부활의 생명에 접붙은 저희로서 우리 주님의 형체가 이루어지는 이 아침이 되도록 은총에 은총을 주시옵소서.

어리석어도, 무능하고, 가난해도 하나님의 종들이 아니옵나이까. 분명히 하나님은 말세에 변론의 말씀을 줄 때에 지렁이같이 약해도 새 타작기같이 써 준다는 변론이 아버지 말씀이오니 아무리 쫓겨나서 유리방황한다 하더라도 여호와 같이함으로써 성산의 축복을 그들이 받는다고 하지 않았사옵나이까.

우리가 구하기 전에, 우리가 세상에 나기 전에 하나님은 벌써 동방 땅 끝에 어떻게 하겠다는 것을 미리 말씀한 그대로 강권으로 일을 시작하신 아버지여, 이 시간도 강권으로 우리에게 역사 내리어서 동방 역사의 세계 통일의 거룩한 단체가, 능력 받은 종들의 권세 역사의 한 단체가 완전히 이루어지는 이 주간이 될 것을 믿고 우리들은 모였사옵나이다. 역사해 주시옵소서.

오늘 우리가 호소에 대해서 아버지 말씀을 읽으면서 말씀 안에서 축복을 받으며 호소하겠사오니 이 시간 내 입술을 열어서 성경을 증거하게 할진대는 아버지의 신이 이미도 내 입술을 주관했사오니 이 시간도 주관하사 이 종들에게 감추었던 만나가 되는 말씀을 주는 동시에 이 만나를 먹고 하나님 앞에 합심 단결하여 호소할 수 있는 이 자리가 되도록 역사해 주시옵소서.

예수 이름으로 기도하옵나이다. 아멘.

시편 128편이요. [성경 본문 봉독]

하나님을 경외하는 사람은 형통이 있는데는, 가정에서 아내나 그 자녀가 다 큰 변화를 받는다고 했습니다. 하나님을 경외할 때에 집 내실에 있는 아내는 결실한 포도나무같이 되고, 네 상에 둘린 자식은 어린 감람나무같이 되리라 그랬습니다.

여기 지금 혹 가정의 자녀나 아내나 모든 식구들에게 대해서 혹 믿음이 없다고, 예수를 안 믿는다고, 그 사람들을 자꾸 나쁘다고 그러지 말고 먼저 내 자신이 하나님을 경외하는 것이 부족하다는 감을 깨달아야 됩니다. 저는 그걸 확실히 배웠습니다. 뭔지 모르게 아직까지 내 가정에 열매가 나타나지 않는 것은 성경대로 볼 때에 내가 하나님을 경외한다고 그래도 그들에게 감동을 줄 만한 그 무엇이 없기 때문에 그렇게 되지 않은가 이렇게 보고 있습니다.

그건 왜냐 할 때에 가정에 그렇게 되는 분들 가만히 보면 그분은 열심이 있는 것 같지만 내가 볼 때는 유감스러운 바가 많이 있더란 말이죠. 하나님을 경외한다는 건 열심만 있다고 경외하는 건 아닙니다. 말 한마디에도, 생각을 두어도, 어떤 태도를 가져도, 거기서 하나님을 경외하는 열심이 있다 해도 하나님을 경외하지 않는 사람에게 오히려 부덕을 끼치고 가정 식구들에게 상처를 주고 가정 식구들에게 좋은 마음을 넣는 게 아니고 악화를 주는 그런 일이 있습니다.

그래서 여러분들이 이 아침에 특별히 깨달을 것은 가정 식구들이 아직 이렇게 된 것은 이 성경 볼 때에, 내가 하나님을 경외하는 것이 부족하노니… 라는 것을 눈물겹게 깨달아야 됩니다. 왜냐하면, 내 아버지에게 분명 하나님의 신이 같이하누나 하는 것이 나타난다면 반드시 자녀들이, 아~ 분명히 우리 아버지가 공경하는 하나님은 거룩한 신이로구나, 아~ 참신이로구나, 분명히 그 하나님은 사랑의 신이로구나, 그 하나님은 정말 온유한 신이로구나, 그만 이렇게 감명 깊게 깨달아지는 것이 있어야 될 것입니다.

그래서 이 아침은 우리 이거 하나를 반성들 하셔야 되겠습니다. 가만히 반성하면 된단 말이야요. 내 아내가 어드래서 저렇게 되느냐, 내 남편이 왜 저렇게 되느냐, 아직까지도 내가 남편에게 아내에게 신과 같이 보이지 못한 원인이 아니냐. 내 자손들이 왜 저렇게 되느냐, 내가 아직까지 내 자손에게 신과 같이 보이지 못했기 때문에 그런 게 아니냐. 오! 하나님이여, 나를 바로 세워주시옵소서 하는 그런 그 반성이 있어야 될 것입니다.

공연히 아내가 좀 잘못해도, 저거 마귀라고! 저까짓 거 살아 저거! 에이 사단이 저거! 자녀가 조금만 잘못해도, 에이 저 사단의 새끼들! 저놈의 새끼들! 이러면 그것이 바로 신앙 교만이라 그것입니다. 그게 교만이야요. 어떤 목사님 집에 가니까 아주 기도를 많이 한다는 목사님인데 조금 아이들이 뭐라니까, 요 사단의 새끼! 마귀 새끼! 요놈의 새끼! 그리고 발칵. 그러면 벌써 목사님 그 얼굴 보니까 사단의 짓이더라 그거요. 예? 그렇소, 안 그렇소? 아이들이 조금만 못되게 군다고 해서 새파래지면서 그러는 그것이 벌써 아이들에게 구는 사단이가 거기도 마주쳤다 그말이야요. 짝자꿍 쳤다 그말이죠. 그렇지요? 그러면 아이들에게서 굴어 먹는 사단이가 목사에게도 충동을 주는 그런쯤 됐다면 그 사람이 어떻게 목사 자격이 있겠는가 그말입니다. 예? 너무 잘 믿는다고만 그러지 말고 반성들 하시라고요! 예?

 어저께 누구 어떤 사람이 와서 야단치지만 그 또 와서 이 사단의 새끼, 이 아새끼 사단의 새끼 그럴 거요. 그러면 그 어머니는 점점 교만이 생기는 사람이야요. 아들이 그러는 건 벌써 내가 무엇이 반성할 점이 있지 않느냐, 이걸 깨닫지 않고, 요 사단의 새끼! 나는 신과 같이 됐는데 저놈의 새끼가, 에이 요놈의 새끼! 그러면 그게 교만입니다. 그게 신앙 교만이라는 거요.

 사람은 아무리 예수 믿지 못하는 사람도 양심이 있고, 뭔지 모르게 그 사람 다 하나님 형상을 가지고 있어요. 그래서 우리가 첫째로 우리 이것을 반성하시고 항상 가정 식구들의 그것을 가정 식구들에게 돌리지 말고 내가 부족이 있다는 것을 깨달아야 됩니다. 그래야 여러분들이 오늘 아침에 은혜를 많이 받지, 우리 만일 교역자가 내 가정 식구 하나에게 감동을 줄 수 없는 인물이라면 그 사람이 어떻게 다른 사람에게 감동을 주겠느냐 그 말입니다.

 내가 볼 때는 이 여종들 가운데, 내가 볼 때는 저 사람은 영계가 안됐다 하는 사람은 기어코 자녀도 타락을 시켜 놓고, 그 집 자녀들을 본다면 자꾸 더 악화를 시켜놓고 그런 점이 많이 있더란 말이야요. 나는 이렇게 생각을 합니다. 그러니까 우리 여기 오늘 이 아침에는 혹 가정의 식구들에게 대해서 자녀나 남편이나 아내나 거기에 그, 내가 감화를 주지 못하고 역효과를 준 일이 있다는 그것을 눈물겹게 생각하는 그것이 있어야 이번 집회는 은혜가 많이 내릴 것입니다.

그래서 우리는 독선적인 그러한 그 마음을 가진다는 것은 더 올라가지 못합니다. 목사가 그저 늘 생각할 것도, 강단에서는 전도사나, 일반 그, 이런 사람들이 있어요. 농촌에 가서 너무 농촌 사람들이 무식하고 수준이 얕아서 자기는 도저히 잘 못하겠다 이런 사람이 있는데 그것도 잘못입니다. 예수님은 농촌을 찾아다니면서 아주 무식한 사람들을 친근해서 친구가 됐는데, 그것도 그 맘 가지면 교만한 맘이야요. 나는 수준이 높은데 저 사람은 수준이 얕으니 도저히 이건 안 되겠다 그런다면 예수님과는 달라요. 예수님은 하나님의 아들이지만 죄인의 집을 찾아가서 거기서 주무셨고, 좋은 서울에서 안 주무시고 저~ 베다니 동네에 가서 나사로 집에 가서 주무셨고 이랬단 말이야. 그러니까 나는 수준이 높은데 내 교인들은 다 수준이 너무 얕아서 안 됐다고 그렇게 생각을 한다는 그 자체도 교만입니다.

왜냐 할 때에 나의 체험이 그거야요. 내가 농촌 교회에 목회하러 가봤는데 정말 수준이 너무 얕거든요. 수준이 너무 얕아요. 이건 뭐 그저 아, 집사도 술장사 다 하고, 장로도 담배 먹고, 집사들이란 건 말짱 다 조상의 제사는 다 지내고, 뭐 탁배기 한 잔씩은 거반 다 먹고, 그리고 뭐 청년들이 어찌 수준이 얕고, 그 뭐 성경을 제대로 보는 사람이 많은 것 같지를 않습니다.

그러나 내가 거기에서 밤을 새워가면서 그들의 그 영을 위해서 기도할 때에 강단에서 설교하면 아무리 무식한 할머니라도, 글을 못 보는 할머니라도 훌쩍훌쩍 울면서 회개하고, 오히려 성경을 보는 할머니보다도 더 교회를 충실히 받들더라 그말입니다.

그러니까 이 교역자들도, 요즘 그런 말을 내가 귀에 많이 듣거든요. 전도사들이 그거 아직까지 회개할 문제입니다. 너무 수준이 얕아서 그래서 난 거기서 못하겠다. 그건 예수님보다도 더 높은 생각이에요. 예수님은 사마리아 여인, 남편 다섯을 데리고 사는 농촌 여자를 만났어도 그 한 시간을, 두 시간을 소비하면서 그럴 때에, 그걸 보라구요. 우리 목자의 심정이라는 건 아무리 무식하고, 아무리 그런 사람이라도 감동을 줄 수 있는 그런 인격을 가져야지, '나는 말세 비밀을 배운 사람인데 저건 뭐 저거 아이구 저거, 아이구, 너무 수준이 얕아서 도저히 상대가 안 된다' 그러면 이건 예수님과는 좀 다른 사람이야요. 알아요? 예? 예수님이 날 때도 농촌 무식한 여자한테서 났소, 고등학교 대학생 몸에 났소? 예? 아주, 대학교 대학생 가말리엘 학부를 나온 여자 몸에 났지요? 예? 농촌에서 목수와 결혼한 여자면 무식한 여자겠소, 학격이 높은 여자겠소? 그걸 보라구요. 그게 다 우리가 다 본다면 우리가 좀 더 반성할 문제들이야요.

또 어떤 사람은 농촌에 가면 할 일이 없어서 난 거기서 그저 잠만 잔다고. 그것도 내가 볼 때는 영이 맞질 않아요. 농촌에 조용한 곳에 가면, '아~ 하나님이 나 성경 수준이 너무 얕으니까 성경 많이 보라고 갖다 놨구나, 내가 너무 기도가 부족하니 기도하라고, 아이고 하나님 감사합니다.'

자, 밧모섬으로 간 사도 요한이가 수지가 맞았소, 안 맞았소? 그러면 기도할 기회를 주고, 성경 볼 기회를 주는데 그걸 놓고 잠만 잔다는 그 교역자가 그게 무슨 변화성도가 되겠느냐 그말이야요. 그 농촌 교회에 가서 잠자는 여자나 남자나 그 사람이 수준이 높은 사람이야요? 나는 우애 성경을 볼라고 농촌을 찾아가 봤습니다. 우애 성경 볼라고 부산을 떠나서 저 농촌 교회를 찾아갈 때에, 성경 볼라고 우애 가 봤어요.

 전부 그 아직까지 내 귀에 들리는 소리는, 당신네들은 그 참 옳은 것 같이 말하지만 내 마음은 조금 괴로운 것이 있더라 그말이야요, 그렇게 말하면. 안 됩니다. 그렇게 되게 되면 그 교역자가 수준이 올라가질 않아요. 그렇지 않소? 예? 무식한 사람을 감화 못 주는 사람이 유식한 사람을 감화를 줘요? 그렇소, 안 그렇소? 무식한 사람 감화 못 주는 사람이 어떻게 유식한 사람을 감화를 줄 수가 있느냐 말이야요. 그건 말이 안 되지. 무식한 사람도 감화 못 주는 사람이 유식한 사람을 감화를 줘요? 그건 말이 안 되지.

 이 시간에 조는 허가는 하나님이 안 준다고 그러지 않았어요? 그 허가장은 취소하시오. 취소하시오. 그건 우리 하나님 허가장 안 줘요. 그리고 우리는 어디 가나 설교할 때에, 나는 수준이 높다 하고 수준 높은 설교하지 말고, 그저 무식한 사람들 눈물이 뚝뚝 나오도록만 설교하십시다. 예? 예? 그것이 옳은 신이 아니겠어요?

 요즘 본다면 그 책자 보면요, 박사들이 자기 박사라는 자랑한 책이지, 그것이 농촌의 순수한 농민들과 순수한 그 어린양 같은 사람들을 위한 책은 아니더라 그말이야요. 평생 농촌에서 좀 순박한 사람은 그 책을 보고 무슨 말인지 모르게 썼거든. 그러니 그게 기독교를 망치는 짓들이야요. 박사면 박사지, 저 혼자 박사지, 뭐 그 무슨 짓이냐 말이야. 그 왜, 글을 갖다 쓸 적에 아주 수준 높게 뭐, 아주 뜻은 아무것도 아닌 걸 갖다가 이렇게 써 놨으니 이게 벌써 교만이란 말이야요. 자,

성신님이 말하는 거 보면요, 이 월간지 보게 되면 수준이 높은 말이야요, 보통 말이야요?

나는 지금 그게 소원이야요. 제일 무식하고 가난하고 그런 사람 한 번 눈물 뚝뚝 흘리게 설교하는 그런 영력이 좀 있었으면 좋겠다. 왜냐하면 제일 새 시대 갈 사람이 무식하고 가난한 사람 가운데 많아요. 요즘 너무나 학교에서 무신론 배우고 유물론 사상 배웠기 때문에 그놈의 것 뽑아 팽개칠라면요, 참 어렵습니다. 지금 이 사회 교훈이라는 것이 하나님과는 대적입니까, 대적 아닙니까? 대적 아니에요?

그래서 여러분들이 이 아침에는 우리 하나님을 경외하는데 여기 분명히 말하기를, 하나님을 경외하며 그 도에 행하는 자마다 복이 있도다. 이 말씀을 꼭 믿습니까? 예? 네가 네 손이 수고한 대로 먹을 것이라 네가 복되고 형통하리로다 네 집 내실에 있는 네 아내는 결실한 포도나무 같으며 네 상에 둘린 자식은 어린 감람나무 같으리로다. 예? 이 말씀 꼭 믿습니까? 그러면 하나님을 경외해도 이렇게 안 해준다면 이 거짓말 아니겠어요? 만일 하나님을 경외하는 사람이 이렇게 된다고 했다면 하나님을 경외하는 우리가 이렇게 못 된다면 이 말은 거짓말이 아니겠냐 그말이야요.

그러니까 여러분들, 오늘 아침에 말할 때, 아~ 그럼 나는 예수 잘못 믿누나, 그렇게 생각하는 것보다도 이렇게 될 줄 믿고서 낙심하지 마시오. 예? 아직까지 이렇게 안 되는 것은 여러분들, 그 사람들의 책임이 아니고 먼저 우리의 책임이라는 것만 깨닫고 이렇게 나가야 됩니다. 예?

자, 하나님을 경외할 줄 모르는 사람에게 책임이 먼저 있어요, 하나님을 경외하는 사람에게 책임이 먼저 있어요? 그러니 내가, 여러분이 만일 하나님을 경외한다면, 자녀가 아내가 하나님을 경외할 줄 모 르다면, 먼저 경외하는 내게 책임이 있는 것이 아니냐 그말이야요. 자, 소학교 소학생은 중학생이 그사람을, 좀 모르면 대줄 책임이 있 지요? 학교에서도, 예? 그렇지요? 대학생은 중학생이 잘못되면 대줄 책임이 있죠? 그러면 여러분들이 하나님을 경외하지 못하는 아내나 하나님 경외하지 못하는 자식이 있다면 내가 하나님을 경외한다면 하 나님을 경외하는 내가 먼저 책임이 있는 사람이 아니냐 그말이야요.

그러니까, 봐요. 여기 어떤 대구의 집사가요, 집에 가서 문짝을 막 짓모고 나왔다 그래요. 왜 그랬냐 그러니까 돼먹지를 않아서 그렇게 했다고. 그러면서 청와대를 뚫고 들어가겠다고 그럽니다. 모두 눈을 멀게 만든다는 거요. 그래 내가 있다가 "여보시오! 당신 말야" 그러구서, 그래서 내 있다가 그랬습니다. 이게 성신입니까, 뭡니까? 나는 그거 성신이라고 하기도 뭐하고 사단이라고도 못하겠고 난 아무 것도 모르겠다고, 그러나 그 열매가 좋지 못하다고. 하나님이 청와대 눈멀게 할라고 들어가는 하나님이 아니라고. 청와대에서 내가 보니까 목사들이 들어가서 자꾸 사기 짓을 하기 때문에 이거 실적을 내는 건데, 청와대 사람들이 진리를 대적하는 사람들이 아니라고. 우리가 거기 들어갈 만한 신의 사람이 못된 원인으로 나는 생각하지….

고만, 이, 하나님을 경외한다는 사람들이 먼저 교만부터 생겨놓으니까 그것이 안 됐다 그말이야요. 아, 집안에 가서 화가 난다고 문짝 다 짓모고 나와서 무슨 자기가 또 청와대를 또 들어간단 말이요. 또 청와대 가면 문짝 또 짓모게? 그건 말이 안 되잖아요? 이치가 그렇소, 안 그렇소?

그러니까 우리 아침에는 이 말씀을 보고 전부 우리가 너무 교만한 마음을 가지고서 나는 왕권 받는다는 그런 욕망만 가지지 말고 우리는 이 말씀을 생각하고 혹 가정 식구들에게 불만이 있는 분이 계시다면 그걸 내 책임으로 알고 눈물 흘리며 기도하면서 모든 전부는 하나님을 경외할 줄 모르는 사람에게 책임이 있는 것이 아니고 하나님을 경외해야 될 우리들에게 책임이 있다는 것을 깊이 깨달아야 됩니다.

그리고 이건 이래요. 여기에 아침에 주는 말씀인데 요걸 위해서 우리 호소하겠어요. 자, 그러고 여기 봐요. 4절에, "여호와를 경외하는 자는 이같이 복을 얻으리로다." 그랬지요? 꼭 믿지요? 예? "여호와께서 시온에서 네게 복을 주실지어다. 너는 평생에 예루살렘의 복을 보며 네 자식의 자식을 볼지어다. 이스라엘에게 평강이 있을지로다."

그러니까 이 말씀을 볼 때에 이 아침에 낙심하지 말라구요. 아이구! 난 그럼 이거 뭐 아무 것도 아니네, 그러지 말고, 즉, 먼저는 내가 하나님을 경외하는 사람으로서 가정 식구들에게 감화를 줄 만하지 못한 사람이 되지 않았는가 하는 것을 반성할 책임이 있겠고, 둘째는 분명히 내가 하나님을 경외하는 때는 이런 축복이 내 가정에 오리라는 소망을 완전히 가지시라 그것입니다. 예?

괜히 또 가정 식구들, '아이고 우리 남편은 망나닌데 그럼 나는 변화성도 못 되겠네, 아이구~.' 그러면 마귀가 '그렇다 그렇다 네까짓 게 무슨 변화성도가 되니 얘, 얘, 얘.' 그러면 자꾸 들어옵니다. 그러면 남편에게 있던 마귀가 또 들어와요. '아이구 난 우리 자녀들이 못되게 구는데 변화성도 못 되겠네', '그래 그래' 그건 안 돼요. 소망을 가지라 그말이야요. 예? 내 가정이 아직 변화를 못 받는 것은 내 신앙 부족인 줄 깨닫는 동시에 내가 하나님을 경외하고 나갈 때에, 여기 여종님들 좀 깨달으라구요! 우리 여기 본다면 자, 남편들 예수 안 믿고 안 믿는 가족이 있는 사람들 깊이 깨달으라구요, 깨달아요.

　난 열심을 좋아하는 사람이에요, 열심을. 자, 어떤 집사님이 이 서울에 말이야요, 아들딸이 죽 있는데 이태 동안을 한 번도 가보지 않았다는 것은 그것이 열심이 있는 것 같지마는 내가 볼 때는 지나친 열심이더라 그말입니다. 예? 그렇소, 안 그렇소? 그게 자식을 낳은 어머니의 책임이 있습니까? 그게 안 되거든요. 그런 하나님이 아니야요. 자기 아들딸이 서울에 있는데 이태 동안을 한 번도 가보지 않았다는 그것은 그 어머니의 그 마음이라는 것은 말이 되느냐 그말이야요. 자기가 잘 믿는다면 늘 자주 찾아가서 눈물겹게 말해주고 그래야 그게 책임이지. 그렇잖아요?

　나는 그런 열심을 그렇게 좋게 보질 않아요. 열심이란 건 질서가 있어야 열심이 되는 거지. 자동차를 내몰아도 질서 있게 내몰아야지, 덮어놓고 냅다 몬다고 그 자동차 운전 잘하는 건 아니다 그말이야요. 아들딸이 무슨 원수가 있다고 해서 어머니가 아니, 이태 삼년을 서울에 있으면서 한 번 가보지도 않고 말이요, 그렇지 않습니까? 그래 그런 열심을 난 좋아하지 않는단 말이야요. 그런 열심 가진 사람이 말씀이 깊이 들어가지 못해요. 졸기 잘합니다 그런 사람들이! 안 돼요. 하나님은 절대 질서의 하나님인데 조금이라도 무엇이 걸려 놓으면요, 그것이 고쳐지기 전까지는 절대로 말씀이 들어가질 않아요. 안 돼요. 이거 분명히 아셔야 됩니다.

　그러니까 조금도 가정 식구에 대해서 무시하는 태도나 원망하는 태도나 불만을 가지지 말고, 내가 과연 여기 이건 다윗 왕권을 받은 다윗이가 한 말이야. 우리가 정말 오늘이라도 정말 왕권 받을 자격에 들어갈 때에 내 가정 식구들에게 하나님이 역사할 거 아니냐. 나를 통하야. 그걸 믿고서 그 가정 식구들에 대한 불만을 두지 마시고 무시하는 태도를 갖지 마시고 우리는 오늘 아침부터 우리 가정 축복, 가정에 복된 가정을 이룰 수 있는 이러한 사람이 되기 위해서 우리 좀 호소해야 되겠습니다.

절대 그 이상해요. 꼭 그저 저는 볼 때에, 그러니까 그 동안에 여러 가지 시험 받았지만 여러분이 정말 하나님을 경외했다면 이번 성회하고 내려가서 집에 돌아가서 가정 축복이 올 줄 믿으시라고요. 그렇잖아요? 내 가정의 사단을 몰아낼 수 있는 그런 인격을 가지고 가자 그말이죠.

자, 인제 우리 54장 성가 호소하겠습니다. 무장이라는 건 어디서부터 알 수 있느냐 할 것 같으면요, 내가 완전 무장이 됐다는 것은 가장 가까운 내 아내, 내 자식 아들딸들에게 정말 정정당당하게 감화를 줄 수 있게 말할 수 있는 사람이 된다는 것이 그 무장 단계가 아니겠는가 그렇게 나는 지금 봅니다.

한 솥의 밥을 먹고 늘 같이하는 식구들에게 아주 정말 정정당당한 말을 잘 할 수 있단 말이죠. 난 그게 참. 내가요, 과거에 지내보면 그 정말 남들 만나서는 곧잘 하면서…. 집안 식구들에게 감화를 주는 그런 말이라는 게 참 수준이 높아야 돼요.

김일성한테 붙은 귀신이 내 가정에도 있단 말이야. 예? 그렇소, 안 그렇소? 그럼 김일성이는 아주 마귀의 권세 받은 대장이라면 내 가정에는 졸장부들이 있거든. 졸병들. 예? 알아요? 무슨 말인지 생각이 납니까? 내 가정들이 아직 죄가 있다면 김일성이는 마귀 죄악의 대왕인데 우리 가정에 그 졸장부들이 아직 있잖소? 그러면 내 가정에 있는 졸병을 몰아내지 못하는 그러한 영력을 가진 사람이 어떻게 김일성이와 싸우겠느냐 그거요. 예? 알겠어요? 그러니까 이번엔 꼭 우리 가정에 있는 졸병을 몰아낼 수 있는 그러한 인격을 가지시기 바랍니다. 예? 그게 완전무장이야. 그래서 여기 성가를 봐요. 완전무장 줍소서 하고 셋째는 복된 가정 줍소서, 그러지 않았어요? 복된 가정. 예? 어떻게 무장이 됐소, 못 됐소? 예? 난 됐어요. 백마는 복음주의고 붉은 말은 공산주의고 검은 말은 자본주의고 아니 얼룩말은 협상주의인데 내가 그거 다 아는데 내가 무장이 안 됐어요? 그러지 마시오. 그게 무장이 아니라 여러분의 속에 있는 고 사단의 세력이 없어지는 게 야단이야요.

자, 김일성이와 싸우겠다는 사람이 내 속에 사단이가 있으니 졸병을 속에다 품고 다니면서? 예? 그렇소, 안 그렇소? 졸병을 가슴에다 품고 다니면서 싸울 용기가 어디 있어? 안 돼요. 이게 사상 문제에 들어가면 그렇다 그말이야요. 알겠어요? 예? 김일성이는 마귀왕이죠? 예? 마귀왕의 권세 받았는데 그러면 내 속에 아직 인간성 죄악성이 있다면 졸병이 내 속에 들어와 있는데 어떻게 졸병을 가슴에 품고 다니면서 어떻게, 말이 안 돼요.

이런 거 무슨 말인지 뼈아프게 생각을 해야 돼요. 영적으로 그렇소, 안 그렇소? 아직까지 말씀 듣지 못하게 하는 졸음 마귀도 김일성이에게 다 붙은 마귀야요. 나 원. 그, 말만 괜히 멸공, 멸공 그러지 마시오! 내 속에서부터 멸공이 됩시다 먼저. 자, 꼭 믿고 부르세요. (54장 성가)

이런 사람은 틀려먹었어요. 차렷! 뭐요, 이러~ 하고. 바짝 들고요. 여길 바라보세요. (다시 54장 성가)

■ 기도: 하나님을 경외하는 자는 가정 축복을 주신다고 말씀했는데 우리들은 아직까지도 하나님을 경외한다고 하지마는 가정 축복을 받을 만한 왕권의 영계에 들어가지 못한 저희들입니다.

내 아내가 내 자녀가 아직까지도 열매가 못되는 것은 그들의 책임이 아니요, 다 우리들이 속에 아직까지 완전하지 못한 원인이오니 오늘 아침부터 우리가 가정의 축복을 받을 수 있는 영계로 들어가도록 이끌어 주시옵소서.

스스로 높아지고 스스로 지혜롭다는 자 될까 봐 두렵사오니 가정 식구들에게 감화를 주는 말을 할 수 있는 인격이 요구됩니다. 가정 식구 속에 있는 사단의 세력을 몰아낼 수 있는 사람이 되려면 우리가 사생활에서 우리 말하는 것이나 우리 모든 태도나 전부가 신격화되어야 되겠사옵니다.

강단에 설 때만 목사가 되지 말게 하시고 사생활에서도 목사가 될 수 있는, 강단에서만 전도사 되지 않고 사생활에서 전도사 되고 사생활에서 즉, 주의 신이 같이하는 이 자리에 들어가야만 되겠사옵나이다. 이것이 요구되옵나이다. 이것을 하나님께서 주길 원하시는 줄 믿사옵나이다.

주여, 제일 가까운 친구에게, 가까운 아내에게, 가까운 자녀에게 감동을 주지 못하는 사람이 어떻게 우리가 나갈 수 있으며 또는 가까운 사람에게 있는 사단이를 몰아낼 수 없는 인격이라면 우리가 마귀의 왕이 되는 공산당과 어떻게 싸울 수가 있겠사옵니까. 내 마음에서부터 마귀 왕의 앞잡이 되는 사단의 본질이 다 없어지게 하시고, 내 가정에서부터 완전히 없어지는 역사가 하나님께로서 저희에게 와야 하겠사옵니다.

공산당의 마음도 하나님이 주관한다면 내 아내의 마음도, 남편의 마음도, 자녀의 마음도 다 하나님이 주관하는 것이 아니겠사옵나이까? 오, 아버지여! 어찌해서 우리 자녀의 마음이, 우리 아내의 마음이, 남편의 마음이 저렇게도 강퍅해진 일이 있사옵나이까. 이것은 우리의 잘못인 원인이겠사오니 이제 다시 성경 한절을 우리가 보겠사옵나이다. 이 성경 말씀 가운데서 훈계해 주셔서 우리가 입으로만 여호와여 그러지 않고 여호와 하나님과 연합될 수 있는 저희들이 되도록 역사해 주시옵소서.

예수 이름으로 기도하옵나이다. 아멘.

하나님을 찬송할 일
– 시148:1~150:6 –

하나님을 찬송하는 일에 대해서 잠깐 여러 가지 말씀 드리고, 오늘 우리 본격적으로 하겠습니다.

저는 이 체험이 그렇습니다. 하나님은 그 천지만물을 창조할 때에 목적이 정말, 찬송을 받으려고 창조했다 그말이야요. 하나님은 홀로 거하기를 좋아하지 아니하시고 많은 사람이 여호와를 찬송하는 것을 기뻐하십니다. 그걸 왜 아느냐 할 것 같으면, 여러분들 그렇잖아요? 혼자 성가 부르는 것과 여남은이 부르는 것과 또, 한 100명이 부르는 것과 확실히 달라요, 안 달라요? 다르지요? 그걸 보면 알 수 있단 말이요. 혼자 앉아서 찬송 불러 보시오. 그걸 본다면 이렇게 하나님의 신은 여럿이 합해서 찬양 부르는 걸 좋아하세요.

그런데 저는, 지금 제일 하나님 기뻐하는 건요, 지금 우리 호소성가요, 이걸 제일 기뻐하십니다. 자꾸 독촉을 하시거든요. 부지런히 부르라는 거요. 그건 왜냐하면 이렇게 돼 있거든요. 지금 하늘에서 제일 안타까운 것은 이 순교자의 피 값을 갚아 줘야 되겠는데, 예? 순교자의 피 값을 갚아 줘야 되겠는데 우리 이 땅의 성도의 기도가 올라오지 않는다고, 올라와야만 합해서 되는데 이게 안 됐단 말이죠.

그렇잖겠습니까?

그래서 6·25 동란 아침에 피 값 갚는 역사 내릴 테니 부르라는 거요. 지금은 우리는 말짱, 자, 여기 말대로 우리가 이 땅에서 죽을 사람들이요. 그저 길이길이 찬송할 사람이오? 찬송은 죽어 천당 가는 사람보다도 우리가 제일 많이 부르게 돼 있어요. 자, 이날까지 하늘에서 이렇게 찬송을 계속 내려보낸 일이 있습니까? 있다고 봐요, 없다고 봐요? 역사적으로 없는 일이거든요. 만일 역사에 있다면 역사에 있다고 썼을 거란 말이야요. 이건 역사에 없던 일이 아닙니까? 예?

그럼 이걸 본다면 분명히 인제는 이 땅에서 우리가 살아서 찬송할 때가 왔단 말이야요. 하나님은 그저 지금 찬송할 때 말이죠. '며칠 후 며칠 후 요단강 건너가 만나리.' 아주 듣기 싫어하십니다.

그래 여기도 춤을 추면서 찬송하라 그랬지요? 난 그래서 이렇게 생각이 나는데요, 우리 성산에 이제 대강당을 지어 놓으면요, 그때는 꼭 나팔과 악기 가지고 하면요, 계룡산이 와릉와릉하게 돼 있어요. 요렇게 딱 생겨 논 거에요. 계룡산 아주 상봉 밑에 딱 있다가 거기 가서 말만 크게 해도 계룡산이 우릉우릉하거든요. 그래 놓으니까 거기서 성산에서 말이요, 이제 악기 가지고 불러 놓으면요, 하여간 계룡산 상봉이 와릉와릉하게 돼 있어요, 거기.

나 그래서 야~ 이거 대강당 짓고는 이제 계룡산 산봉우리가, 그 돌멩이 바위가 와릉와릉하게 불러댈 때로구나. 딱 본다면 바위 더미 요렇게 딱 딱 들여놨거든요.

분명히 두고 보시오. 이제 앞으로 이 새 노래, 여기 새 노래 부르라고 그랬지요? 새 노래. 그랬지요? 새 노래로 여호와께 노래하며 성도의 회중에서 찬양할지어다. 이스라엘은 자기를 지으신 자로 인하여 즐거워하며 시온의 자민은 저희 왕으로 인하여 즐거워하라. 춤을 추며 그 이름을 찬양하라. 소고와 수금으로 그를 찬양할지어다. 여호와께서 자기 백성을 기뻐하시며 겸손한 자를 구원함으로 아름답게 하심이로다. 성도들은 영광중에서 즐거워하며 저희 침상에서 기쁨으로 노래할지어다. 그 입에는 여호와의 존영이요 그 수중에는 두 날 가진 칼이로다. 그리고서는 뭐랬습니까? 이것으로 열방에 어떻게 해요? 보수하며, 자 그러면 새 노래로 열방을 원수 갚는다는 거죠? 이것도 예언이 아닙니까? 예언. 예? 예언이거든. 보수하며 민족들을 벌하며 저희 왕들은 사슬로 저희 귀인들은 철고랑으로 결박하고 기록한 판단대로 저희에게 시행할지어다. 보시오.

새 노래 부르면 이 땅은 우리가 이긴다는 것 아니야요? 말짱 다. 그거 아닙니까? 이거 본다면 전부 옛날에 다윗 왕도 시를 노래할 적에 반드시 새 노래 부르므로 세계 통일한다고 이렇게 말했거든요. 또 여기 춤추라 한다고 오늘 말짱 일어나 억지로 추라는 건 아니요. 자연적 이렇게 된단 말이지요, 이게. 예?

꼭 그래서 앞으로 우리 이제 보세요. 그러면 새 노래가 세계 통일할 새 노래가 우리 여호와 새일교단에 성가로 왔다는 건 우리 교단이 승리할 모양이요. 승리하지 못할 모양이오? 예? 이거 기막혀요. 어느 교단이 몽땅 노래를 하늘에서 내려보낸 교단이 어디 있습니까? 그렇잖아요? 이거 기가 막힌 교단입니다. 우리 교단이! 지금 장로교 합동 찬송에는 술 먹는 사람들이 지은 게 상당히 많아요. 술 먹는 사람. 술 먹으면서 지은 사람이. 예? 별 사람이 지은 게 다 있거든요. 거기.

그러니까 우리는 순수하게 이 새 노래를 갖다가 우리 교단이 하늘에서부터 직접으로 교단에 새 노래가 정말 이렇게 와서 이걸 부른다는 게 얼마나 큰 영광인지 압니까? 그래서 이번에 우리 새 노래 불러서 한번 서울 장안의 마귀를 몽땅 몰아내야 돼요. 왜 이렇게 높은 집에다 갖다 올려놓았는지 알아요? 여기서 새 노래 불러서 마귀들 다 몰아내라고. 하하.

그저 이번에 분명히 피 값을 갚는 역사가 올 줄 믿으시라구요. 피 값 갚는 노래가 새 노래지요? 여기 그 말 아닙니까, 이거? 피 값 갚는 노래가 새 노래거든요. 원수를 갚아야!

그래서 이번에 우리 또 여름에 너무 더울까 봐 하나님이 공기도 선들선들하게 해 줍니다. 너무 더우면 그것도 사람은 잘 안 되거든. 그러니까 하나님이 부채질도 척척척 해주시는데. 하하. 자, 우리 한번 맘껏 불러봅시다. 분명히 이번 이 새 노래로 또. 새 노래, 우리 아직 이날까지는 새 노래 호소 성가 아직 우리가 많이 못 불렀거든요. 그래서 이 시간은 우리 이 나라 승리하는 노래 한 장 축복으로 부르고서 호소 올리겠어요. 75장이요.

순교 응답이 내려온다 그 말입니다. 도저히 우리 이 땅에 지금 개인의 기도 가지고는 안 돼요. 왜냐하면 성도의 소원이 이루어지는 것은 단체적으로 이루어지게 돼 있지, 한 사람 두 사람 죽어 천당이 아닙니다. 알겠습니까? 그래서 이 단체적인 호소 성가를 내려보낸 것은 성도의 원한을 풀어주는 역사하려고. 그래서 하나님께서 이 노래를 내려보내 주신 건데요. 자, 이제 몇 번 더 부르고서 우리 예배 보겠습니다.

그렇지 않습니까? 예? 광화문 거리에 10층 예배당 꼭대기에 3·1절 날 아침에 위에서부터 정말 '동방의 영광' 노래 받아쓰라고 알려 내려옵니다. 모르겠어요. 이 노래 오고는 다신 오지 않을는지. 이것 오고는 아직까지 감감한데요. 하나도 오지 않는데요.

  그래서 이번에 3월1일 날 아침에는 이 노래가 왔고, 6·25 동란 아침에 이 강단에 피 값을 갚는 응답이 온다고 호소하라고 그랬습니다. 그러니까 여기 이번에 오신 분들은 분명히 순교자의 피의 호소 응답이 곧 이 성회에 올 줄 믿으시고 우리가 불러야 합니다. 이제 두 번만 더 부르겠어요. (75장 성가)

  그런데 노래가 차츰 돼 갑니다. 꼭 이번 성회의 목적은 순교 응답을 받는 역사입니다. 순교 응답. 순교 응답이 내려와요.

제단과 새 땅 축복

(새일중앙교회 창립 예배)

― 사19:19~25, 시112:1~10 ―

(시편 112:1~10 낭독)

오늘 예배는 5절 가지고서 예배하겠습니다. 5~6절. 은혜를 베풀며 꾸이는 자는 잘되나니 그 일을 공의로 하리로다. 저가 영영히 요동치 아니함이여 의인은 영원히 기념하게 되리로다.

오늘 제단 창립 예배의 축복은 6절 말씀과 같이, 영원히 요동치 아니하고 영원히 기념할 일이 되는 역사적인 한 페이지가 될 줄 믿습니다. 오늘 세워진 제단은 무너지지 않고 그냥 새 시대 들어갈 일이요, 또는 영원히 역사의 한 페이지로 기념할 일이라고 보게 됩니다. 그래서 영원히 요동치 아니하며 영원히 기념한다는 축복이 오늘 예배를 통하여 이 자리에 나타나기 바랍니다.

5장 성가 불러서 예배하겠습니다.

[성경 본문 봉독: 사19:19~25]

오늘 축복 받을 설교 제목은 '제단과 새 땅 축복'이란 진리를 잠깐 말하겠습니다. '제단과 새 땅 축복'

이 시간에 특창이 있겠습니다.

B.C 700년 전 이사야 선지에게 하나님은 묵시를 줄 적에 초림의 주가 오실 것도 분명히 말했지만 재림의 주가 오실 날에 될 일도 분명히 말씀했습니다. 19장은 재림의 주가 올 때에 모든 이 땅 사람이 인심악화로 사랑이 떠난 사회에서 형제가 형제를, 이웃이 이웃을, 성읍이 성읍을 대적하고 일어나기 때문에 사람들이 정신이 다 쇠약해지고 모든 도모가 다 파탄이 되고 도저히 인심악화를 수습할 수 없게 되기 때문에 포악한 임금이 정치하게 된다.

이때에 가뭄이 와서 바닷물이 줄어들고 강물이 마르며 푸른 초장에 풀이 마르고 나일강변에 심지어 달과 갈도 시들어 마르니 어부도 어장이 말라 탄식을 하고 농부도 농장이 말라 탄식을 하고 또는 상인도 물건을 못 팔아 탄식을 하고 농장에서나 노동판에서나 노동자가 할 일이 없어서 탄식한다. 이때에 극도로 미혹이 심해서 모든 사람이 다 마술적인 미혹에 미혹을 당할 때가 오리라.

그때는 그 땅의 중앙에 한 제단이 있으리니 여호와를 위한 제단이다. 이 제단을 통하여 여호와 그 시대의 표적과 증거가 됨으로써 그 시대 사람이 하나님을 알고 회개하고 돌아올 것이니 이 제단을 통해서 북방 앗수르나 남방 애굽이나 어디든지 말할 것 없이 복 받을 사람은 다 하나가 되는 시대가 오리라. 이렇게 말씀한 것이 간단히 말하자면 이사야 19장의 원리입니다. 그러면 이 원리는 이와 같이 되어 있는데 이제 제단과 새 땅 축복에 대한 말씀을 구체적인 변론으로 이 시간 말씀드리겠습니다.

어째서 제단이라고 했느냐. 교회라고 그러지 않고 왜 제단이라 했느냐 하는 이유를 잠깐 말하겠습니다. 주님 재림기가 될 때에 도저히 그 교회 부패성, 유형적인 교회 부패성, 무형적인 교회 부패성인데 이스라엘 말기에는 유형적인 건물이 다 부패가 되서 북방 바벨론에게 건물이 피해를 당해서 솔로몬이 아름다운 성전을 은과 금으로 바쳐서 지었지마는 이것이 유형적인 건물이 몽땅 북방 바벨론에게 피해를 당해서 황폐화 된 이런 비참이 있었다가 다시 남은 자가 돌아와서 그 성전 복구를 가르쳐서 이것을 촛대교회라 이렇게, 이것이 새 시대 들어가는 일이라. 모든 선지가 하나같이 이렇게 묵시를 봤습니다. 구약 교회 종말에 유형적인, 물체적인 성전이 북방에게 밟히듯이 말세에 가서 무형적인 영적 교회가 사상, 양심, 모든 영계가 전체가 다 마귀의 북방 세력에게 먹힘을 당하고 이렇게 되니 여기서는 반드시 교회 중심으로는 움직일 수가 없고 제단 중심으로야만 반드시 역사가 나타나리라 하는 것을 여기다 보여준 것입니다.

그럼 이건 뭐냐 할 때에 구약 교회 종말에 성전을 잃어버린 그들이 바벨론의 포로 생활에서 개인 개인이 신앙 동지가 모여서 몇 사람이 모여서 눈물 흘려 기도하는 그 기도의 제단을 통하여 다시 예루살렘이 복구된 것 같이, 부패된 교계 안에서 골방 골방에 남은 성도들이 기도하던 기도가 응답이 됨으로써 반드시 새 시대가 온다는 뜻입니다.

그러므로 우리는, 제단은 여호와를 위한 제단이라 이렇게 말했는데 그 제단을 통하여 하나님께서 제사를 받기도 하시고 또는 당신의 할 일을 하기도 하시고, 이것을 말한 것입니다.

어드래서 당신을 위하여 제단을 두느냐 할 때에 도저히 재림의 주를 맞이할 수 있는 진리를 중심한 교회가 없단 말이죠. 오늘에 참으로 서울 시내에 많은 교회가 있지만 재림의 주를 맞이할 수 있는 진리의 합법적인 예배를 드리는 교회가 많습니까? 예? 어떻게 생각하십니까? 재림 시에 주님을 맞이할 진리의 합법적인 예배를 보는 교회가 있습니까? 없단 말이요.

그러면 오늘 여기 제단이 생겨야지요? 생겨야지요? 죽어 천당의 진리로는 예배하는 교회가 있겠지만은 살아서 새 땅 축복 받는 진리를 위하여 예배하는 교회는 없다고 해도 과언이 아닙니다. 그러면 예배라는 것은 의식을 보고 하나님이 받는 것도 아니고 제물을 보는 것도 아니고 어떤 유형적인 그 사람의 도덕적인 행위를 보는 게 아니고 진리를 따라서 예배를 받으시는 겁니다.

왜냐 할 때에 하나님은 진리의 신이신 동시에 앞으로 어떻게 하겠다는 것을 빠짐없이 진리로 말씀하시고 그 말씀대로 될 것을 믿고서 예배하는 자에게 예배를 통하여 말씀대로 이루어지는 것이 예배의 응답이라는 것입니다.

오늘부터는 예배시간에 졸지 않기로 작정했지요? 이젠 다 졸았수다 예배 시간에. 인제는 중앙 제단에서는 못 졸아요. 졸았다간 내가 가만 안 둘 걸요.

그래서 예배는 그 시대의 진리에 의하여 합법적으로, 그렇기 때문에 옛날에 양심 시대는 양심에 의해서 그들이 개인 개인이 예배할 때에 하나님이 받았습니다. 언약 신앙 시대에 와서는 언약의 말씀을 믿고 그들이 개인 개인이 예배할 때에 받았습니다. 율법 시대에 와서는 율법의 의식에 따라서 법도에 따라서 그들이 회개하면서 예배할 때에 받았습니다. 은혜 시대엔 누구든지 민족적 국경의 차별 없이 십자가만 바라보고 예배하면 받았습니다.

재앙의 날에는 뭐냐 할 때에 십자가를 믿고 하나님의 자녀 된 우리들이 재앙의 날에 하나님이 약속하신 말씀을 믿고, 아무리 두려워도 두려워 말고, 원망스러워도 원망하지 말고, 낙심될 일에 낙심하지 말고, 하나님 바라보고 부르짖을 적에 말씀대로 이기고 보호하고 새 땅의 축복 받아요. 그래서 우리가 우리 중앙 제단은 뭐냐 하면 환난과 재앙 가운데서 예배하는 그 제단에 하나님이 응답을 내리므로 남은 종이 나오고 남은 백성이 나온다는 것이 오늘에 우리가 들고 나오는 심판의 다림줄의 진리라는 것입니다.

우리가 이날까지는 개인 천당을 목적한 예배지마는 우리는 들림 받아도 단체적이요, 새 시대도 단체적이야요. 이 목사는 금년쯤 주님을 맞이하고 여러분은 내년쯤 맞이할까요? 예? 꼭 같지요? 그럼 꼭 같이 돼 봅시다. 꼭 같이 돼야죠. 얼굴 빛깔도 꼭 같이 윤택해집니다. 여기 나와서 이마가 부~ 해서 이러면 불합격이라요.

그래서 이제 여기는 서울 시내 댕기다가 고만 너무 골치가 아파서 있다가 척 예배당에 들어오면 여기만 쏙 들어오면 압력이 쑥 벗어지고 이마가 환해져요. 뭐 화장 하나마나 그저 환해집니다. 또 마음이 하나가 돼요. 복잡해서 척 들어오니까 맘이 시원한 게 그 복잡한 마음이 싹 없어지고 말아요. 하나같이 영감이 오고 하나같이 중심 성결이 오고 하나같이 몸에 변화가 오고 하나같이 지혜를 받고 하나같이 우리는 되는 것이 이것이 우리 중앙 제단에 일어날 역사입니다.

이제 축복 받으면요 그저 이 예배당에 왔다만 가면 이상하게 달라져요. 시꺼먼 연기가 가득한 방에 들어갔다 나오니 그슬렸소, 안 그슬렸소? 그건 할 수 없지요? 연탄가스가 가득한 방에 들어갔다면 연탄 먹게 돼 있지요? 안 먹는 수가 있대요? 예? 콧구멍을 막자니 숨 막혀 죽겠지 숨 쉬자니 연탄가스 들어오지. 그러나 뭐냐 하면 여기는 하늘로부터 새 힘이 충만히 와요. 그럼 여기 오면 새 힘이 뭐 막 들어갑니다. 막 들어가요. 그것이 말세에 제단이란 것입니다.

그렇기 때문에 제단은 여호와를 위한 제단이라 그랬는데요. 그렇기 때문에 제단 문제에 대해 이시간 잠깐 말씀 드리겠어요.

어드래서 제단이 나오느냐 하면 여기 보니까 압박을 받고 부르짖는 제단이라 그랬습니다. 압박. 여기 분명히 압박. 그러니까 이날 이때까지 압박받고 나와 제단 세웠잖아요. 그래서 난 그거 깨달았어요. 하나님이 어드래서 이 제단 세울 적에 압박을 받아서 그날로 이사해. 일러 봐요. 아침에 쫓겨나서 그날 예배당 다 됐고, 강대상 다 해놓고, 요게 이상하잖아요? 아침에 쫓겨나고 그날 예배당 다 되고 의자 다 갖다 놓고 그다음에 강대상 다 해다 놓고 그날로 갖다가 뭐 다 해놓고. 요거 참 이상한 날이거든요.

자, 이런 일이 옛날에 또 있소? 예? 정말 새 일이야. 아침 예배보고 쫓겨나면서 갈 데 없던 사람이 요런 예배당에 착 들어오면서 그걸, 이 양반들이 여기다 갖다가요, 여기다 그저, 저….

할라면 이제 앞으로 아주 합시다 그려. 그러니 이것이 압박 당한 사람이 모이는 제단이라는 것이 응하기 위해서 되는 것이니까 그분들 무시하지 말라구요. 그래야 맞는 거야요. 그렇잖아요?

여호와의 이름을 부르는 자가
원수를 이기는 역사

― 사41:25~27 ―

여기 보면 원수를 회삼물같이 짓밟는 것은 여호와의 이름을 부르는 사람을 통하여 된다. 해 돋는 편에서 여호와의 이름을 부른다.

 우리 이렇게 여호와여! 소리를 부르라고 호소문 보낸 것은 여호와의 이름을 부를 특권을 맡았어요. 알겠습니까? 자, 우리가 여호와여 하면 듣기 좋다는 거요, 듣기 싫다는 거요? 예? 제발 여호와여 그러면 너희가 부르는 소리는 좋다고 그래요. 그러나 협상패들, 말씀이 혼선된 사람들이 여호와여 하면 듣기 싫어해요. 듣기 싫다. 에이, 듣기 싫어. 너 왜 나보고 여호와라고 그러니?

 자, 여호와의 말씀대로 믿지도 않고, 그대로 싸우지도 않으면서 여호와여? 여호와여! 누가 듣겠대? 야, 듣기 싫어! 그러나 우리에게는 여호와여 하는 소리가 듣기 좋다는 겁니다. 알아요? 우리는 말씀대로 나가기 위하여 시련 받고 그래도 여기까지 왔는데 예? 여호와여 하면 우리 하나님 듣는 증거가 있소, 없소? 예? 그래서 이번에 여호와 이름을 부르는 호소 성회를 열게 한 것은, 해 돋는 편에서.

우리 입으로 여호와여 할 때 은혜가 내리는 것은 그게 권세야요. 알아요? 자, 천지만물 창조하신 여호와께서 여호와여 하면 오냐! 하고 은혜를 내리니 벌써 이겼소, 못 이겼소? 이겼어요, 벌써. 아마 우리나라에서 국가적으로는 박정희 대통령이 와, 나 여기 있어. 무엇을 원하노? 내가 원하는 대로 해주죠. 그래도 아, 그 양반 빽이 있다고 할 거야. 우리는 여호와여! 하면 그저 조물주 하나님이 오냐, 오냐, 오냐, 부르느냐? 잘 들 부른다. 우리 최장로도 잘 부르누나. 그러면서 이제.

그래서 해 돋는 편에서 여호와 이름을 부르는 사람. 저는 꼭 그래요. 정말 어제 아침에는(72.6.25) 피 값을 갚는 역사 내리겠다고 그러더니, 여기 딱 오니깐요, 빨리 좀 많이 부르라는 거야, 하나님이. 여호와여 소리 부르는 분량에 따라서 내려온답니다. 한 번 여호와여 그러고 맥나서 그만두고 말아야지? 그냥 부르도록새 내려오는 것은, 부르도록새 그냥 하나님은 기뻐하십니다.

자, 하나님이 없다는 공산당이 아시아 땅덩어리를 다 덮고 있는데 동방 땅 끝 서울 수도 10층 예배당에서 가난하고 빈핍한 것들이 모여서는 여호와여, 여호와여, 야, 잘 들 부른다. 됐다. 우리가 이래보여도 세계적인 대표입니다. 그렇잖아요? 자, 세계만국 중에 여호와여 소리 오늘 제일 많이 부른 것은 어디서 제일 많이 불렀겠어요?

여보시오! 여호와여 이름 부르라는 특허를 받았어요. 예? 분명히 여호와 이름을 부르는 자가 이긴다고 했죠? 무신론자가 이겨요, 여호와 이름 부르는 자가 이겨요? 짓밟아 버려. 짓밟아. 이 새끼들. 야! 김일성이 이 새끼야! 하나님이 없어? 맛 좀 봐라! 이 새끼! 한 번만 우리가 역사 났다 하면 그 새끼들 도망가요, 안 가요? 예? 벌써 무신론자는 거짓부리라는 게 드러나지 않습니까?

그러니까 인제는 공산당 망치는 것은 하나님이 나타나야지, 안 돼! 자, 하나님이 이날까지는 잠잠히 숨었다가 내가 없어? 맛 좀 봐라! 하고 일어나면 그때는 하나님이 없다는 공산당이 혼쭐이 나요, 안 나요? 다 도망가요. 우리가 뭐 총은 무슨 총으로 쏴. 전부 다 들 도망가. 그러면 따라 들어가면서 전도나 합시다. 예? 전도하기도 쉽지요? 그때는.

■ 기도: 주의 종들은 잠만 자고 있고, 눈물 흘려 서울 거리에서 외쳐야 될 때는 왔는데 우리는 아무것도 없는 빈 깍지들이 왔습니다. 오 아버지 하나님이여! 사랑의 불을 우리 마음에 주셔야 하겠사옵나이다. 우리가 눈물 흘려 나가 외치지 않으면 누가 외치겠나이까? 오, 주 예수여! 어찌하겠나이까? 당신 가슴 속에 있는 사랑의 불을 우리 마음에 불어넣어 주시옵소서.

저 공산당 세력에 아시아 땅 덩어리의 제단이 다 무너졌고, 저 북한에 있는 양 떼와 종들은 어찌할 수 없어 울고 있습니다. 저들은 기도도 못하고 있고, 할 말도 못하고, 눈물 흘리면서, 아버지여 포로가 되어 울고 있는 저들을 해방시키는 권세 역사를 주기를 원하시는 줄 믿습니다.

아버지여! 말씀 변론을 권세의 종에게 주어서 쑥물 먹은 양 떼를 살릴 수 있는 역사가 있게 하시기 원하옵나이다.

피곤한 저들이 쓰러질 때가 왔습니다. 아버지여! 강하게 새 힘 내려 보내주시오! 우리 앞에 저 환란의 산이 남았습니다. 저 산을 용기있게 올라가는 이 성회가 되게 하시고, 저 산 넘어 있는 안식의 왕권을 받을 수 있는 역사가 강하게 임하여 주시옵소서. 주여! 이 시간에 강하게 역사를 내려보내 주시옵소서!

　오, 여호와여! 여호와여 우리의 호소를 들으시고 우리에게 사랑의 불을 주는 동시에, 북한 동포를 해방시킬 수 있는 철장 권세 주시옵시고, 쑥물 먹은 양 떼를 살릴 수 있는 말씀 권세 주시고, 하나같이 저 산을 넘을 수 있게 하시고, 피곤해 쓰러진 저들에게 새 힘을 강하게 내리시옵소서. 예수 이름으로 기도하옵나이다. 아멘.

　우리 마음이 거룩해지면 왕권이야요. 내 마음이 신령해서 한 번 기도할 때 그 기도가 상달되면 공산당 이기는 거야요. 담대한 마음이야. 아무리 공산당이 강해도 우리가 담대히 나가는 신앙심으로 나갈 때 하늘의 천군이 동원합니다. 또 우리는 같이 미워함으로써 공산당을 이기는 것이 아니고 사랑의 불이 붙어서 북한에 있는 동포와 양 떼를 살리겠다는 눈물겨운 심정으로 나갈 때 거기서 이기는 겁니다.
　그러기에 우리의 승리는 다수에 있는 것이 아니고, 어떤 물권이나 정권이나 교권에 있는 것이 아니고, 우리 마음이 거룩해지고, 맘이 신령해지고, 맘이 담대해지고, 사랑의 불이 붙을 때에 이 시간부터　이긴 것입니다. 알겠습니까? (52장 성가)

　◼ 기도: 우리는 독생자의 의를 믿사오니 예수님이 우리 위해 죄를 대신하여 형벌 받았고 부활, 승천하셔서 대언기도 하므로 우리가 예수님의 피로 산 백성으로서 아버지 앞에 모였사오니 우리 맘을 거룩하게 해 주고, 신령하게 해 주고, 담대하게 해 주고, 사랑의 불이 붙도록 할 책임은 하나님께 있사옵나이다.
　왜냐 할 때에 우리는 예수의 것이 되었기 때문에, 예수님의 소유가 되기 때문에, 예수의 의로써 살았기 때문에. 오, 아버지여! 거룩한 맘, 신령한 맘, 담대한 맘, 불타는 맘, 꼭 보내 주셔야 하겠사옵나이다.

어찌해서 십자가의 의를 믿는 저희 마음이 더러울 수가 있으며, 복잡할 수가 있으며, 비겁할 수가 있으며, 냉정할 수가 있겠사옵나이까? 오, 아버지여! 우리 마음을 우리 마음대로 할 수 없고 우리 마음이 우리 마음이 아니옵고 아버지의 것이오니, 주여! 이 시간에 십자가 의로 거룩한 맘, 신령한 맘, 담대한 맘, 불타는 맘 주어서 우리들이 여기서부터 붉은 용의 세력을 이기는 한 단체가 이루어지게 해 주시옵소서.

거룩한 마음으로 뭉쳐진 단체, 신령한 마음으로 뭉쳐진 단체, 담대한 마음으로 뭉쳐진 단체, 불타는 사랑의 마음으로 뭉쳐진 단체가 이루어지도록 강하게 역사를 이 시간 내리시옵소서. 예수 이름으로 기도 하옵나이다. 아멘.

하나님이 이걸 내려 보낸 건 우리가 권리가 있다는 거지요? 그럼, 능력 받을 권리가 있는데 못 받는 건 뭐지요? 능력 받을 권리가 있는데 못 받는 거, 예? 능력 받을 권리가 있어요. 지혜 받을 권리가 있다니까, 우리가. 그러니까 예수 믿는 사람이 능력 못 받는 건 그건 바보 예수꾼이야. 그럼 또, 내가 바보요? 그러지 마시오. 바보지. 능력 받을 권리가 있는 사람이 못 받는 게 바보 아니야? 그저 오늘 예수 믿어도 꼭 권리가 있는 줄 믿으시라구요.

'난 예수를 갓 믿어서 어떻게 받을까?' 아니, 어제 믿고 오늘도 받을 수 있어요. 10년 예수 믿어도 못 받는 사람이 있구요, 어제 예수 믿고 오늘 받는 사람 있어요. 받을 권리가 있습니다. 아담·하와는 능력 받을 권리 없고 지혜 받을 권리 없지만 우리는 있어요. 왜? 아담·하와는 흙에서 하나님이 창조한 피조물이요, 우린 예수의 소유야요. 권리가 당당합니다.

자, 예수 믿어도 능력도 못 받고, 지혜도 못 받고, 권세도 못 받고, 축복도 못 받은 것은 쓰지 못할 폐물이니 쓰레기통으로 들어가시오. 예? 이게 욕이요, 축복이요? 축복입니다. 날 욕하네? 욕먹어야지. 원, 오늘 왔다가 능력 못 받고 가? 죽어야지. 예? 못 받으면 죽어요. 쓰지 못할 폐물은 불에 갖다 넣습니까, 어디 갖다 건사합니까? 예?

아니, 예배당에 다니면서 능력도 못 받았어? 지혜도 못 받았어? 권세도 못 받았어? 축복도 못 받았어? 그건 예배당을 더럽힌 사람이요, 더럽히지 않은 사람이요? 그건 예배당을 더럽히기 때문에 못 받은 거야. 그건 뭔지 잘못돼서 못 받은 거야. 왜 못 받아? 더군다나 목사가 능력 못 받았다면 그건 아주 고얀 놈, 삯군. 아주 그놈은 죽일 놈이라요. 목사가 못 받았다면 죽일 놈이야. 삯군이야. 수많은 양 떼 죽였단 말야. 이 백정 놈들. 그렇잖아요? 그렇소, 안 그렇소? 자, 목사로서 능력 못 받을 바에는 백정 놈이나 돼라. 차라리 소대가리 까먹는 게 낫지, 양을 죽여? 이 고얀 놈들. 그렇소, 안 그렇소? 푸줏간에서 백정질하는 게 낫지, 하나님의 양 떼를 죽여? 말이 되는 거야? 예?

장로가 능력을 못 받고. 장로가 이러~하구 와서 호소 못 하고. 이러~하구. 이 죽일 놈의 장로! 뭐야 이 장로가. 장로가 더 울어야지. 이러~하구, '난 죽을 장로다. 공산당아, 나 죽여라. 나는 죽을 놈이다.' 이러는 거야? 뭐야 이거 대관절. 어떻게, 공산당한테 죽겠소, 이기겠소?

십자가의 정로
— 사53:1~12 —

　　기도라는 건 십자가 중심의 기도가 돼야 됩니다. 예? 하나님이여! 자, 어떤 사람이 핍박을 당하고 억울해서 그저, '아버지여, 아버지여 난 억울해 못 견디겠소. 참 죽겠소. 참, 이거 원통해요, 원통해요, 원통해요, 엉엉엉 아이고 원통해 엉엉.' 그게 십자가 중심의 기도입니까? 예? 그건 아니요. 그건 안 되는 거요. 그건 십자가 중심이 아니야.

　십자가 중심의 기도라는 건 아무리 원통해도, '오! 주여 감사합니다!' 아이고 원통해라 그러면서 그러지 말고, '아이구 주여 감사합니다. 당신이 당하신 고난을 나도 받게 됐으니 감사합니다. 당신이 받은 일을 나도 받게 됐으니 감사합니다.' 이래야 이게 십자가 중심의 기도고, 또 구할 적에 이거야요. '하나님이여, 그저 나 오늘 어디 가겠는데 핍박도 안 만나게 해 주시오, 시험도 안 만나게 해 주시오, 고생도 안 하게 해 주시오, 고이 고이 고이 평안히 다니게 해 주세요.' 그건 십자가 중심의 기도 아닙니다.

　'내가 오늘 어디메 가고 뭘 하겠사오니 아무리 시험을 만나도 참게 해 주시고 고생이 돼도 참게 해 주시고 무슨 마귀가 달라붙어도 내가 이기고 나갈 수 있는 힘을 주시옵소서.' 이래야 이게 십자가 중심의 기도지, '오늘 가다가 시험도 안 만나게 해 주시오, 핍박도 안 만나게 해 주시오, 고생도 안 하게 해 주시오' 그건 십자가 중심의 기도가 아니라 그말이야요. 자, 전쟁에 나가는 군대가 '적군도 안 만나게 해 주시오, 고이 고이 고이 그저 전쟁 어떻게 안 하고서 그저 편안히 좀 댕기게 해 주시오' 그런다면 그건 벌써 틀려 먹었단 말야. 그건 말이 안 돼요.

그래 기도도 십자가 중심의 기도를 하라고요. 예? 그리고 우리가 기도할 때는 이렇습니다. 봐요. 이렇게 기도하면 돼요. 자, 같이 해 보자구요. '주여! 당신이 날 위하여 십자가를 지고 갔사오니 나 어찌하여야 그 십자가 지고 오늘도 저산을 넘을 수 있겠나이까. 당신의 십자가 의로 능력을 보내주십시오. 참는 힘을 보내주십시오. 당신의 가는 길 나도 가겠나이다. 골고다의 언덕, 겟세마네 동산 가고 싶사오니 나도 걸어가게 해 주세요' 이래야 이게 십자가 진짜 기도지. 자, 그 기도도 안 이뤄질까? 예? 예? 그건 벌써 다 이뤄졌는데 뭘 그래. 다 이뤄졌는데 뭐.

아이가 앓으면 '아버지 하나님, 무소불능하신 하나님 아버지여 꼭 우리 아이 날 줄 믿습니다. 믿습니다. 믿습니다.' 낫지 않고 죽었거든. '하나님이 살았나 죽었나' 그래보시오. 그렇게 기도하면 안 돼요. '하나님이여, 내게 선물 줬사오니 뜻대로 하옵소서. 내 바라기는 이를 하나님께 바치겠사오니 세상에 살아서 주님 뜻이라면 꼭 살려서 영광되게 하옵소서' 그런 기도 해야지. '꼭 낫게 해주시오. 꼭 낫게 해주시오, 꼭 낫게 해주시오, 믿습니다. 믿습니다.' 그러다 죽어 버렸어. '에이구 하나님이 살았나 죽었나' 자식이 내 자식이요? 하나님 자식이지. 하나님 데려가면 데려갔지 뭐.

그런 기도하지 말라구요. 난 그렇게 기도 안 합니다. 안 해요. 그래서 아마 역사가 안 일어나는지 모르겠어요, 제가요. 하하. 하나님이 데려가면 데려갔지 뭐. 아들 죽었다고 뭐 예수 안 믿을까? 나 아들딸 다 데려가도 감사합니다 그랬수다. 하나님 데려가는데 뭐. 아들딸 다 죽었는데 "감사합니다." 하고 기도하니까 남들이, "원 저 양반!" 저 양반은 무슨 저 양반이야. 하나님이 유익하니 데려갔지 뭐! 나 원. 그거 두면 고생스럽겠으니까 데려갔는데 뭐. 그렇잖아요? 그렇소, 안 그렇소? 무엇이나 우리는 기도가 십자가 중심에서 해야 됩니다. 병이 나도 그래요. 전 이렇게 기도합니다.

그저 내 일평생 소원은 뭐냐 하면 한번 실컷 예수 가신 길을 가서 예수 만날 때에 그저 왕권 받아 볼라고 하는 거 그것뿐이지 다른 건 뭐 다 잊어 먹었습니다. 다 잊어 먹었어요.

그래서 우리, 기도도 십자가 중심의 기도를 하라구요. 어디에 목회 갔다가 그 교회서 환영 안 하고, 딛다 그러면 그때 화가 나야지요? 예? 화가 나야지요? 예? 전도사님들 화가 나야지요? 예? 화가 나야 돼요, 감사합니다 기도해야 돼요? 예?

화가 나서, 에이 이놈의 교회 내가 와? 에이, 보따리를 싸고, 내가 그래도 전도사야. 전도사를 안 알아보고 에잇. 그러면 빵점이야요. 빵점입니다. 그러면 그건 벌써 곁길로 드는 목자라요. 어느 교회에 가서 목회하려면 환영을 안 하고 무시할 때에 그때 눈물을 주르르 흘리며, 주여~ . 당신이 가신 길 나도 가게 할라고 이곳에 보냈사옵나이까? 주여! 당신이 가신 겟세마네가 이 동산이 아닙니까. 당신이 가신 골고다가 여기 아니오니까. 하면서 거기서 눈물 흘려 기도해 나갈 때에 거기서 그다음엔 역사가 떨어지기 시작해서 그 교회 바로 잡히면 그 교회 훌륭한 교회 되는 거야요. 알아요? 예?

자, 이 교회에서 환영 안 하면 저 교회 가고, 저 교회에서 환영 안 하면 이 교회 가고, 보따리를 갖다가 일 년에 몇 번씩 싸야지요? 그런 바람이라는 건, 무슨 바람? 사단의 바람이야요. 왜풍이야, 왜풍. 다 내가 지내 본 일이야요. 그러기에 갈 적에 아예 그 교회 가서 십자가 지지 않으려면 아예 가질 말아요. '아, 나는 십자가 못 져 못 가겠습니다.' 기왕 가면 거기에서 아예 십자가에서 영광을 나타내야지. 안 가면 모르겠지만.

나 요즘 그런 전도사 보면 하나님이 대답을 안 해요. "목사님 나 가랍니까, 또 있으랍니까?" 뭘, 가랍니까 있으랍니까가 어디 있어, 대관절 뭘. 나 무슨. 그러게 그 무슨 무당 점치는 거야? 뭐야? 그런 기도 하지 말라구요. 안 돼요, 안 돼요. 그렇게 하면 안 됩니다.

그러게 벌써 우리는 십자가 정로요. 정로인데요. 그저 일편단심 그저 주님이 십자가에 고난 당한 그 마음 바라볼 때에 그저 무슨 일을 당하든지 간에 십자가의 의를 바라볼 때에 그저 거기에서 그저 은혜 오면 되는 거요.

자, 사람이 알아 안 줘도 십자가를 통하여 능력만 많이 오게 되면 이기는 거지. 사람이 아무리 환영해줘도 그거 안 오면 다 진거야. 그러니까 아무 어디 가 목회를 하더라도 거기서 환영을 안 해도 십자가 바라보고 기도할 때 그 예배당에 은혜 내리기 시작하면 그다음엔 승리하는 거에요. 뭐. 내가 다 지내봤다니깐요. 그래 그거 분명히 아시라우요.

그래서 십자가의 정로가 있습니다. 정로가 있어요. 정로가 있어요.

그러게 아예 십자가의 정로를 가면 처음에는 좀 어려운 것 같지마는 차츰차츰 쉽습니다. 전 지금 퍽 쉬워졌습니다. 처음에 십자가의 정로를 떠날 적에는 전 정말 너무나 애로가 많이 있고 그야말로 정말 십자가 앞에서 세 시간 울고 십자가 정로를 떠난 지가 제가 꼭 20년인데 처음에는 좀 애로가 많아요. 그러나 좋습니다.

  십자가의 정로는 처음에는 기상이 상하는 것 같으나 나중에는 기상이 천사같이 됩니다. 그 분명한 사실이에요.

  그래서 우리는 그저 언제나 십자가 정로에 서면요, 그저 항상 십자가는 은혜의 십자가입니다. 일러 봐요, 십자가에서 율법의 저주를 몽땅 받았으니 십자가 안에는 은혜뿐이야요. 항상 은혜뿐입니다. 항상 은혜뿐이지 어느 시간엔 은혜가 오고 안 오는 시간이 없어요. 항상 은혜뿐이야요. 쫓겨나도 은혜요, 누명을 써도 은혜요, 핍박을 받아도 은혜요, 그저 뭣이 어떻게 돼도 은혜요, 전부 은혜입니다. 그저. 은총 은총 해 보자구요. 괜히.

  그래서 요즘에 이 주의 종들이 고만 정로를 못가고서는 후퇴해 버리고 마니까니 만날 십자가 십자가 해야 우상적인 것에 불과한 십자가가 되고 만단 말이야요. 십자가 믿으면 천당 간다는 것이 남무아미타불 관세음보살 하는 중이나 비스름하게 돼 버리고 말아요. 괜히. 자, 십자가의 정로는 가지 않으면서 올갠이나 두드리고 앉아서 믿으면 천당 간다니 중이 앉아서 목탁 두드리는 것과 같지 않소? 예? 극락세계 갑시다, 서방세계 갑시다 하는 거와 같은 거야 괜히. 다른 게 아니야요.

  이 시간 우리 십자가 통해서 오는 새 힘을 받자고요. 예? 다시 불러요.(74장 성가 부른 듯)

사람의 마음이 어떻게 됩니까? 변두리라도 가 건드려야지요. 그저 한 편 모퉁이라도 가 닿으면 됩니다. 자, 큰 화로가 있으면, 그렇잖아요? 불덩어리가 있는데 거기에 검부러기가 분명히 이건 조금 가 닿기만 해도 불은 데리게 돼 있지요? 예? 그러게 여러분이 부분적이라도 가 닿으라고요. 조금이라도 닿아야 뭣이 오게 돼 있지, 그렇지 않으면 안 온다니깐요 뭐. 완전히 합하지는 못해요. 어떻게 또 그렇게 합합니까? 한 편 모퉁이 맘이라도 거기 가 붙어놔야 뭣이 오게 돼있지, 그렇지 않으면 아무것도 안 온다니까. 난 체험이야요. 우리가 예수님이 날 위해 고난 당하신 그 예수님의 마음과 하나가 될 수 있습니까? 그 마음에 가서 그래도 한 편 모퉁이라도 가 건드려 붙어야 돼요. 안 붙으면 아무것도 안 온다니깐요. 뭐.

암만 얌전해 보시오. 얌전하다고 줄까? 얌전한 개 부뚜막에 똥 누더라고요. 그, 사람이 얌전하다는 건 그건 의가 못 되는 거요. 뭐, 점잖은 개 부뚜막에 똥 눈다고 그러죠? 뭣이 점잖아? 점잖은 사람은 속에 점잖은 만큼 죄가 있는 거야 뭐. 점잖히 죄를 지어요, 또. 아이고. 점잖은 놈은 점잖게 또, 그러게 점잖은 사람은 외입을 해도 점잖게 외입을 해요. 쌍놈은 또 쌍되게 하고요. 다 같아요. 뭣이 점잖…, 아무것도 없습니다. 뭘 사람이 하나님 앞에 내놓을 게 뭐 있겠냐 말이에요.

그래서 내 마음이 한 편 모서리라도 십자가에 고난 당하신 예수님 맘에 건드려 놔야 거기서 은혜가 오게 돼 있습니다. 알아요? 그저 우리가 예수님이 나 위해 고난당하신 예수님 마음 거기 조금만 건드리고만 있으면 그저 은혜는 늘 와요. 예?

자, 불덩어리에 한편 모퉁이라도 가 닿으면 데리게 돼 있소, 안 데리게 돼 있소? 예? 왕왕왕왕하고 그저 거기 가서 조금만 닿으면 늘 뜨거워 오게 돼 있거든요. 자, 전기 발전소가 있는데 거기에 그저 조금만 가 닿으면 전기가 오게 돼 있지요? 예? 오죠? 그와 같은 식이지.

우리가 그 예수님의 불타는 그 전기 발전소 같은 마음, 자, 우리 주님의 마음은 전기 발전소 같아요. 알아요? 예? 그런데 우리는 그 발전소 같은 그 사랑에 불타는 마음, 여기에 조금 가 닿으면 되는 거야. 안 닿으면 안 오는 거에요. 알아요? 우리 주님 십자가에서 우리 위해 죽을 때의 맘이 좀 식었을까요? 식었을까요? 예? 우리 주님 십자가에 죽던 그때 그 맘이 식었을까요?

다른 거 없어요. 이 시간 이렇게 말하는데 조는 사람은 거기가 좀 떨어졌어요. 갖다 스위치 붙이라구, 또 쩌르르 가게. 예? 빨리 갖다 붙여! 아무렇지도 않게.

그렇게 믿는 거지, 뭐 사람이 뭘, 뭐, 뭐, 뭘해? 뭐, 뭘해? 나 원, 누가 나보고 수고했다면 부끄러워서 대답을 못하겠어요. 뭘 수고해? 나보고 그러지 마세요. '아이구 목사님 이번에 수고 많이 했습니다.' 뭘 수고해? 은혜 받았지, 뭘 수고해? 나도 은혜 받았소, 수고했소? 예? 은혜 받았지 뭐, 값없이 받았지 뭐. 뭘 수고해? 난 그러게 뭐 수도생들 수도 시키면서 수고했다 그러면, 뭘 수고해? 값없이 받았지 뭐, 나도. 이게 이런 거야요.

그러게 언제나 우리는 십자가의 불타는, 예수님의 불타는 이런 마음 거기에 한 편 모퉁이 맘이라도 늘 붙어만 있으면요, 늘 와요, 은혜가 뭐. 그냥 와요. 그렇게 돼 있지, 인간 자체가 뭣을 했다고 할 수가 없습니다.

자, 내가 이렇게 사는 사람인데 내가 십자가를 무시하는 사람이에요? 그래서 나 강단에 서면 언제나 그저 십자가 의밖에 없지요? 언제나 그래요. 강단에 선 종이 예수님의 십자가의, 그 고난의 십자가 지고 고난 당한 그 예수님 맘에 조금이라도 거기 스위치를 대는 목사님 마음이라면 그 스위치 가지고 은혜가 내려요, 안 내려요? 쏟아져 내려오죠. 그, 강단에서 은혜가 안 내리는 것은 그 목사님의 마음이 예수님의 그 사랑에 불타는 그 불덩어리, 전기 발전소 같은 그런 그 불덩어리 그 속에 가서 붙지를 못해서 그래요. 그러니까 그렇게.

우리가 언제나, 강단에서 언제나, 난 그르게 요즘 그걸 하나 배웠어요. 기도를 많이 했다고 은혜가 오는 건 아니야요. 내 마음이 예수님의 십자가의 마음에 거기 갖다 건드리면 은혜 오는 거에요. 알아요? 암만 기도 많이 해 보시오, 기도한대도 예수님의 십자가의 그 고난의 그 마음에 가 스위치가 붙지 않으면 은혜는 안 와요. 그르게 난 기도를 이렇게 합니다. 밤새도록 기도해도, 저는 이렇게 봐요. 기도는 예수님의 십자가의 사랑, 십자가 의에 가서 내 맘이 접붙었느냐 안 붙었느냐 거기에서 시작되는 거지, 내가 자꾸 달라고 그러니까 하나님이 있다가, 주님이 있다가 "뭘 그러노?' '아, 주여! 이거 주세요.' '아니 난 몰랐댔구나 아하!' 그런 주님 아닙니다.

그래서 여기에 이렇게 말한 거요. 언제나 자기 영혼의 수고한 그것을 생각해서 만족해한다고 그랬어요. 그럼 오늘 이 시간에요, 우리 위해 괴로움 당한 예수님 맘을 만족케 해 드리자고요. 예?

전부 마음을 우리 주님 십자가에서 고난 당하신 그 마음, 그 십자가에 죽기까지 참으면서 기도하던 그 예수님 마음, 지금도 그저 불이 펄펄펄펄 붙은 예수님 마음입니다. 거기에 여러분의 마음이 말짱 거기가 닿자구요. 그러면 여기 막 쏟아져 막 내려와요. 막 내려와요. 무한인데 뭐. 그렇잖아요?

공의와 사랑을 완성했고, 구원과 속죄의 제를 완성했으니 우리는 완성하신 우리 주님의 사랑에 가 붙으면 되는 거요. 알아요? 예? 알겠습니까? 다 이뤄 놨단 말이에요. 벌써. 구원도 완성이요, 의도 완성이요, 전부 완성시켜 놨어, 완성. 완성이라는 아주 그런 십자가의 그 사랑의 의인데 거기 가서 우리가 탁 붙으면 되는 거요. 그러면 다 오는 거요. 이 시간 말짱 거기 가 맘이 붙어가지고 한번….

어드런 데만 데려요? 불이? 예? 어디나 가서 우리가 다 같이 다 붙는 거 아니야요? 그거지 뭐. 뭐 이사람이라고 해서 우리 하나님 뭐 특별히 뭐 잘나서 은혜 많이 주는 줄 압니까? 난 그게 있어서 그래요, 그거요. 그러게 난 누가 뭐 암만 내 흉봐도 난 탄하지 않습니다. 흉들어야 마땅하지 뭐. 그러나 우리 주님의 사랑을 건드리면 거기엔 난 참지 못하는 거요. 참지 못해요.

자, 말씀 하니까 들어보세요. 십자가 정로에 있어서 내 체험을 중심으로 내 말하겠습니다. 이 십자가 정로가 이렇습니다.

지금 목사님들이 이렇게 되는 수가 많이 있단 말이요. 고만 여기서 이렇게 되면 십자가의 정로를 걸어 못 나가고 후퇴합니다. 꼭 우리가 은혜를 받으면 꼭 십자가 져야 될 일이 꼭 오거든요. 꼭 옵니다. 그저 첫 번에 고건데. 십자가로 죄 사함을 받고 은혜 받아 놓으면 십자가를 져야 될 일이 딱 와 붙어요, 앞에. 딱 붙어요. 그때는 위신이 떨어집니다. 위신이 딱 떨어지게 만들어 놔요. 위신이.

그럼 위신 떨어진다고 후퇴하면 될까요? 예? 그만 거기서 목사님들이 올라가질 못해요. 위신 세우려고 다 후퇴를 하거든요. 그러니까 고만 영계가 올라가지 못해요. 매양 교역자들이 이렇게 됩니다. 꼭 그저 십자가의 은혜로 은혜 받고 나면 위신 떨어질 일을 딱 만들어 놔요.

위신이 딱 떨어지게 만들어 놔요. 그러면 위신을 세워 보려고 해야지요? 그때는. 예? 어떻게 해야 정로야요? 위신을 세워 보려고 그래야 정로요, 위신이 떨어져도 십자가 바라보고 나가야 돼요?

자, 위신이 떨어져도 십자가 중심에서 불평 없이 나가면 위신은 십자가가 세워줘요. 도덕으로 세워요? 그러면 위신 세우려고 내가 도덕적으로 내가 위신 세울라 그러면 십자가와는 멀어집니다. 위신이 떨어져도 십자가 중심해 나갈 때에 십자가로 말미암아 위신이 서게 만들어 놔요.

전 그런 체험이 참 많습니다. 전 내내 그런. 꼭 본다면 맨 첫 번에 제가 월남해 가지고 교회 세우러 나갈 적에 말이요. 그 말 또 하는 것 같지만은 그때부턴데. 제가 월남해 가지고 교회 세울 때 위신 떨어졌는데. 봐요.

전도 나가서 3개월 전도했는데 전부 교인들이 산에 가 산기도를 한다 그래요. 산기도를 한다. 뭐 산에 올라가 그냥 기도를 한다고 그래요. 3개월 만에. 자, 전도 성적이 좋소, 좋지 못하오? 예? 교회가 없는 동네에, 감리교서 거기 교회 세우려다가 정말 1년 전도사 있다가 매 맞고 쫓겨 간 동넨데 거기 가서 교회가 됐는데 3개월 만에 가서, 3개월 전도했는데 그저 교인들이 전부 산에 올라가서 기도한다 그래요.

그래 공회당을, 남의 공회당을 얻어서 예배당을 했댔는데. 내가 그랬어요. 자, 그럼 공회당으로 뫼라. 공회당으로 뫼면 내가 새벽 기도 인도해 주마. 그러니까 공회당으로들 뫼단 말이요. 공회당은 꼭 주일날 하고 삼일 예배만 보기로 제가 하고 얻었댔거든요. 공회당은. 그 동네 어른한테 얻게 됐는데 제가 전도 강연하기 위해서 얻었단 말이요. 공회당을 좋은 공회당을 하나 얻었댔어요. 제가.

그런데 한 사흘쯤 새벽 기도 인도를 하니까 은혜가 내리는데 그땐 뭐 지금처럼 이렇게 쏟아지지는 않아도 막 회개 운동도 일어나고 막 그저 일어나는데, 그러니까 인제 은혜를 좀 맛을 좀 보니까요, 그저 동네 그저 갓 믿는 부인들이 그저 달기 소리만 나면 아이 업고서 공회당으로 쓸어 들어옵니다. 그저 총총총총 모여들어요. 종을 칩니까 뭐 그때.

그러니까 아니 일주일쯤 되니까 뭐 정말 그때는 뭐 이거야말로 정말 교회가 좀 되는 거라요. 새벽 기도 나온 사람은 정말 중생의 역사를 받는단 말이요. 받게 되고. 그 몇 사람이.

자, 그러니 그거 참 굉장히 은혜가 내리는데 이거 보시오. 하나님 보라구요. 딱, 동네 주민이 날 오라고 사람을 보냈어요. 가니까 "이놈아!" 나보고 그래요. 대뜸 이놈아! 너 이놈. 홀애비 놈이 남의 동네에 와서 무슨 짓을 하게? 달기만 울면 동네 부인들이 미쳐서 널 따라가니 이놈의 꼴을 내가 보겠냐 그거야. 이놈, 남의 양반 사는 동네에 들어와서 말야. 공회당 내가 준 것은 주일날이나 점잖게 예배 보라고 줬지, 아닌 밤중에 남의 부인들 데리고 그 따메 짓 하라고 줬냐? 교회야? 단박 나가라 이놈! 단박 보따리 싸가지고 나가라는 거야.

그런데 그날 또 신자가 불을 내서 공회당을 또 홀딱 태워 놨습니다. 자, 이거 꼴이 됐소, 안 됐소? 예? 하여간 공회당이 싹 타지고 말았어요. 자, 전도사 꼴이 됐소, 안 됐소? 예? 꼴이 됐어요? 예?

자, 그때에 내가 딱 생각이 나기를, '내가 이북서 순교하겠다고 작정한 사람인데 내 여기서 후퇴하면 안 된다. 안 된다. 그래도 나를 월남시킨 것은, 공산당 세계에서 꼭 죽을 거 월남시킨 것은 날 뭣에다 쓸려고 월남 시켰겠지, 내가 여기 와서 그래도 교회 하겠다고 하다가 공회당 불태우고 쫓겨가?' 딱 그저 맘에 탁 부딪히는 게 있어요. '이놈아, 너 목숨 바치고 나서겠다고 작정했지?' 내가 까딱없으니까 하나님이 은혜를 내리는데요. 내 거기서 참 재미봤습니다.

난 그래서요, 여러분들 십자가 정로라는 건 위신이 떨어지고 망신할 때 후퇴하지 말라 이거야요. 자, 십자가를 믿는다는 사람들이 위신 떨어지고 망신하면 후퇴작전하면 그게 정로입니까? 정로 아니야요. 정로 아니야요.

그리고 또 보세요. 은혜 받으면 꼭 사단이가 옵니다. 뭐 그건 기어코 꼭 그건 내 체험으로 말해요. 성신 역사가 있으면 기어코 마귀 역사가 따르게 돼 있어요. 성신 역사에는 반드시 마귀 역사가 따르게 돼 있습니다. 그러면 보통 양반들이 성신 받으면 마귀가 오거든? 그러면 마귀 시험이 오면 이것은 성신 역사가 온 증거인 줄 알아야 되는데 위험하다고 후퇴하고 만단 말이야. 그러니 안 돼요.

성신이 오신 것은 마귀와 싸울라고 왔는데, 성신이 오니 마귀도 싸울라고 오는데, 고만 은혜 받으니까 위험하다는 거죠? 그러면서 후퇴를 해 버리거든요. 그러면 성신이 역사하겠습니까? 안 돼요. 언제나 성신이 오면 마귀가 옵니다. 마귀가 와요. 그거 분명히 알아야 돼요.

언제나 성신 역사와 마귀 역사는 언제나 대립되어 나가게 돼 있어요. 또 마귀 역사가 없다면 성신 역사가 또 필요 있습니까? 예? 필요 있어요? 필요 없어요. 또 성신 역사 없다면 마귀가 또 역사할 일이 뭐 있습니까? 성신 역사 없다면 전부 다 마귀 세상이요, 마귀 세상 아니요? 마귀가 할 일이 뭐 있어요? 정말 잠자야지, 마귀도.

그러니까 이건 성신의 역사가 없다면 마귀도 할 일이 없고, 마귀 역사가 없다면 성신도 할 일이 없거든요. 그러니까 성신 역사와 마귀 역사가 언제나 싸움을 한다 이거요. 싸움을 해요. 그러니까 그 때에 마귀 역사가 일어나면 성신 역사도 강할 줄 믿고 냅다 밀어야지, 마귀 역사 일어난다고 후퇴했다가는 그건 뭐, 안 됩니다.

자, 십자가는 마귀도 성신님도 대립해서 싸워서 이긴 것이 십자가에요. 그렇지요? 십자가는 마귀편과 성신편과 싸워 이긴 거죠?

성령으로 잉태해서 세상에 나 가지고서 십자가에서 이긴 예수님은 성령으로 이긴 거 아닙니까? 날 때부터 성령으로 났거든요. 그 성신 역사와 마귀와 싸워 이긴 것이 십자가라면 어찌해서 우리 십자가 믿는 사람에게 그것이 없겠냐 그거에요. 그러면 예수님이 아무리 마귀가 와서 괴롭혀도 거기서 일언반구 대답하지 않고 나갔기 때문에 정말 왕이 됐단 말이에요. 예? 그래 대부분의 종님들이 그걸 몰라요.

또 누가 은혜 받고 마귀 시험 받으면 이내 칩니다. 마귀라고. 사단이라고. 그러면 목회일 합니까? 목회를 할 수 있어요? 나도 지내 봤다고! 필요 없다고. 다 필요 없다고. 그러니까 이건 소방대요, 소방대 아니요? 소방대란 말이야. 자기가 마귀 소방대한테 불이 꺼져 가지고 또 소방대 편에 가 붙었단 말야. 그러니까 평생 가야 그 교회가 발전 못합니다.

누가, 내가 마귀 시험이 올 때 그걸 이기고서는 누가 성신 받으면 마귀 시험 오면 마귀라 그러면 안 됩니다. 누가 시험 오면 마귀라면 안 돼요. 당신 성신 받았는데 이겨라! 그래 버려야지, 마귀라고 그러면 '헉!' 안 됩니다. 안 돼요.

그래서 여러분들 목회 하려면 우리가 앞으로, 그래서 이 교회가 이렇게 되는 거에요. 그래서 나는 성신과 마귀와 싸우는 전쟁을 제가 본격적으로 한 것이 지금 정말 이것이 정말 이거 오래 했습니다. 그래서 그걸 잘 알아요. 잘 압니다.

　자, 십자가 믿는 사람에게 성신이 책임을 지게 돼 있소, 안 지게 돼 있소? 그러면 십자가 믿는 사람 아무리 마귀 시험 받아도 마귀라 그러지 않아야 돼요. 성신이 당신에게 역사하니 마귀와 싸워 이겨라 해야지, 마귀라면 안 됩니다. 안 된단 말이야요. 어떻게 십자가를 바로 믿는 사람에게 어떻게, 아무리 그 사람이 마귀 짓을 하는 것 같아도 그 사람에게 말할 때에는 '이겨라. 너 십자가 믿으면 성신 받았으니까 이겨라! 싸워라!' 이래야지. 만일 갖다가 '관둬! 집어치워! 그쳐! 관둬! 져!' 이러면 죽이는 거야, 남. 죽이는 거야. 안 돼요. 알겠습니까? 예? 안 돼요.

　자, 씨름하는데 와서 그만두라고, 지라고, 내 편 사람인데, 지금 야단치는데, '그만둬! 관둬! 져! 져! 져! 관둬!' 그러면 됩니까? 바짝 밀어줘야지. 그건 말이 안 되거든요. 그래가지고는 교회 꼴을 그꼴 만들어 놓거든요. 그러니까 이거 똑똑히 알라구요! 예? 알겠습니까? 그래서 교회가 이렇게 되는 겁니다. 목회자들이 말짱 그 따메 짓을 하거든요. 자기가 은혜는 좀 받았댔어요. 받아가지고서 마귀 시험 좀 받아가지고는 자기 위신 세울라고, 잘못하면 자기 위신 떨어질까 봐 벌벌벌. 교파에서 인정 안 하면, 자기 잘못하면 쫓겨날까 봐 벌벌벌. 그게 무슨 정로입니까? 그게 정로입니까? 위신 세울라고 해 봐요, 백날가야 당신들 십자가 정로는 못 가는 거요. 안 되는 거야. 십자가가 위신의 십자갑니까? 그렇잖아요? 안 돼요. 그래서 영계가 못 올라가요.

　그리고 어드런 사람은 요럽니다. 무슨 말을 해도 십자가 중심해서 말 안 하고 말을 톡톡 쏘는 사람 있어요. 그런 말을, 말을 톡톡 쏴요.

그런 사람이 영계가 못 올라갑니다. 뭐 자기는 뭐 절대 또 요럽니다. 나는 법적인 사람이라고, 나는 뭐 공의의 사람이라고, 나는 법적이라고, 딱딱 찍어버려. 앗따 그럼 그 사람 율법에 가 붙었소, 십자가에 가 붙었소? 예? 율법에 붙었어. 앗따, 재판자 나왔구만. 그런 사람이 영계가 못 올라가요. 법적으로 딱딱 찍는다고, 율법으로 딱딱 처리한다고. 그러면 안 됩니다.

언제나 우리는 율법에 가 붙지 말고 성신 법에 가 붙어가지고서 저 사람이 법적으로 잘못이 있다 하더라도 항상 나는 성신의 생명의 법에 붙어가지고 그걸 다스릴래야 영계가 올라가게 돼 있지요, 율법 편에 가 붙으면 안 된다니까요. 알아요? 예?

누가 실수가 있다 하더라도 내가 율법 편에 가 붙으면 됩니까, 성신 법에 가 붙어야 됩니까? 성신의 법에 딱 붙어서 소성케 만들라고 그래야지, 딱딱 처리하려고 그러면 안 된단 말이야. 안 돼요. 안 돼요.

또 말은 또 정치적이라고, 정치적. 정치? 그럼 너 정치적으로 해봐라. 네까짓 게 뭘 하느냐? 정치를 바로 해야 된다고? 정치. 그 따메 소리 하지 말라구요! 현대 교회 정치 바로 잘못해서 그런가? 그건 말이 안 됩니다.

기독교는 성신의 역사로 되는 기독교요, 인간의 정치로 되는 기독교요? 정치적으로 해 보시오, 말짱 교인들이 믿음이 고만 전부 외식이 돼 버리고 말아요. '에이, 우리 목사님 무서워! 아이고.' 그러면서 목사 눈가림하려고 그러면 말짱 교인 껍데기 만들고 마는 걸, 말짱 다. 그렇게 돼요, 안 돼요? 예? 그러면 말짱 교인들 껍데기 만들고 만단 말이에요.

순 생명의 성신의 법 안에서 목사가 움직여야 거기서 전부 다 소성하게 돼 있지. 무슨 말하다가도 목사가 오면 '아이고 우리 목사님 알면 큰일 난다.' 이러면 고장난 거야요. 예?

자기 중심에 잘못된 것을 솔직히 목사님 앞에 가서 정말 고백할 줄 알아야죠? 그렇잖아요? 그건 '아이구~ 우리 목사님 앞에 내가 가서 말짱 다 고백해야지 이거. 우리 목사님은 그저 아무리 내가 부족이 있다 하더라도 정말 사랑으로 용서하시고 정말 그저 우리 목사님은 정말 성신의 은혜로, 아이구~ 내가 우리 목사님한테 가서 내 잘못된 걸 고백하고 은혜를 받아야지' 그러고 와서 그래야지, 아니 목사가 무서워서 목사 앞에 뭘 발각될까 봐 겁을 벌벌 낸다면 그게 율법적인 목사지 은혜의 목삽니까? 그렇잖아요? 예?

목사 앞에 가서 잘못을 고백하고 은혜를 받겠다는 맘이 불타야 됩니까, 목사가 무서워서 슬슬슬 피해야 됩니까? 예? 예? 예? 목사가 무서워서 슬슬 피하면 그게 기독교입니까? 그게 은혜의 교회요, 율법의 교회요? 예? 안 된단 말야요. 안 돼요. 목사 무서운 줄 알아야 된다고? 그렇게 하면 안 돼요. 목사를 아주 그리워해야지요. 그저 부족이 있으면 몰래 목사님 앞에 가서 눈물 죽죽 흘리면서 '목사님, 내가 이런 죄를 졌는데 어떡하랍니까?' 이래야지. 그렇잖아요?

난 누구라고 말하지 않아도 수도생들도요, 대부분이 나한테 와서 그저 부족을 와서 말하면서 이런 사람들 많이 봤어요. "내 이런 일이 있는데 어떡하랍니까?" 그럼 내가 "기도하자. 기도하자. 낙심하지 마라. 기도하자. 기도하자."

그래서 여러분들은 교회를 다스릴 적에 십자가의 법으로, 성신의 법이야요. 율법은 십자가에서 청산했으니 인제는 그리스도 안에서 성신의 법으로 다스려야 돼요. 그래야 십자가 정로입니다.

자기가 뭣이기에 율법으로 사람을 다스릴 권리가 있습니까, 그렇잖아요? 예? 그렇잖아요? 율법으로 사람을 다스릴라면 십자가의 원수가 아닙니까? 율법은 일단 십자가에서 완전히 예수님이 정말 도말하셨는데 우리는 거기, 이제 성신의 법 안에, 나도 예수 안에 가고 예수 안에 들어가 성신의 법 안에서 어떻게 하든지 교회를 다스릴라고 그래야 되는 건데 성신의 법 안에 자기도 가 붙지도 못해 가지고서….

사로잡힌 자를 돌아오게 하자
- 욜3:1~3 -

- 새일중앙교회 창립일 -

그 날이란 것은 여기 요엘서 2장 28절 이하가 되는 것입니다. 만민에게 성령을 부어 주고 남종, 여종에게 신을 부어 줘서 하늘과 땅에 이적을 베풀어서 여호와의 두려운 날이 이르기 전에 흑암이 오지마는 그 흑암 속에서 여호와의 이름을 부르는 자를 구원해 내는 그날이란 뜻입니다.

이 시간은 사로잡힌 자를 돌아오게 하자는 제목으로 말씀드리겠습니다. 사로잡힌 자를 돌아오게 하자.

이것은 과거에 이스라엘이 바벨론 포로가 됐다가 돌아오는 그것을 들어 종말에 포로 된 자를 돌아오게 하는 일이 있음으로써 만국을 심판하리라.

이 아침부터는 포로를 해방시키는 권리 행사가 와야만 하겠습니다. 옛날에 예루살렘의 유형적인 교회는 바벨론에게 먹힘을 당한 것같이, 예루살렘 다락방에 섰던 오순절 교회는 바벨적인 교권 아래서 먹힘을 당하고 있습니다. 이것을 해방시킬 책임은 이 제단에 있는 줄 믿습니까?

그래서 하나님께서 8월 15일날 오후 3시에 새 힘을 내릴 적에, 너희 민족의 해방은 8·15가 아니라 새 힘 역사로만이 시대적인 법을 통하여 완전한 해방 운동이 일어나리라. 36년간의 왜정의 말달에 성을 갈아 버리고 우상 단지 앞에 절하지 않고는 살 수가 없는 그런 자리에서 우리 민족을 해방시킨 것은 뭐냐 할 때에 앞으로 너희 민족은 또 다시 이러한 비참한 일이 있겠지마는 완전한 해방을 주겠다는 확신밖에는 되는 게 없어요. 무슨 말인지 알겠습니까?

8·15 해방이란 이것은, 3·1 운동의 정신을 말살시키고 일본 놈들이 3·1운동의 정신을 말살시키는 동시에 그 애국자를 다 죽여 버리고 심지어 백의민족의 성을 갈고 백의민족의 역사를 말살시켜 버리고 백의민족의 국가를 다 자기 땅으로 맹글고 심지어 기독교까지 정말 조선 기독교라는 것을 없애기로 작정을 하고 대일본 기독교 연맹이라고 했던 것입니다.

이러한 비참을 당하는 것을 하나님은 그저 볼 수가 없어서 하나님께서 동방 역사를 일으키기 위해서 이 민족을 악독한 그 포로 생활에서 정말 강권으로써 해방을 시킨 것입니다. 그래도 정신을 못 차리고, 이 해방이라는 것은 선지국가가 되라는 해방이지 정당 싸움하라는 해방 아닙니다. 교파 싸움하라는 해방 아닙니다. 맘대로 술 먹고 맘대로 나무를 도벌하고 맘대로 죄를 지으라는 해방은 아닙니다.

이제는 또 다시 몽둥이로 때려 칠 적에 이놈들아, 내가 너희를 해방시킨 것은 이렇게 하라고 한 해방이냐? 이놈아! 또 때렸습니다. 또 먹혔어, 안 먹혔어? 그래도 이것을 몽땅 먹혀서는 아버지가 거짓부리 하나님이 되겠단 말야. 왜? 동방에서 역사 일으키겠다고 그랬지요? 동방 칠 때 대구 부산까지 다 먹혔다면 동방은 이제는 공산당 것이 다 되고 말죠? 그러니까 그때 수많은 종들이 굉장히 울었습니다. 제발 잘못했다고. 그때 뭐 굉장히 울었답니다. 주의 종들이.

 그래 또 벗겨놨어. 그랬더니 이것들이 또 죄를 지어요. 또. 또 못되게. 또 때렸단 말야. 때리니까 이승만 박사는 저 하와이 가 죽어 버리고, 이기붕이 집은 가정이 몰살당하고, 자유당은 그저 질그릇 같이 깨져버렸지요?

 그리고 오늘에 와서 이 정권이 들어왔는데 이거 만일 또 이대로만 나간다는 것으로 이 민족의 사명이겠느냐 하는 것을 깊이 생각해 보세요. 예? 우리 민족이 해방 후에 이렇게 되라는 것이 하나님의 뜻일까요? 예? 인제에 우리 민족을 일본의 포로에서 해방을 시켰고, 공산당의 포로에서 해방을 시켰고, 왜 이렇게도 우리를 아끼느냐 하는 것은 우리 민족의 뭣을 보는 것보다도 하나님은 참의 하나님이니 이것을 아끼지 않으면 거짓말이 되겠단 말야. 알겠습니까? 예? 종말의 역사는 동방 땅 끝에서부터 분명히 일으키겠다고 말했으니 동방 땅 끝을 아끼지 않으면 되겠습니까?   한국 민족이 하는 꼴 봐서는 몽땅 두드려 부수겠지마는 하나님은 자기를 봐서 못 때리는 거야. 요걸 때려 부수면 자기는 거짓부리 하나님이죠? 예? 알겠습니까?

 동방 땅 끝에 여호와의 말씀이 임해서 온 세계 인류에게 이 복음 전하게 하기 위해서 이날까지 아꼈다는 것을 아십니까? 여러분들이여! 예? 어느 정당이 정권 잡고 밥 잘 먹고 세력 부리라고 해서 내놓은 게 아니야. 어느 교권이 교권 쥐고 세력 부리라는 것도 아니야. 예? 왜 내놨느냐? 이 비밀 알아야지요? 왜 내놨어요? 왜 아꼈어요? 뭣 땜에요? 말씀 때문에. 새 일 역사가 나오기 위해서! 요한계시록을 들고 나오는 사람이 나타나기 위해서! 권세 역사를 나타내기 위해서! 중앙 제단을 세우기 위해서! 예?

그건 왜냐 할 때에, 보세요. 해방 앞을 두고 일본 사람 피해서 강원도 가 숨어 있다가 주일을 깜박 잊어 먹었어. 그러니까 매일같이 어느 날이 주일이노? 그런 판국에 울고만 있습니다. 꿈을 꾸는데 금강산 이북으로는 소련군이 꽉 차버렸어요. 그런데 내가 흰 말을 타고 만주 벌판으로 막 돌아 댕기고, 북한으로 돌아다니고, 그저 소련 군대를 막 짓밟고 다니는 거야. 백마 타고. 그게 나타나거든요. 그 이상하다.

인제 보니까 다른 게 아니오. 자, 금강산 이북은 공산당에게 먹히고 이남은 먹히지 않을 터이니 그 목적이 뭐냐? 백마부대 위해서다. 이거 백마 타고 다니라고 내 놓는다 그말이야. 그거 아니요? 이상하잖아요? 그러면 뭐냐 할 때에 이날까지 금강산 이남을 남겨 놓은 것은 백마 타고 나가 댕겨라! 자유당 돈벌이 잘하라고 해방시킨 거 아니야요. 알아요? 자유당 한동안 돈 잘 벌었지요? 예? 이기붕이 꼴좋지. 영등포에 그 밀가루 공장 꼴좋대요. 여보시오! 이기붕이 돈 벌라고 하나님이 해방시킨 줄 압니까? 어느 정당 하나 세력 부리라는 게 아니야요.

백마부대 나와서 북진 시키고 새 시대 이루기 위해서 하나님 아낀 거지. 어느 교회 예배당 잘 짓고 교인 많이 모아서 돈 많이 연보 많이 내어 가지고 잘 지내라는 게 아니야요! 쓸데없는 짓 하지 마시요! 오늘부터 이루어지는 중앙 제단을 통하여 백마부대 나오기 위해서 아낀 줄 믿으시오! 계룡산에 이 진짜 판 찍은 이단 만들기 위해서.

왜냐 할 때에, 보시오, 또 그다음엔 6·25 동란에 꿈을 꿉니다. 보시오, 공산당이 내려와서 날 디리 쏘는데 내가 죽지를 않아요. 그다음엔 내가 신이 됐어요. 신이 돼가지고서 눈 떠라 하면 눈 뜨고, 멀라 하면 멀고, 죽어라 하면 죽고, 살라면 살고. 자 이런 사람이 돼버렸어요. 내가. 이상하잖아요? 공산당이 암만 널 죽일라고 하지만 내가 널 신같이 들어 쓰겠다 그거 아니요? 이거 뭘 압니까?

  정객들도 왜 이날까지 이렇게 인심 악화, 정치 부패, 혼란이 와도 왜 참고 있느냐? 어드래서 김일성이가 또 못 내려올 것이냐? 말씀 때문에. 예? 이거 알아야지요? 말씀 때문에 이러는 거지. 여호와의 말씀 때문에 아낀 거요. 이것을 아는 목사님들이 많습니까? 예? 많아요? 이거 아는 정객이 있습니까? 그럼 말씀 몽둥이로 나가 두드리시오! 이것들이 뭐냐! 이거 모르냐? 청와대 들어가서 말씀 몽둥이 가지고 휘둘러요. '여보시오 당신네 뭣 때문에 하나님이 아낀 줄 압니까? 당신네 정권 쥐고 밥 잘 먹으라는 줄 압니까?' 이런 아모스가 나와야죠? 예?

  그래서 이 민족을 정말 무서운 일본 놈의 독사에게서 해방을 시킨 것도 숨은 비밀이 있는 거요. 사자같이 물어먹으려고 달려드는 공산당에게서 해방을 시킨 것도 비밀이 있는 거야. 자유당을 때려치운 것도 거기 비밀이 있는 거요. 인제 비밀이 뭔지 또 모르면 또 맞아요. 알아요?

  너희들 어느 정당 하나 세력 부려서 너 권세 잡으라고 한 줄 아느냐? 이사야 22장을 똑똑히 보시오. 정신 차려, 이 아침에! 여보시오, 예? 뭣 때문에 명을 보존하고 있어요? 뭣 때문에. 예? 여러분은 하나님 무슨 비밀이 동방 땅 끝에 있어서 이렇게 벗기고 벗긴 줄 믿습니까? 압니까? 뭐 때문에? 무슨 뜻으로 이날까지 벗겨 놨다는 이것을 나타낼 때가 금년부터야요.

  대통령도 이걸 알아야 돼요. 국무총리도 알아야 돼요. 이거 모르면 안 돼요. 이것을 알려줄 사명은 어디 있습니까? 이 장소에 있어요. 영락교회가 알릴 줄 압니까? 충현교회가 알릴 줄 압니까?

쫓겨난 사람이 알려줘요. 알아요? 지렁이같이 밟히던 사람이 알려줘요. 버림당하고 멸시 받던 사람이 알려줘요. 그게 성경입니다. 언제나 보시오, 시대적인 비밀을 알려주는 사람은 쫓겨 댕기던 사람입디까, 남을 쫓아내던 사람입디까? 미움 받던 사람이요, 미워하던 사람이요? 압박받던 사람이요, 압박 하던 사람이요? 가난한 사람이요, 부요한 사람이요? 그 부자죠? 유식한 사람이죠? 정말 그랬습디까? 이거 우리가 분명히 알아야지요. 그래서 우리는 진짜 해방 운동을 이 아침부터 합시다. 어떡하겠소? 이 민족만 해방시키겠소, 세계 민족을 다 해방시키겠소? 볼 때에 해방군 될 것 같지 않은데요. 우린 해방군이야. 해방군. 자, 일러 봐요. 아담 때부터 사로잡혔던 것을 우리가 아주 해방을 줘야 해요. 무슨 말인지 알겠소? 또.

그래서 용이란 놈이 옛 뱀이 언제부터 사람을 잡았지요? 온 세계 사람이 다 옛 뱀한테 잡혔소, 안 잡혔소? 우린 안 잡혔지요? 어디, 여기 앉아 계시는 분은 잡힐 것 같소, 이길 것 같소? 이겨야지요. 이길 수 있는 무장을 하시오! 이 사람이 이래 뵈도 옛 뱀과 전쟁해서 이기고 나온 사람이야요. 아담은 졌지만 나는 이겼습니다. 예수님 땜에. 여보, 그 용도 저 계룡산에 가면 숫용추, 암용추가 있어요. 그것도 아마 한 쌍인 모양이요. 두 마리가 달라붙는데 혼났수다.

옛 뱀을 이긴 양반은 예수님이요. 예수님은 하나님의 아들이니 신성과 인성을 가지고서 이겼고, 동방의 사람은 권세의 말씀 때문에 이겼습니다. 말씀 때문에 이겼어요. 신성이 있어서 이긴 게 아니야요. 신성을 가진 사람 아니고는 마귀를 못 이기는 거야. 말씀 때문에. 말씀만 붙들면 이기게 해주겠다고 그랬으니 이기게 할 책임이 하나님께 있소, 없소? 분명히 그랬거든요.

그래 나는 분명히 동방에 나타난 말씀 때문에 마귀 이겼습니다. 말씀 때문에 옛 뱀을 이겼습니다. 마귀 골통을 팼습니다. 여러분은 뭣 땜에 이기겠지요? 박윤선 박사의 주석 가지고 이길까요? 요즘 저 순복음 교회도 주석 냈더만요.

이게 보증이야요. 예? 말씀 때문에 이겼어요. 분명히 말씀으로 이겼어요. 그러면 여기 봐요, 내가 이 붉은 용한테 시험을 참 많이 당했는데. 정말 납작하게 됐지요. 그슬릴 대로 그슬렸지요. 밟힐 대로 밟혔지요. 그러나 자, 어떻게 됩니까?

씨름할 적에 넘어졌다가도 일어나면서 메다치면 용타 그러우, 이 새끼 넘어졌대가지고선? 거기서 죽어라. 그럴테요? 예? 그러면 여러분들 날 용타 그러겠소? 저저 저렇게도 그슬린 사람이 나서! 여보시오, 온 몸뚱이 다 흙칠했더라도 메다치면 용타 그러죠? 예? 이놈아 흙칠한 놈이 무슨 송아지 타니? 그럴테요? 이겼으니 상 줄테요? 볼기짝이 드러나더라도 메다치면 되지요? 그러니까 난 아야 볼기짝이 드러났던지 흙탕칠을 했던지 그슬렸든지 하여튼 용을 메다쳤어요. 메다쳤습니다. 메다쳤어요. 그러면 '고맙습니다.' 그래야 됩니다. 고맙습니다. 아슬아슬했지요.

그러니까 여보시오. 그러면 보세요. 난 그렇게 알아요. 내가 믿어지는 것은 그게 믿어져요. 그게 믿어져요. 그래서 이 말씀이 더 믿어지는 거요. 나로서는 꼭 마귀한테 죽을 건데 말씀 땜에 일어나 이겼단 말이요. 그러니까 이 말씀이 틀림없다는 말이죠.

자, 동방에서 나타난 말씀으로 붉은 용을 메다치고 인제부터 중앙 제단 개시! 알아요? 예? 김일성이가 쩔쩔맬 참이요. 김일성이는 용의 앞잡이죠? 거짓 선지는 용의 앞잡이죠? 그러면 용을 메다치고서 인 제는 여기 들어와서 중앙 제단 시작하니 김일성이도 메다칠 판이죠?

  김일성이는 훅 불면 날아가요. 그건 메다도 안 쳐요. 훅 북면 날아가요. 거짓 선지도 훅 불면 날아가고. 바람 앞에 티끌 겨지, 그까짓 것들 뭐야. 이거 압니까? 적어도 오늘부터 시작되는 중앙 제단은 용의 세력을 메다치고서 시작되는 제단입니다. 절대에 여기 침범 못합니다. 천사는 같이합니다. 두고 보세요. 북방을 이기는 제단은 여기서부터에요. 그러니까 눈딱지가 바로 된 사람은 전부 모여들게 돼 있어요. 소경은 잘 안 옵니다.

  본다면 여기 지금 서울 교회에 세 가지 사람 있어요. 아주 고만 잠만 잘뿐 아니라 연탄가스 먹고 아주 죽어버린 사람도 있고, 어떤 사람은 눈뜰 사람인데 연탄가스 먹고 막 취해서 잠자는 사람도 있고, 어떤 사람은 눈을 좀 번드르~ 하게 떴어요. 희미하게 떴습니다. 이러하니 봐요. 그러니까 누가 먼저 찾아올 거죠? 눈을 번드르 뜬 사람이오, 예? 여러분들 번드르하게 떴소? 이 양반은 뜬 것 같애요, 좀. 환하게는 못 떴어. 이 사람 환하게 떴댔어? 김집사님 흉 봤다죠? 아, 김집사님 미쳤다고. 아, 그런 좋은 교회를 버리고, 좋은 김화복 목사를 버리고서 가?

  인젠 환하게 뜨시오! 현미경같이 봐야 돼요. 현미경같이. 세균 다 봐야 돼요. 이 돋보기나 쓰고 보는 정도로 보면 안 돼요. 돋보기 쓰고는 세균을 못 본단 말야. 글자나 보지. 이걸 쓰고선 아, '가' 자 '각'이로구나. 그러나 이 돋보기는 세균을 못 봐요. 여기 폐병균이 왔다 갔다 못 봅니다. 그러니까 현미경을 붙여야 해요. 오늘 아침부터 현미경을 여기다 붙이자구요! 그래야 그래도 중앙 제단의 성직자가 되지. 여기 저, 눈 뜨지 못한 사람이 와서 제직되면 마귀 또 들어와요. 똑똑히 보지도 못하는 사람이 무슨 중앙 제단의 파수꾼이야? 그까짓 게. 되나요? 함부로 그저 이 강단에 아무 사람이나 세울 줄 압니까? 안 돼요. 인제는 이 제단은 제직이 생겨도 눈 똑바로 뜬 사람이라야 되지 안 돼요. 검열해 가지고야, 그만~ 했으면 중앙 제단에 성직이 되겠다. 위에서 딱 이마에다 딱, 쳐버려야지, 부패해 가지고 안 됩니다. 소경들이 부패하면 또 소경 갖다 세울 것 아니요? 이거 분명히 알아야 돼요. 그러게 하나님께서 이래요. 제겐 이게 왔습니다. 이날까지는 내가 뭘 하려면 제지하고요. "내가 한다"고 그래요. 인젠 하나님이 날 들어서 하겠다 그래요. 때릴 놈도 널 들어 때리고, 깨울 놈도 너 들어 하겠다는 거야요. 하나님 직접 안 하겠다는 거요. 그러니까 인제 세상이 날 알게 되지요? 아 저거 죽은 줄 알았더니 살아 나왔구나!

 이뢰자 망한 줄 알았더니 저거 큰일 났구나. 망할 줄 알고 기껏 무시했더니 내가 얼굴에 똥칠했구나. 예? 그래요, 안 그래요? 망할 줄 알고 기껏 욕을 하고 흉을 봤더니 큰일 났다 말야. 나 죽었다는 소문이 또 얼마나 났소? 죽기야 죽었지요. 못 쓸 놈은 다 죽었습니다. 쓸 것만 남았어요. 그말도 옳긴 옳아요. 죽었어요.

 지금 야단났어요. 지금. 기껏 이뢰자 이단이라고, 마귀라고, 그저 부흥사들이 선전해 놓고 벌컥 일어나니 그 부흥사들 얼굴에 똥칠했지요? 아, 더군다나 또 나한테 배운 사람들이 나가 또 그 야단쳤습니다. 댕기면서. 마귀라고. 그러니 그런 망꼴이 어딨습니까? 그러니까 그게 다 검열이야요.

 인제 문제거리가 생겼어요 이 아침부터. 작은 문제요, 큰 문제요?

천지창조 후에 제일 큰 일입니다. 두고 보세요, 제일 큰 일이에요. 그러니 하나님도 이상해? 고아 중에 고아, 빈자 중에 빈자, 입이 둔하고, 뇌가 둔하고, 몸이 둔해, 뭐, 쓰지 못할, 자 이런 사람을 말짱 뜯어 고쳐서 쓰는 건 이게 뭐냐?

 바울이 말하기를 예수 믿는 사람을 때려죽이고 옥에 가두던 바울이가 사도된 것이 표적이라. 왜? 은혜시대 복음은 아무리 기독교를 박해하고 하나님의 종을 죽이던 사람도 믿습니다만 하면 된다. 그래서 그 바울이가 표적이 됐단 말야.

 그러나 나는 다른 게 아니야요. 이렇게 말세에는 마귀 시험 받아가지고서 그저 더러울 대로 더러워지고, 밟힐 대로 밟히고, 누명을 쓸 대로 쓰고, 그저 맞을 대로 맞고, 그저 이렇게 된 사람을 이렇게 해가지고서 딱 갖다가 이렇게 만든 것은 누구든지 마귀와 싸우다가 다 곰뱅이 됐더라도 다 들어 쓴다는 거요. 그 표적이 아니에요? 자, 나 들어 쓰는 거 보면 여러분들 소망 있지요? 예? 소망 있지요? 그거에요.

 그러니까 기독교를 반대하고, 예수 믿는 사람 때려죽이고, 스데반을 돌로 때려죽이라 그러고, 이런 사람을 주님이 나타나서 회개를 시켜서 사도를 삼은 것이 은혜 시대 복음의 표본이에요. 알아요? 표본이요, 표본 아니요? 그대로 다 됐어, 안 됐어? 우리도 과거엔 예수 반대했죠? 예수 믿는 사람 때려 죽여라 그랬어. 욕도 하고. 그게 표본이야요.

 말세에는 마귀 시험 받아가지고 용한테 극도로 밟힌 사람, 그저 목매달아 죽지 않을 만하게 그저 자살하지 않을 정도까지, 정말 사실요, 하나님께서 내게 은혜 내리는 거 없다면 저 벌써 자살했습니다. 자살했어요. 그저 살아 뭘합니까? 이건 자살할 정도가 되리만큼 하고서 하나님은 여기다가 그냥~ 내려보내요. "세상은 널 버려도 나는 너를 버리지 않는다." 그렇게 하면서 나를 15년간 길러요.

  친구도 나를 짓밟아요. 나 정말 많이 밟혔습니다. 내가 무식하기 땜에요, 나는 그리운 것이 순교자를 그리워했습니다. 순교자 뒤를 따른다고 해서 정말 고려 신학에 들어갔다가 깨깨 밟혔습니다. 그렇게 밟힐 수가 있습니까? 그다음엔 빈민굴을 찾아가서 빈민이 불쌍해서 빈민을 살려볼라고 갔다가 또 빈민굴에 가서 집을 기껏 지어 주고서 또 깨깨 밟혔습니다. 빈민들한테. 그다음엔 뭐냐 하면 나는 지식 많은 사람을 또 그리워했어요. 제가 그리워하던 사람한테는 다 밟혔어요. 제가 순교자를 그리워하던 사람이 순교자 계통이라는 데 들어갔다가 이건 이렇게 밟힐 수가 있습니까? 기가 막혀요.

  빈민을 내가 살려보겠다고 빈민굴에 들어갔다가 또 빈민들한테 기껏 밟혔습니다. 빈민들한테. 그다음엔 내가 지식가를 그리워했습니다. 지식이 아주 많은 사람을 그리워했어요. 내가 지식이 없어서. 또 지식가를 만나가지고서 기껏 밟혔습니다. 제가 애국자를 또 사모했어요. 애국자라는 사람을 만나가지고 기껏 밟혔습니다. 제가 영계가 좀 어두웠어요. 분별을 못해요. 그래서 남 지시받고 영계 밝다는 사람을 또 정말 믿다가 그 사람한테 기껏 밟혔습니다. 제가 또 가난해서 돈이 없어요. 돈으로 도와주겠다는 사람 만나 또 기껏 밟혔습니다. 저는 또한 뭐냐 하면 이렇게 정말 몸이 약해서 쌈을 잘 못해요. 싸움 잘하는 사람 좀 덕 볼라다 또 한번 밟혔지요. 잘 밟히죠?

  그다음엔 내가 맘먹기를 '야, 난 무식하고 그러니 그저 난 그저 계룡산에서 말씀이나 가르치고 제발 수도생들이 나가서 내 대신 해다오.' 또 수도생들한테 숱하게 밟혔습니다. 원 그렇게 밟히다니요. 기껏 배워주고 그저 제자한테 실컷 밟혔지요. 그래 놔 놓으니까 사람 꼴 되겠습니까? 예? 그러니 사람 꼴이 돼요?

그러나 우리 하나님은 나를 밟질 않아요. 자꾸 올려놔요. 정통한테 밟혀도 올려놓지, 빈민들한테 밟혀도 올려놓지, 학자한테 밟혀도 올려놓지, 교권주의한테 밟혀도 올려놓지, 영계 있는 자한테 밟혀도 올려놓지, 애국자한테 밟혀도 올려놓지, 제자한테 밟혀도 올려놓지, 올라오다 보니까 여기까지 올라왔수다. 그러니 난 아버지 사랑에 녹았습니다. 숱하게 밟혔지요. 기가 막힌 노릇이야. 이건 하나님이 말짱 보증설 일입니다. 이제 심판대 가 보시오. 말짱 내게 상급 받을 일이 됐지요, 나 화 받을 일은 아니에요. 두고 보시오. 보증이 다 있어요. 보증.

그래서 저는 기껏 밟히던 사람 들어 쓴다는 표적이라고 봐요. 알아요? 난 하여간 어머니한테 밟혔는데 뭐 말할게 뭐 있어요. 우리 어머니한테. 어쩌다 책을 보면, 우리 형이 책 보면 가만있어도, "네가 뭘 하는 거가 네까짓 게, 넌 일이나 해. 네 형, 책 보라고 해! 이새끼 너 네가 뭘 알겠다고." 어머니한테도 멸시 받았어요.

전 아이적부터도 우리 어머니가 죽지 않은 걸 원수로 알았대요. 유복자로 나가지고서, 아버지가 빚져 가지고 먹을 것 없고 집 없고 "너 뭐 할라고 세상에 태어나. 죽어버려! 이놈새끼." 세 번 죽었댔답니다.

그러면 전 그저 아예 밟히는 사람이야. 아주. 밟히는 사람. 어머니도 그렇게 괄시할 수가 있습니까? 우리 형은 잘났댔거든요. 키가 큰 사람이 얼굴이 길쭉하고 눈이 어글하고 눈썹이 척 뒤로 뻗은 사람이 코가 우뚝하고 목이 쭉 패이고 문학 좋고. 아 그러니까 우리 형만 숭배하지 나는 일이나 하라는 거야. 너같이 못난 거.

그러니 나는 날 때부터 우리 어머니가 나를 죽으라고 세 번이나 메다쳤대요. 그러니 저는 그저 이 세상에 나서 50년간 밟혔습니다. 이번도 밟혔지요? 이게 무슨 꼴이요? 세상에 원. 하나님도 참 잘도 밟히게 해. 그저 꼴이 뭐요? 대관절. 이번에 꼴이. 꼴다구니가.

그래도 이번엔 망신은 안 시킵니다. 어떻게 이 집을 준단 말이요. 이거 안 줬다면 또 망신을 깨깨 했지. 이 양반들 '엣다, 이뢰자 또 안 되겠다. 가자.' 나 원 참 밟기도 밟아요. 그러니 저는 꼭 정말 날 때부터 이날까지 밟히는 사람이라. 밟히는 사람이야.

그런데 이 아침부터 또 밟히게 않는대요. 인제는. 인젠 안 밟힙니다. 마지막 밟았지요? 아주. 영락교회 집사한테 깨깨 밟혔습니다. 충현교회 집사들의 덕은 보고 영락 교회 집사한테 깨깨 밟히고. 그것도 이상하죠? 그러니 사람 꼴 되겠습니까? 안 돼요.

그러나 그거 참 나 기가 막힐 노릇이야요. 그런데요. 함께 일하자고 따라오다가 밟혀도 같이 일하겠다는 사람은 별로 없어요. 밟혀도. 밟혀도 같이 밟혀보겠다는 사람이 적어요. 밟히면 다 도망가요. '에쿠~ 나도 밟히겠다. 간다.' 예수님도 그랬지요? 예수님 밟히니까 다 도망갔죠?

그러나 이번에 중앙 제단이 이뤄지는 종들은 시험을 검열 많이 해 본 사람들입니다. 여기. 예? 어디 이뢰자가 밟혀도 도망을 가나 안 가나 보자. 이번 왜 첫날들 보따리 싸고 다 내려가지, 있었소? 그 꼴을 보고 있어요? 가지. 예? 그렇소, 안 그렇소? 갈 데가 없어요? 하하.

그게 무슨 꼴이오. 불원천리 왔다가 집에도 못 들어가고 문밖에 다 우두커니. 거지가 와도 그렇게 박대는 못하는 법인데. 그렇지요? 거지가 문턱에 와도 그럴 수가 있습니까? 뭘 동정해주죠? 이건 거지만도 못한 것들이 떡~. 거지보다도 더 밟혀. 거지도 그렇게 박대할 수가 있겠습니까? 여보, 거지 오면 문 걸어 잠그고 나가라고 고함지릅니까, 돈 줍니까? 예? 그것이 그 양반들이 나쁜 게 아니고 이건 극도로 밟히는 사람 일으키려는 진리야요. 쫓겨나고 밟히고.

은혜시대 복음은 극도로 기독교 핍박하는 사람도 들어 쓰는 복음이요, 말세의 다림줄은 기껏 밟히는 사람 들어 쓰는 복음이야요. 알겠습니까? 진리 좀 알았소, 몰랐소? 오늘 아침부터는 밟히던 사람 들어 쓰는 날입니다. 우리 민족이 3·1 운동 때 짓밟혔어요. 기가 막히잖아요? 이 아침부터 안 밟힙니다. 그렇잖아요?

그래서 은혜 시대 복음은 하나님의 종을 죽이던, 박해하던 사람 사도로 쓰는 복음이 온 세계 인류에게 전파됐고, 말세에 환난과 재앙에서 구원시키는 것은 동방 땅 끝에서 기껏 밟히던 지렁이, 그런 사람들어 쓰는 때가 왔습니다.

우리 민족은 역사적으로 남에게 밟힌 민족이요, 남을 밟은 민족이요? 멍텅구리 민족. 원 여보, 국가 역사 5천년 역사에 한 번도 남의 땅을 못 밟아보고 전부 다 남에게 밟히기만 한 민족, 쓰지 못할 민족이요.

백의민족을 밟던 일본은 인공위성을 날리고 있는데 우리는 빚만 담뿍지고, 거지 많고, 고아 많고, 과부 많고, 실업자 많고, 깡패 많고, 예? 정당 싸움 많고, 교파 싸움 많고, 금식하는 사람도 많고, 영계 높은 사람도 많고, 하여간 많은 건 다 가지고 있단 말야.

못된 것도 많고 잘된 것도 많고. 그러게 뭐든지 세계 모본이야요. 알아요? 우리나라가. 깡패 많은 것도 모본이요, 실업자 많은 것도 모본이요, 정당 싸움 잘하는 것도 모본이요, 교파 싸움 잘하는 것도 모본이요, 과부 많은 것도 모본이요, 고아 많은 것도 모본이요, 뭐. 데모 일으키는 것도 모본이야. 한국에서 데모하니까 또 일제히 데모 다 합디다 그려. 데모도 모본입니다. 그랬지요? 우리나라가 데모하니까 자, 쿠데타도 또 우리나라에서 일어나니까 죽~ 일어나지요? 그거 보시오. 쿠데타도 박정희 대통령이 하고나니까 다들 박정희 대통령 따라한다고 다 하거든요. 그러니까 이제 대통령이 복음 들고 나가면 또 다 따라와요.

그런데 뭣이나 세계 모본 국이야요. 이 나라가. 이래 봬도. 못된 것도 모본이요, 잘된 것도 모본이요. 그런데 못된 모본만 비쳤지, 아직까지 잘된 모본은 숨어 있었다 그거야. 알아요? 그렇지요?

오늘부터 잘된 모본 한 번 나타냅시다. 아니 저런 민족 중에도 저런 사람이 있댔나? 교파 싸움 많이 해서 망하는 줄 알았더니 살리는 진리 운동 나옵니다. 오늘 이 아침에 말 여러분들 우습게만 듣지 마시요. 이게 진리야요. 알겠습니까?

그러니까 영계가 최고 높은 사람도 대한민국에서 나와야 되고, 진리가 제일 밝은 사람도 여기서 나와야 됩니다. 금식 기도 제일 많이 한 사람도 여기서 나와야 됩니다. 뭣이나 제일 많이 한 사람이 나와야 되지 않겠어요? 인제는. 자 인젠 그만 했으면 못된 건 그만치 나타났으면 됐지요? 예? 인제 더 나타나면 못써요. 더 나타나면 벼락 맞습니다. 예? 알아요? 인제 더 되면 벼락 맞아.

지금부터 이제는 숨었던 것이 나타나야 돼요. 정당 싸움도 그만두고 교파 싸움도 그만두고 깡패도 없어지고 실업자도 없어지고 인젠 과부도 고아도 다 잘살 수 있게 만들어야지요? 그것이 성경 아니에요? 예? 그런 성경 공부했소? 없어? 못했어? 계룡산 가 해 보시오.

그거 알아야 돼요. 그렇잖아요? 그러게 그렇답니다. 이제 말씀 변론 제일 잘하는 사람도 대한민국에서 나온대요. 제일 잘하는 사람. 양코백이들은 쩔쩔맵니다. 제까짓 것들이 코나 컸지 소용 있나요?

돈은 코 큰 사람이 내고 말씀 변론은 코 조그맣고 키 작달만한 사람이 합니다. 하하. 그러니까 이렇게 생겼어요. 보시요, 미국 사람은 돈 많이 모으게 생겼고 우리는 기도 많이 하게 생겼어요. 어디메 영계야 여보시오, 미국 사람이 우리만치 못합니다. 그러니까 영계의 제일 최고봉은 대한민국에 있고 돈 제일 많은 사람은 미국에 있어요. 그 사람과 우리가 만나면 다 되는 거야.

돈 많이 가진 성도는 아메리카에 있고 기도 제일 많이 한 성도는 대한민국에 있다가 서로 손길 맞잡고 입 맞추게 되면 기독교는 수지맞습니다. 이것이 성경 아닙니까? 이것이 노아의 입을 통하여 한 말이야요. 알아요? 이것이.

이상한 말만 자꾸 하지요? 내가 하는 말 다 이상한 말들이지요? 이거 잘 들으면 정통이고 잘못 들으면 이단이라고 그래요. 귀머거리 소경 같은 것들은 듣고 보니 이단이라 그러고, 귀 뜨고 눈 뜬 사람은 듣고 보니 참단이에요. 알겠어요? 어디 참단이오, 이단이오?

그게 그래요. 그래서 이건 정말 영계가 밝고 말씀이 밝고 그런 사람이라야 알지 웬만한 박사 모릅니다. 눈 먼 박사 귀머거리 박사 예? 세상에 눈 뜨고 세상에 귀가 열렸지 영계는 눈이 멀고 귀가 멀었어. 라오디게아 교회가 이거 아닙니까? 몰라요. 세상에야 눈 떴죠. 세상에야 귀가 밝았죠. 학적으로는 귀가 떴고 눈이 떴지만 영적으로는 귀가 멀고 눈이 멀었어요. 그러니까 이걸 이단이라 그러는 거요. 이걸 우리가 분명히 아셔야 됩니다.

그래서 이 아침은 무슨 아침이냐 하면 밟히던 사람이 일어나는 아침. 예? 3·1 운동에 밟힌 일은 하나님이 가만히 있을 일입니까? 예? 3·1 운동에 밟힌 일은 하나님이 가만히 있을 일입니까, 어느 때든지 그 소원 이뤄줄 일입니까? 그 소원은 새 일의 일로 이루어집니다. 3·1 운동의 정신의 끝은 새 일의 일로만이 끝이 맺어지는 거야요.

그래서 하나님께서 3·1절날 아침에 말씀을 공개하라, 뢰자적인 완전 영감으로 3·1절 아침부터 입을 열어 말한다. 그래서 작년 3·1절 아침에 정말 뢰자 영감이 말한 걸 읽겠습니다. 작년 이 아침에 뢰자 영감이 와서 입을 여는데 그때 쓴 말이 이겁니다.

"인제부터 권리 행사는 새일수도원 강단에 내린 말씀에 의하여 진행될 것이니 하늘과 땅의 권세는 이 진리로써 완전히 왕국을 이룰 것이다. 이날까지의 모든 것은 다 취소하고 이 말씀 하나에 의하여 굳게 잡고 나서라. 그동안 신부의 자격을 완성시키는 일에 이 하나에 목적을 두고 성령은 강권으로 역사했다. 신부 자격이 완성된 사람에게 완전한 영의 역사가 임한 것이니 말씀의 다림줄 외에 과거의 것을 두고서 그것을 논란하게 된다면 말씀에 가하는 자가 될 것이다. 오늘부터 하늘 권세와 땅의 권세는 동방에 임한 말씀에 의하여 진행될 것이니 이것만으로 마귀의 권세는 꺼꾸러질 것이다.

이날까지의 역사라는 것은 하나님께서 다림줄의 권세 역사가 아니고 다림줄의 진리로써 역사할 책임자의 인격 훈련에 불과한 것이다. 인제부터 누구든지 하나님께로부터 동방에 임한 진리 안에서 싸울 때는 천사는 총궐기하여 싸워줄 것이다. 이날까지 대표적인 사람을 만들기 위하여 천사는 싸워줬지마는 인제부터 대중을 위하여 싸워줄 것이니 어떤 사람의 개인적인 실수나 또는 인격 부족을 논란하지 말라.

이것을 논란하는 자는 마귀 참소에 걸릴 것이다. 다림줄의 법에 의해서만 쟁변할 때에 하늘에서는 책임을 지고 움직여 줄 것이다."

이것이 뢰자 영감이 와서 이 아침에 한 말입니다. 그러니 그때부터 내게다 쟁변적인 변론을 줘요. 쟁변. 쟁변. 쟁변 압니까? 다투는 거요, 다투는 거요. 쟁변이라는 건 저쪽이 반대하는 걸 거꾸러뜨리는 게 쟁변이죠?

네 예수교는 네 예수교고 내 예수교는 내 예수교, 그게 아니야요. 저쪽이 꼼짝 못하게 딱 꺾어 놓는 거야. 그저 그때부터 그 영감이 온단 말이요. 그래 이 쟁변 변론을 제게다 주고서 일 년간을 길러줘요, 일 년 길러요. 자, 기계란 건 새 기계 쓸라면 이것이 좀 닳아가지고서 되지요? 꼭 그 모양이야. 쟁변적인 설교, 쟁변적인 변론을 그때부터 주시는데 그때 보니까 여기 지금요 강의책은요, 전부 쟁변할 수 있는 법이야요.

그전에는 이 영감 받기 전에는요, 모르겠어요. 짝 맞추는 법을 고걸 한 삼년간 시키더니 또 그다음에 갖다가 정말 저를 몰아요. 그다음엔 원리가 나오기까지 원리, 성경 원리요. 원리가 나오기까지 또 길러요. 그때부터 삼 년간을. 그다음에는 입에다 말씀을 줘요. 입에다 말씀을 줘가지고서 완전 쟁변하기까지는 삼 년이 또 됩니다. 그러다보니까 십 년 이렇게 되는 거요.

첫 번에 요거 줘가지고 3년간 성경을 보게 하더니 그 담에는 짝 맞추는 법을 가지고 나가서 부흥회를 3년간 또 시키더니 그담엔 계룡산에 갖다 놓고 원리의 진리를 알기까지 3년간 시키더니 내 입에다 말씀을 주더니 3년째 되는 여기 와서 이제 와서 완전 쟁변을 준다 말이야요. 입에다.

그러면 3년이라는 건 뜻이 있지요? 꼭 그렇게 하세요. 그러니까 3년간 동안 성경 짝 맞추는 법을 받고, 짝 맞추는 법을 가지고 3년간 제가 한국 교회를 다니면서 부흥회를 했고, 그다음에는 3년간 동안에 원리가 나왔고, 3년간 동안에 그다음에 나와서 말씀이 임해서 인제 와선 변론이 나오는 거라요.

이게 적어도 마지막인데 그렇게 함부로 쓰겠습니까? 이게 이렇게 된 거야요. 하여간 누구든지 다 오라고 그러시오. 그저 하여간 여러분들 이제는 몰아들이겠소, 안 몰아들이겠소? 하여간 몰아들이시오. 갖다 나요. 많이 데려오면 돈 많이 주고 안 데려오면 돈 안 주겠소 하는 그게 아니고, 많이 데려오면 하늘에서 많이 주고 안 데려오면 안주고 조금 데려오면 조금 주고, 압니까?

데려만 와요. 데려오면 되는 거요. 거짓 선지는 빵점 맞고 머리 숙이고 있다 갈 것이고 그렇지 않은 사람은 아멘 진짜다 그러고 있고, 거짓 선지 될 사람은 왔다가 머리 팍 숙이고 있다가 아이코 야 볼장 다 봤다 여기 틀렸다 가자, 다른 데로 가자. 알아요?

타작기 앞에 들어가면 쭉정이는 날아가는 거죠? 알곡은 자꾸 모여들지요? 여기로 들어오면 알곡이고 가면 쭉정이라요. 어떻게, 들어오겠소, 불려 나가겠소? 들어와요? 글쎄, 들어올지 불려 나갈지 한번 또 불려 봅시다.

그런데 자꾸 이런 설교하면 웃고 좋아하는 것 보니까 쭉정이는 아니오. 쭉정이는 싫어해요. 쭉정이는 바람을 좋아합니까, 싫어합니까? 알곡은? 좋아하죠. 지금 변론의 바람이 불었어요. 변론의 바람. 심판의 변론의 바람. 빠등~ 하고 내려오는데 심판의 변론의 바람이 불어오니 쭉정이는 날아가고 알곡은 아멘 아멘 아멘 그렇게 되는 거요.

그래서 이거 분명히 알아야 됩니다. 속히 알곡을 여기다 채워 놔야 다른 거 또 줘요. 이 정도 가지고 되겠소? 하늘에 올라갈 사람 갖다 채우래요. 이거 분명히 아셔야 됩니다. 그래서 반드시 우리는 이때를 알고 이 아침은 뜻 깊은 아침인데…

광고의 말씀은 오늘 낮에 낮 예배 11:00에 보고 그다음에는 서울에서 낮 예배 참석한 분 잠깐 명부 작성을 하겠습니다.
명부란 다른 게 아니고 중앙 제단에 완전히 한 사람이 돼서 내가 제단을 받들겠다는 그런 맘 가지신 분들의 이번 명단 작성이 있겠습니다. 그러니까 올 적에 주소, 성명, 번지 이거 딱 써가지고 오세요.

재림의 날에 설 인격
— 마7:15~27 —

이 시간은 재림의 날에 설 인격이란 제목 아래 잠깐 말씀하겠습니다. 재림의 날, 주님의 재림하는 날에 설 인격이라.

우리 주님께서 세상에 오셔서 산에 올라와 교훈할 적에 첫째 입을 열어 말씀한 것이 재림의 날에, 주님이 다시 오는 날에 가서 어드런 사람이 돼야 내 앞에 설 수 있다는 그것을 분명히 가르친 것이 마태복음 5장, 6장, 7장입니다.

난 그전에 이렇게 봤댔단 말이요. 마태복음 5장, 6장, 7장은 인간은 죄인이다라는 것을 알려주는 정도의 말로만 알았댔단 말이요. 인간은 죄인이다. 그러나 이제 와서 알고 보니까 그게 아니고 여기 결론에 와 보면 예수님이 세상에 오신 목적은 왕국 건설 위해 왔는데 왕권 받을 사람을 위해서 왔단 말이야요.

자, 예수가 만왕의 왕이 되려면 같이 왕 노릇 할 사람이 있어야 돼요, 없어야 돼요? 그 사람의 인격을 가르친 것이 마태복음 5장, 6장, 7장이라고 그렇게 알았습니다. 그래서 나는 세상에 온 목적은 나와 같이 왕권 받을 사람을 위해서 내가 왔다. 그 목적이야요.

사실 우리가 주님의 재림의 날에, 진노의 날에 말이요, 재림의 주를 맞이할 수 있는 사람이 되려면 마태복음 5장, 6장, 7장과 같은 인격이 돼야 된다 그말입니다. 그것이 즉 성신 역사의 목적이 그겁니다. 현 교회가 여기에서 잘못된 거에요.

주님 재림하는 날에 마음에 죄가 있는 사람이 재림의 주를 영접할 수 있습니까? 마음에 음욕이 있어도 음란죄라, 탐심이 있어도 도둑질이라, 미워해도 살인죄. 벌써 남을 미워하고 남의 물건을 탐내고 음란한 맘으로 즉, 남의 남자 여자를 사모하는 그런 음란한 맘이 있다면 그런 음란 마귀가 있고, 도둑 마귀가 있고, 마귀가 있는 사람인데 어떻게 맘에 죄의 마귀가 있는 사람이 어떻게 재림의 주를 영접할 수 있겠냐 그말이죠. 안 된단 말이에요.

그래서 못된 나무는 못된 열매를 맺고, 좋은 나무는 좋은 열매를 맺는다는 건 우리 마음이 먼저 바로 되면 열매가 좋아진다 그말이에요. 그래서 우리 주님께서 하신 말씀이 그겁니다. 그렇기 때문에 우리는 주님의 목적이 자기와 같이 왕 될 사람, 자기와 같이 왕 노릇 할 사람 그런 사람 하나 만들자고 해서 지금 우리 주님이 대언 기도하면서 성신을 내려 보내는 겁니다. 알아요? 그래서 여러분도, 우리 힘으로 되는 것이 아니고 그래서 구하라 줄 것이요, 찾으라 만남을 얻으리라, 문을 두드리라 문을 열어 주리라 이렇게 말했거든요.

그러면 예수님이 이것을 목적 두고 와서 십자가에 죽으시고 부활했고 승천했고 성신 내려 보내니 우리를 예수와 같이 왕 노릇 할 수 있는 인격을 만들 수 있소, 없소? 충분하단 말이요. 그걸 믿어라 그말이야.

그럼 여기 오신 목적이 천당 가려고 왔소, 재림의 날에 주님 영접하려고 왔소? 예? 그러면 오늘 아침에도 일어나서, 나는 할 수 있어요?

나는 지혜 있어요? 권세 있어요? 가난해요, 부자요? 돈이 있어요? 그러면 능력도 없고, 지혜도 없고, 권세도 없고, 가난한 사람이 무슨 왕 되겠다고 왔소? 그래도 왕이 되려면 아니 지혜도 있고, 능력도 있고, 권세도 있고, 돈도 좀 있어야지? 예? 그럼 줄 줄 믿고 왔지요?

자기 능력과 자기 지혜와 자기 권세와 자기 돈 가지고서 하려면 왕이 못 돼요. 예수님이 주는 걸 받아야 됩니다. 그저 그걸 믿으시라고요.

그래서 아무리 여기 이 말씀과 같이 말이요. 은사를 받아서 귀신을 쫓아내고, 아무리 권능을 행했고, 아무리 여러 가지 이적을 행했다 하더라도 마태복음 5장, 6장, 7장과 같은 사람이 못 되면 절대로 재림의 날에 설 수 없다 그말입니다. 알아요?

아무리 귀신을 쫓아내고, 아무리 앉은뱅이를 고치고, 아무리 능력이 있고, 권능이 있다 하더라도 인격이 완성 못 되면 재림의 날에 설 수 없다 그말이야요.

우리 주님이 올 때 야! 너 병 몇 명이나 고쳤냐? 그것 가지고서 우리 주님 영접하는 것 아니야요. 너 귀신 몇 명이나 쫓아냈냐? 알아요? 그거 보자는 게 아니야. 즉, 주님이 볼 때에 너는 합법이다 이거야. 합법. 불법이 아니다 그말이야. 네 사상, 양심, 생활 그 전체가 나와 꼭 합한 합법적이다 그말입니다. 네 사상도 네 마음도.

그래서 우리 만날 밤새도록이라도 남은 자 될 수 있는 합법의 사람, 말로도 합법이요, 생각도 합법이요, 뭣이나 합법이어야 돼요. 예? 여러분들 머리의 생각이 하나님 진리에서 어긋난 생각이 자꾸 난다면 우리 인격이 있습니까? 그건 진리의 사람이요, 불법의 사람이요? 진리에 어긋난 말을 입으로 말하고 있다면요? 예? 불법의 입이죠? 하나님 말씀은 잘 들리지 않고 세상의 말만 잘 들린다면 불법의 귀죠?

참된 진리의 사람을 이단이라 하고 거짓선지 따라간다면? 불법의 눈이죠?

여러분들 뇌나 눈이나 귀나 입이나 마음이나 손이나 발이 전체가 합법의 사람이 되라 그말이요. 바로 보고, 바로 듣고, 바로 생각하고, 바로 맘먹고, 바로 일하고, 바로 걸어가고 그러면 됩니다. 그러면 그 사람이 불법의 사람이 아니야요. 아무리 목사님이라도 입을 열어 설교할 적에 한마디라도 진리에 탈선된 말을 하면 불법이요, 불법 아니요? 큰 죄입니다. 그건 왜냐? 칼을 들고 사람 죽인 강도보다 더 큰 죄입니다. 칼을 든 강도는 한 사람이나 죽였지, 대중 앞에서 말씀 하나 잘못 증거해 놓으면 그 증거한 사람은 대중을 죽이는 것 아닙니까? 그렇잖아요?

그러니까 적어도 여러분들이 주님의 재림의 날에 버림을 당하지 않으려면 항상 내가 합법이냐 불법이냐 이것을 생각하라 그말이야요. 예? 오늘 아침에도 여기 나와서 호소하는데 졸고 있는 사람이 그게 합법입니까? 호소하는데 이러~하고, 떡 이러~ 하고, 그 시간만은 불법 아니야요? 그럼 그 시간에 주님 앞에 기도가 올라갑니까, 못 올라갑니까? 그러니까 절대 불법이 없도록 해 보려고 애를 써야 돼요.

자, 일러보시오. 우리 주님께서는 누구든지 바로 보고, 바로 듣고, 바로 말하고, 바로 생각하고, 바로 맘먹고, 바로 일해 보려고 애쓰면 다 주게 돼 있어요. 바로 보지도 못하고 바로 본다고.

난 이렇게 봐요. 누구든지 여러분들이, 아하 내가 바로 못 봤댔구나! 주여, 내가 바로 못 봤기 땜에 죄를 지었습니다. 아하 내가 바로 못 들었구나, 바로 생각을 못했구나, 이런 걸 자꾸 깨닫는 사람이 그 사람이 빛의 사람이야. 계룡산 수도원이 이단이라고 그 말 들었더니 듣고 그냥 충격 받았더니 와서 보니 잘못 들었소, 잘못 안 들었소? 잘못 들었죠?

여러분들 합법의 눈이 되면 본문만 봐도 성경이 환해지고 말아요. 왔다 갔다 하지를 않아요. 합법의 귀가 되면 절대 사단의 말은 귀에 들어오지를 않습니다. 들어오지를 않아요. 불법의 귀가 트였기 때문에 쓸데없는 소리가 자꾸 들어오죠. 그래 합법의 뇌, 생각, 정신을 가지면요 머리에 이건 절대 쓸데없는 생각이 나지를 않아요. 그렇게 되는 거요. 사람이 합법의 맘이 되면 이맘, 저맘 생기질 않습니다. 정상이야요 정상. 그렇게 돼야 돼요. 그러면 이렇게 되길 바랍니까? (아멘) 그러면 그렇게 됩니다. 그렇게 만들어 줄라고 우리 주님 십자가에서 죽으셨고 부활하고 승천해서 대언기도하면서 성신을 내리신다 그 말입니다.

자, 일러 봐요. 병든 사람이 의원이 필요하고, 부족한 사람이 예수가 필요합니다. 어디 눈 수술 잘 받았소? 예? 귀랑 수술 잘 받았어요? 우리 주님은 여러분의 눈도 귀도 생각도 다 전체를 고칠 능력이 있고, 사랑이 있습니다. 내가 과거에 예수 믿어 중생 받아가지고 바로 보지도 못하고 바로 듣지도 못하고 바로 생각도 못하고 바로 말도 못하고 이렇게 되는대로 할 때는 한 번도 하나님과 교통 받지 못했습니다.

요즘 기도해도 합법의 기도가 나오고요, 한마디 기도를 해도 착착 올라가는 거요. 기도가요. 기도하는데 어디 응답 안 내리는 시간이 어디 있나요? 성가 한 절을 불러도 합법적으로만 부르면 그저 은혜가 좍좍 내립니다. 그래야 그게 생명의 종교지, 그렇지 않다면 되겠습니까? 그렇잖아요?

여기 이 기독교는 그래요. 과학적 과학적 하지마는 과학적 보다도 신앙적이 더 똑똑합니다. 과학은 사람이 정신작용으로 연구하는 것이지만 신앙이란 건 하나님 편에서 우리 편에 역사하는 것이거든요. 그러면 사람이 연구한 과학이 더 똑똑하겠소, 신앙 세계가 똑똑하겠소? 신앙 세계는 완전하신 하나님 성부 성자 성신이 역사하는 신앙이요, 과학이란 건 사람이 정신작용으로서 물질을 연구한 것이 과학 아닙니까?

하늘이 돈다는 과학이 지구가 돈다는 과학으로 변하고, 지금 원숭이가 사람이 됐다는 과학이 이거 바로 안 거요? 하나님이 없다는 과학. 이 똥통들. 그렇잖아요? 요즘 기독교인들이 과학적 과학적 그게 말이 됩니까? 난 그러게 여러분들 봐요, 여러분들 고속버스가 그저 내달리는 게 똑똑한 이치요, 우리가 예수 믿고 매일같이 출발하는 게 똑똑한 이치요? 여러분들 그거 분명히 알아야 돼요.

그렇기 때문에 그 불법의 사람이 되지 말라 그거요. 설교해도 불법이요, 불법의 설교에 역사 내리지 않습니다. 불법의 기도에 응답이 내리지 않아요. 불법의 믿음에는 응답 내리지 않아요. 그거 분명히 아시고 우리 여기 와서 수도할 때에 불법의 수도 하지 말라 그거요. 합법적으로 수도하자 그말이야요.

합법의 사람이 되면 성경은 연구해서 해석할 것이 없습니다. 본문만 봐도 환한 거에요. 하나 선후를 바꿀 것도 없습니다. 만약 하나님께서 말이요, 말씀을 더러 빼났다면 하나님이 합법이요? 불법이죠. 또, 선후를 바꿨다면? 불법이죠. 계약서 썼는데 어떤 사람이 계약서 선후를 바꿔 놓고, 빼놓고 썼다면 그 불법의 계약서 아닙니까?

적어도 백합화 한 송이를 내도 조직적으로 냈고, 참새 한 마리도 조직적으로 낸 하나님이 말씀에 선후가 바뀌었겠습니까? 완전한 변론이요, 완전한 합법이요, 몰라서 그렇지 사람이.

하나님 말씀같이 조직적인 말씀이 어디 있습니까? 하나님 말씀같이 똑똑한 변론이 어디 있어요? 그 몰라서 그렇지 사람이. 하나님 말씀이 해석할 탓이야요? 그, 예수만 잘 믿으면 성경 몰라도 괜찮아요? 그런 성경 어디 있어요? 목사는 각각 다 성경을 해석할 권리가 있답니다. 각각 목사마다 다르게 해석하는 게 있다는 거야. 그 무슨 목사가 그렇소? 말이 돼요? 어느 하나님이 그렇게 하라고 그랬대요? 김 목사 보고 야! 너는 이렇게 해석해라, 최목사 보고 넌 저렇게 해석해라, 저 목사 보고는 너는 이렇게 해라. 그렇게 허가 받았대요? 예?

그런 하나님 같으면 믿을 수 있습니까? 예? 그런 하나님이 목사라면 어떻게 믿을 수 있어요? 아, 김목사는 이렇게 해석을 하고 저렇게 하고 그러면 심판할 때에 김목사 따로 심판, 최목사 따로 심판, 이 목사 따로 심판해야 되겠네? 따로 따로. 그렇게 하다보니 교파가 많죠? 그렇죠? 교파가 많죠? 그건 말이 안 되는 거야. 어떻게 각각 주석이 다릅니까? 말이 안 되는 거야. 절대 그게 아닙니다.

누구든지 내 앞에 와서 그저 눈을 바로 뜨고 한번 읽어보라요. 성경이 그렇게 돼 있나요? 그게 아니야요. 합법 중에 합법의 변론이 성경이야요. 우리는 도장만 찍으면 됩니다.

신학교 가보면 이박사는 이렇게 저렇게 해석하고, 다 쓸데없는 소리들이야. 무슨 신학이 따로 여러 가지로 변론할 수가 있습니까? 전천년설, 후천년설, 무천년설, 누가 그래? 누가, 누가. 쓸데없는 설도 있고. 그렇다면 어떻게 믿을 수 있습니까? 말이 안 되는 거야.

또 어드런 신학에서는 이렇게 말해 놓고는 골라서 적당한 걸로 따라가라고. 또 어드런 데서는 자기네만 꼭 옳고 다 틀렸다고 그러고.

그거 다 시시한 소리야. 내가 보니까 그렇게 믿으면 안 됩니다. 난 이렇게 알았어요. 저는 다른 책은 안 본 사람이야. 하나님이 못 보게 했어요. 17세 날 때부터 예수 믿기 약 5개월 전부터 성경을 보고 매일 저녁 꼭 마태, 마가, 누가 복음 한 권씩 보던 사람입니다. 믿기 전에도요.

그러다가 성경은 참이라는 것이 생각이 나서 믿은 사람인데, 저는 성경을 볼 때에 내가 이걸 많이 봐서 뭐 목사나 전도사가 되겠다고 본 것도 아니고 깨달아지는 대로 봤어요. 깨달아 안 지는 건 절대로 뭐 더 하질 않고요. 그래 제일 많이 본 것이 바울 서신을 제일 많이 봤습니다. 제일 많이 봤댔어요. 바울서신. 그걸 보면 믿음으로 구원 받는 것이 깨달아지거든요.

또 복음서 중에는 요한복음을 제일 많이 봤습니다. 그러나 제가 제일 많이 안 본 것이 계시록이요, 선지서는 더군다나 뭐 미안한 말이지만 제가 전도사 되고도 선지서 같은 책은 불과 세 번 이상 안 봤댔어요. 그거 무슨 소린지 알 수가 있어야지. 무슨 말인지 모르겠거든요. 꼭 저는 성경을 아주 두렵게 안 건요, 절대 그 함부로 해석 못한다는 거, 그렇게만 알고 계시록은 손을 대지 않았댔습니다. 해석하려고 그러지 않았댔어요. 그걸 어떻게 사람이 해석할 수 있어요?

다른 성경은 자꾸 본문을 봐도, 저는 영감이 이랬댔어요. 자꾸 본문 많이 보면요 거기 문제 대지가 확~ 갈라져요. 문제도 본문에 있고, 대지도 본문에 있어요. 딱 펼쳐보면 뭐로구나. 그러게 저는 절대로 본문 설교 아니면 설교 안 했댔습니다. 우리 월간지 전부 본문 설교죠? 말짱 본문이죠? 대지가 본문이죠? 저는 받기를 이렇게 받은 사람이야요. 하나 우리 월간지 어디 대지가 본문이 안 박혀 있는 게 있나 보시오. 딱 박혀버렸지, 다.

우리는 그전에 집사 시절부터 설교할 때에 절대 본문 설교 아니면 설교 안 했댔습니다. 본문도 똑똑지 못하고 말을 어떻게 할려고. 그렇잖아요?

그러므로 저는 그거야요. 하나님의 완전 계약서가 성경이니 그저 본문 그대로 읽어서 믿자 그거야 나는. 다른 게 아니야. 고대로 읽어서. 괜히 뭐 얼마나 머리가 좋아서…

기독교 신앙의 정로
- 마13:44~50 -

기독교 신앙 정로에 대해서 잠깐 말씀드리겠습니다. 기독교 신앙 정로라는 것은 뭐냐 하는 것을 여기서 알 수 있습니다.

기독교 신앙은 남이 알지 못하는 것을 알게 될 때에, 야~ 이거 몰랐더니 이, 밭에 전부 이 속에 보화로구나. 그래서 가서 자기 소유를 다 팔아서 그 밭을 사는 것과 같다 그말입니다. 첫 번에 그저 예수 믿을 적에, 정말 그 신앙이 그래요. 이거 뭐 예수는 아무것도 아닌 줄 알고 기독교를 반대하다가, 야~ 예수 믿는 속에 이런 보화가 있구나. 이거 정말 이게 웬일이냐? 정말 너무 기뻐서 그 밭을 사듯이 몽땅 내 해를 팔아서 그 밭을 사듯이 이러한 그 열심을 가지게 되는 것입니다.

그래 신앙이라는 건 억지로 하는 건 정로가 아닙니다. 또 신앙이라는 건 정말 도덕이 아니요, 수양이 아니요, 의식이 아니요, 내 해를 맹글겠다는 희생이라 그거요. 예? 내 해를 맹글겠다. 내 것을 맹글겠다 하는 희생입니다.

자, 뭘 내 해를 맹글라면 그렇잖아요? 내 해를 맹글겠다는 그 희생이라. 그래서 신앙생활은 절대 조금도 외식이 있을 수 없습니다. 차라리 정말 외식보다도 숨겨두고서 사려고 합니다. 숨겨두고.

신앙생활에 조금이라도 가면이 있고 형식이 있다면 그건 벌써 안 된 거야요. 이건 오히려 자기가 하는 일을 숨길라고 그래요. 알아요? 뭘 하면서도 누가 알 새라, 좋은 일 하면서도 알 새라, 그것이 정로입니다. 오히려 선한 일을 억지로 하는 게 아니고, 누가 알아주든 말든, 하여튼 바로 해 보겠다. 거기에서 사람에게 보일라는 것이 없어야 됩니다.

밭에 감춘 보화를 만난 사람이 숨겼다고요, 자랑을 했다고요? 예? 숨겼단 말이야. 숨겨 놓고서 자기 것을 팔아 샀더라. 그래서 신앙 정로는 숨겨놓고 자기 해를 맹글겠다는 그런 그 비밀이 있어야 됩니다. 어디 비밀들 하나씩 가지고 왔소? 예? 아무도 모르는 비밀이 내 속에 하나 있다 그거야. 야~ 참 좋다. 에잇 너 암만 그래 봐라! 아~ 좋다. 그것이 없다면 안 돼요. 그렇지 않겠어요? 봐요. 남의 밭에 가 일 하다가 거기 보화가 있으면 이걸 숨겨놓고 가서는 그저 최선의 힘을 다해서 그 밭을 살려고 해요. 그 사람에게 억지가 있습니까? 예? 억지가 있어요? 그 사람이 희생이요, 아끼는 거요? 누구에게 보일라는 거요, 꼭 자기만 알고 뭐 바로 할라는 거요? 그거야요. 그게 없으면 도저히 깊은 영계로 못 들어갑니다. 참~ 내가 정말 이거 힘을 다해서 몸을 다 바쳐서 어떻게 하든지 정말 그걸 사 보겠다. 내 해를 삼겠다.

자, 우리가 정말 예수 믿어서 영생이 있고, 우리가 일함으로써 세세 왕권이 분명히 있다면 이거 밤낮 할 일이요, 밤낮 안 할 일이요? 예? 이게 웬일입니까? 이게. 정말 밤낮 할 일이 아니야요? 뭘 누가 알아주고 말고 예? 뭘, 그게 말이 됩니까? 이거 이거 이거 참 이거 말이요. 이거. 세상에 뭘 주고 바꾸겠습니까? 세상 영광과 바꾸겠습니까? 세상 물질과 바꾸겠어요? 원~ 이런 이거!

그래서 그 예수 믿어도 그 사람이 그 희생적으로 안 나가는 건요, 아직 보화를 발견 못한 사람이야요. 보화를 발견했다면 그러겠습니까? 연보를 내도 그저 억지로 마지못해 가지고 하고 그거 뭐. 그건 보화를 완전히 발견 못한거야. 보화를 완전히 발견한 사람은 희생적입니다. 절대 외식이 없습니다. 절대 은밀한 가운데서 기도 많이 합니다. 은밀한 가운데서 숨은 봉사 많이 할라고 그럽니다.

그러니까 보화를 발견했느냐 못했느냐 이거 하나가 문제지, 뭐 교회를 봉사해라, 말아라, 부지런히 해라, 말아라, 그건 벌써 율법적이야요. 보화를 발견하면 뭐 해라 말아라가 어디 있느냐 말야. 연보 많이 하라고 한다고 연보 많이 하고, 연보 적게 하라면 적게 할텐가? 주일날 열심히 나오라고 한다고 열심히 나오고 그럴텐가? 보화를 발견했다면 뭘 그사람이.

그래서 이 신앙 생활은 그 보화를 발견한 사람이 그 밭을 자기 해를 맹글어 볼라고 애쓰듯이, 그것이 즉 신앙 생활이라 그것입니다.

아침에 일어나서, 자, 지난밤에도 뭘 얻어 보려고 애썼소? 무얼 내 해를 맹글어 볼라고 애썼소, 애쓰지 않았소? 지혜도 내해를 맹글고, 능력도 내해를 맹글고, 권세도 내해를 맹글고, 왕권도 내해를 맹글어야지. 예? 그저 밤에 안녕히들 잘 주무시고 나왔습니까, 밤에도 좀 애썼습니까? 예? 밤에도 애썼죠? 그래 밤새워 기도해야지, 정말.

야 이거 정말 어떻게 해야 완전히 내가 지혜를 내 해를 맹글어? 알고 보니 예수만 믿으면 보화가 꽉 찼구나. 야~ 이걸 내 해를 맹글어야지. 그래서 그저 뭐 밤낮 거기만 정신이 있습니다. 예?

그다음엔 한 계단 더 올라가서 진주가, 야~ 이거 진주가 참 귀한데 이거 진주 하나를 내가 정말 사야 되겠다. 그것입니다. 예?

첫 번엔 인제 숨었던 보화를 발견할 때에 그것을 내 해를 맹글라고 하는 그런 심정이고, 그다음에 좀 더 좋은 진주 하나 또 구해 볼라고 애씁니다. 그땐 찾아요, 찾아. 찾아 댕겨요. 그래서 진주를 구하는 사람이 진주 한 개를 찾아 볼라고 댕기다가 진주 한 개를 만나니 또 다 팔아 그 진주를 샀다 그것입니다. 정말 이거 참 이거 이거.

일러 봅시다. 세세왕권이 분명히 있는데 이놈을 내가 꼭 가져야지, 그러고서 그저 애를 쓰면서 이렇게 찾아다니는데, 아 정말 찾았단 말이요. 새 일을 받았어요. 진리를, 자, 우리 예수 믿는 사람이 성경을 다 알려고 그래야 돼요, 못 다 알려고 그래야 돼요? 이거 참 정말! 자, 진주가 어디 있는가 했더니 계룡산 수도원에 가니까 있두나. 예이! 이거, 야~ 이거 이거. 자, 그러면 몽땅 다 사겠소, 안 사겠소? 예? 야~ 이거. 자 이거 성경을 잘 몰라 그랬더니. 그렇지 않소? 중생 받고 영생 받아 답니까? 우리 성경의 비밀을 다 알아야 됩니까? 종말의 비밀을 알아볼라고 애쓰는 거야.

죽어 천당은 밭에 감춘 보화요, 살아 새 시대 가는 건 진주와 같습니다. 진주라는 건 보화 중에도 극히 귀한 거죠? 진주는 밤에 달아매도 환하죠? 빛을 내죠? 여러분들 종말의 진리를 알아볼라고 갈망했습니까? 그럼 이번에 꼭 사시오! 틀림없이 여기 있습니다. 진주가 분명히 여기 나타났다니깐요, 진주가요, 진주야요. 진주 진주 진주입니다.

그다음에는, 천국은 그물을 치고 물고기를 모으는 거와 같다 그랬습니다. 걸린 다음에 끌고 나와서 좋은 것은 가져가고 나쁜 것은 버리는 거와 같이 인간 종말에 그와 같다 그말이야요. 천사를 보내서 좋은 사람은 가져오고 나쁜 사람은 버린다 그랬거든요.

여러분들 봐요. 진주를 구하는 장사가 진주를 사가지고 마지막 권리

행사 전도 한 번 해야죠? 예? 우리 진주를 구하는 장사는 왕권을 받은 사람들이 나가서 이제 한번 권리행사로 전도를 해요, 안 해요? 그물을 치듯이. 그물 한 번 치는 거야. 모아놓고. 그다음엔 좋은 놈은 가지고 나쁜 놈은 버린다 그거야요. 계단이 있어요.

첫 번에 우리가 중생 받는 이치는 꼭 우리가 밭에 감춘 보화와 같아요. 예수를 반대하고 그랬던 이 사람이 발견했단 말이야요.

그다음에는 종말의 진리를 우리가 무장하는 건 진주를 구하는 장사와 같아요. 알아요? 알겠습니까? 그래 진주를 구하는 장사처럼 우리가 이제 무장을 해가지고 그다음에 마지막에 가서는 그물을 치는 거와 같습니다. 단번에 그물을 치듯 심판의 경고의 나팔을 다 불고 심판의 다림줄의 진리를 나가서 막 경고의 나팔을 불어 그물같이 쳐 버리고서 그다음에는 좋은 것을 가져가고 나쁜 것은 버린다.

그래 앞으로 우리 전도는 그물 치는 전도가 한번 나와요. 그물. 그물 치는 전도가 나옵니다. 우리가 인제 나가서 마지막 역사는 그물 치는 전도야요. 예?

내가 이 진리를 깨닫기 전에 꿈을 꾸는데 이런 꿈을 꿔 봤어요. 그래 분명히 이건 그러기 땜에요, 이 종말에 진리 전파는 순식간에 되게 돼 있지, 어저께도 어떤 목사님이 편지를 했어요. 여기 와서 수도를 하고 간 양반인데, 아니, 이단 통일교도 세계에 다 전하는데 목사님, 이런 귀한 비밀을 세계에다 못 전하고 있다는 건 안타깝다는 거야.

미국에 요건 진짜 목사가 있으니 요 사람은 기어코 요걸 받을 사람이니, 그 사람은 돈도 많고 그저 참된 진리를 찾는 사람인데 아무쪼록 이 사람에게다 좀 영어 번역을 해서 보내기 바랍니다. 그렇게 하면 세계가 한번 뒤집히는 일이 있을 것입니다. 그런 편지를 했어요.

안타깝게시리. 분명히 이것을 전해야 되겠다는 거야 지금. 그렇게 됐다는 거야.

그 말을 들을 적에 이거 그물을 쳐야 되긴 되겠는데, 자 이거 그물을 칠라면, 이거 정말 때는 왔단 말요. 아, 미국서도 자꾸 편지가 오지, 속히 속히 영어번역을 해서 보내달라고. 그래서 그물을 칠 날이 오긴 오는데 이게 순서가 있는데 그러게 맨 첫 번에 제가 15년 전입니다. 꿈을 꾸는데 열 달 동안 철야를 하고 자지 않고 철야한 다음에 계시록이 나타날 때 사흘 앞두고 꿈을 꾸는데 그 꿈이 꼭 맞는데, 한국의 목사대회를 가니 목사님들이 전부 시커먼 안경을 말짱 쓰더라 그말입니다. 어떤 사람이 시커먼 안경을 가져와서 전부 갖다가 씌워주는데 목사님들이 시커먼 안경을 쓰더니 좋다고 춤을 춰요. 나도 씌운단 말이요. 써보니까 캄캄해요. 해를 쳐다봐도 캄캄하고 땅을 봐도 캄캄하고 그래 내가 안경을 벗어다가 주면서 여보쇼, 당신 안경을 말야 이걸 날 쓰라고? 하늘이 보입니까, 땅이 보입니까? 천지가 캄캄한데 이걸 날 쓰라고? 그러니까, 아니 한국 목사가 다 좋다는데 왜 야단이냐구. 여보쇼! 쓰고 안 쓰고는 내 자유지. 이 양반이 참, 이 양반 이거 사람 대통스러운 양반이라구. 천지가 캄캄한 안경을 갖다가 쓰라고 그래? 나 혼자 안 썼습니다. 그다음에 보니까 고기를 잡으러 왔던 사람들이 고기를 한 마리 못 낚고서 죽~ 내 앞에 나타나요. 당신들 왜 고기 잡으러 가서 고기 못 잡았어? 아이구 태평양 바다가 꽁꽁 얼었는데 흥, 고기를 잡아? 어떻게 잡느냐고. 여보쇼 태평양 바다가 어는 법도 있어? 보라구! 보라구! 그래 보니까 정말 영도에서 보니까 태평양 바다가 꽁꽁 얼었더란 말이죠.

그다음에는 내 손에 큰 쇠뭉치가 들려져요. 아주, 한 너댓 발 되는 쇠뭉치가 들렸는데 이놈을 들어 가지구서는 태평양 바다를 한 번 땅~ 치니까 한 번 쳤는데 얼음이 다 없어지고 다시 바다가 되더라 그 말이요.

그랬는데 그다음에 배가 하나 나타났어요. 새 배가. 새로운 배가 하나 나타나더니 배가 내 앞으로 오는데 이 배는 돛대도 없고 돛도 달지 않았고 발동기도 없고 저 혼자 댕기는 배라요. 무슨 밴지. 타니까 그 배에 한 사람 누가 탄 사람이 없는데 이배가 저 혼자 갑니다. 가더니 큰 창고 앞에 갔다 떡 들이대요. 그러더니 내 손에 또 열쇠가 있어요. 열쇠. 열쇠로 창고를 여니까 보화가 꽉 찼거든요. 보화가 꽉 찼는데 이 보화를 제가 배에다 싣습니다.

싣는데 한참 싣다 보니까 웬 사람 일곱이 턱 나타나거든요. 내가 탄 배에. 그래 내 있다가 여보, 당신들 어디서 왔소? 하늘에서 왔소. 하늘에서 왔어요? 뭐하러 왔소? 심부름 왔다고. 무슨 심부름? 아니, 하나님이 당신 대학 졸업 했다고 말요. 이 책을 갖다 주라고 그래서 책을 가지고 왔소. 난 대학교 문턱도 못 가 봤다고, 대학교 구경도 못한 사람이야. 아니 하나님이 대학 했다는데요. 그러니 이거 가지시오. 자꾸 가지라고 그래요.

그걸 딱 받아보니까 조그만 책인데 겉봉을 했거든요. 봉했는데 열라니까 아직은 때가 안 됐다고, 좀 있다 열라고 그래요. 그래 그 책을 여니까 첫 번에 고기 잡는 낚시가 두 개가 딱 있어요, 첫 장에. 낚시는 그냥 두고 또 책장을 펼치니까 그땐 그물이 나와요. 그물을 잡아 댕기니까 그물이 천하에 퍼져 나가는데 한참 잡아댕기니까 태평양 바다, 천하에 아예 그물이 꽉 차 버리고 말았어요. 내가 바로 그물을, 봉한 책을 펴는데. 번쩍 눈을 뜨니까 꿈이더라 그말이죠.

자, 이게 대몽이요, 대몽 아니요? 이게 대몽인데. 그게 뭐냐 하면 이제 종말에 가면 하나님의 종들이 전부 다 흑암 들린다는 거 아닙니까? 예? 자, 천지가 캄캄한 새카만 먹장 같은 안경을 썼으니 흑암이 들렸소, 안 들렸소? 그럼 그때는 태평양, 자 어장이 얼었다. 이게 은혜가 다 식어진다는 말이거든요. 그게. 몽땅. 자, 지금 식어졌소, 안 식어졌소? 식어진단 말이죠, 그때엔 철장 권세가 나타나야 된다 그말요. 철장 권세. 철장 권세가 나타난다. 은사가 아니고 철장 권세가 나타난다. 철장 권세가 나타나서 태평양 바다를 치니 정말 새로 물바다가 됐단 말이죠. 철장 권세 역사가 온다는 거죠.

그러면 그 방주, 배는 촛대교회야요. 새로운 교회야요. 새로운 교회가 나타나는데 거기다 내게 열쇠를 준다는 건 진리의 열쇠, 그 열쇠가 열려서 진리를 무진장 배에다 싣는다는 건, 교회에 진리가 나타난다는 거죠? 그다음에는 그 일곱이 거기 온 것은 나는 일곱영으로 보거든요. 일곱 영의 역사가 온다. 오면 너는 대학 졸업이다 그거야. 대학 졸업, 대학 졸업, 정말 대학 졸업이죠?

그때 가서는 하나님이 쪼끄만 책을, 내게다 비밀을, 쪼끄만 책을 줘서 이 책 가지고서 세계를 구원하는 선교하리라, 그거 아니겠어요? 꼭 맞죠? 그리고서 사흘 만에 내가 계시록 음성을 듣게 되었단 말이죠. 그때부터.

자, 지금 날 이단이라고 그러지마는 내가 눈이 밝아졌소, 그들이 밝아졌소? 날 이단이라고 하는 목사들이 눈이 밝아졌어요, 내가 밝은 사람이야요? 예? 여러분 어떻게 봅니까? 날 이단이라고 하는 목사들이 눈이 밝아요? 내가 밝아요? 예? 내가 밝은 줄 믿습니까? 속지 않았소? 안 속았어요? 속았는지 안 속았는지는 성경을 보면 알아. 성경이 환해지는데 속은 거요?

 그러니 지금 이 사람이 목사들한테 이단소리를 듣고 지금 정죄를 받았는데, 내가 눈을 떴느냐 저희가 눈을 떴느냐? 분명히 내가 눈을 떴습니다. 난 그 흑암의 안경을 안 썼어요. 제가 안 썼어요.

 권세 역사가 왔습니다. 지금 방주와 같은 새일교단이 나왔습니다. 새일교단은 방주 같은 교단이야. 나왔습니다. 자, 인제에 보화를 싣습니다. 지금 보화가 많이 실렸소, 안 실렸소? 실렸습니다. 일곱영이 왔습니다. 그런데 인제에 책을 들고 선교할 날이 꼭 올 텐데 이건 이제 단계는 책을 들고 선교할 날이 옵니다. 그것이 남았어요.

 그래서 뭐, 이 광주에 전 집사님도 미국 가는 모양이야요. 어디 문서운동 좀 하겠어요? 하하. 해 봅시다. 지금 문서운동만 하면 잘 전하게 돼 있단 말요. 뭐. 자, 김○○ 집사님도 빨리 해 보내라고 야단치지, 자, 이○○ 전도사도 그러고 있죠. 아마 노○○ 집사님도 그럴 거야. 그저. 그러니까 이건 인제는 영어 번역만 되면 되는 거야. 영어 번역 하는 사람이 아니 6월 달에 들어와 무장하고서 하겠다고 하더니 6월도 안 들어오고 이달도 안 들어오고 어떻게 됐는지 모르겠는데. 그 사람이 사명이 좀 있는 사람인데. 이 영어 번역만 되면 세계로 퍼지게 돼있습니다. 반드시. 문서운동. 그물이야요. 순식간에 세계다 그물을 치고 맙니다. 두고 보시오. 그러면 여기 다 걸려요.

 자, 심판의 다림줄에는 다 걸리게 돼 있소, 다 안 걸리게 돼 있소? 다 걸리게 돼 있어. 그걸로 심판하니까. 심판의 다림줄의 진리대로 환난 재앙이 오고 하나님 보호가 있고 세계가 불타니 죽어도 그 말씀대로 죽을 것이고 살아도 그 말씀대로 살 것이 아니냐? 제까짓 게 피할 수가 있어? 공산당도 그물에 다 걸려들어 거기 다 그대로 죽고 말아요.

그러니까 나쁜 고기는 협상주의요, 좋은 고기는 끝까지 예언 지키는 사람 아니겠어요? 예? 표 받은 사람(나쁜 고기). 우린 좋은 고기를 모아야죠. 좋은 고기. 우린 좋은 고기 돼야죠? 어떻게, 뱀장어가 되겠소, 잉어가 되겠소? 예? 뱀장어 되지 마시오. 요리 쏙 빠지고, 조리 쏙 빠지고 예? 자, 교회 봉사하는 일에는 매끈매끈 빠져 피하면서 먹을 일에는 달려든다면 이건 뱀장어 신앙이라요. 뱀장어 신앙. 미꾸라지.

그래서 우리 이거 분명히 아십시오. 첫 번에 중생을 받는 역사는 밭에 감춘 보화와 같고, 말세에 영계가 올라가서 이 진리를 무장하는 것은 정말 진주를 구하는 자가 진주를 사는 거와 같고, 마지막에 가서 우리가 심판 권세로써 권세 역사로써 세계에 그물을 치고 심판하는 것은 이제 환난과 재앙이 올 때 있습니다. 반드시. 자, 이제 우리 성가 하나 부릅시다.

큰 믿음을 가지자
- 마14:22~33 -

오늘 이 말씀에 의해서 잠깐 말할 것은 '큰 믿음을 가지자' 하는 제목으로 잠깐 말하겠습니다. 큰 믿음을 가지자.

여기에 주님께서, 제자들이 배를 타고 건너가다가 풍랑을 만나서 꼭 죽게 됐습니다. 그때에 예수님께서 바다 위로 걸어올 때에 제자들을 찾아올 때에 물귀신인 줄 알고 무서워하니까 "내니 무서워하지 말라." 그때에 베드로가 "주시어든 나를 바다 위로 걸어오라 하십시오." "걸어오너라." 예수님을 바라보고 척 나서니 자기도 바다 위를 걸어간단 말요. 예수님을 딱 바라보고 가는데. 그다음에 큰 물결이 부딪혀 들어오는데 어찌 무서웠던지 무서워하니 물에 쏙 들어갔단 말이야.

그때에, 주여, 나를 구원해 주십시오! 하고 부르짖으니까 주님이 가서 손을 떡 붙잡으면서 "믿음이 적은 자야 왜 의심했느냐?" 하시고 배에 함께 오르시매 바람이 그만 잔잔해졌단말요. 여기에 대해서.

믿음이 적은 자야, 네가 믿기는 믿고 날 따라왔지마는 큰 물결이 부딪힐 적에 무서워했다는 것이 믿음이 적은 증거가 아니냐 그말입니다. 믿음이 있긴 있어요. 예수님을 바라보고 바다 위를 걸어가는 그 믿음이 얼마나 믿음이 좋습니까? 그러나 물결이 잔잔할 때 걸어가다가 큰 물결이 올 때 무서워하니 풍덩 빠졌단 말이요. 이상하잖아요? 바다 위를 걸어가던 사람이 물결을 보고 무서워하니 쑥 들어갔단 말야. 주님이 와서, 믿음이 적은 자야, 너 왜 의심했느냐? 그랬단 말이요. 이것이 그 때는 한 그저 잠깐의 한 표적이 됐지만 우리가 지금 꼭 이땝니다.

이날까지 우리가 바다 위를 걸어오듯이, 자, 아주 세상에 빠졌소, 안 빠졌소? 안 빠졌지요? 예? 안 빠지고 따라왔지요? 바다는 세상을 가르쳤는데.

그러나 우리가 이제 큰 문제가 뭐냐 할 것 같으면요, 큰 물결이 쳐들어오는데 겁이 난단 말이야. 두려워하니까 그만 물에 빠졌더란 그 말이야요. 이것이 우리 앞에 큰 문제입니다. 큰 물결 같은 환난이 들어올 때에 무서워할 사람이냐 담대할 사람이냐 이것이 큰 문제야요.

우리 평안할 때 같아선 믿음이 좋지요? 그러나 그런 일을 당할 적에 거기서 까딱없이 무서워하지 않고 담대히 나갈 것이냐 하는 이것입니다. 그래서 이 시간에 큰 믿음을 가지자는 데 대해서 잠깐 영계 문제를 말하겠습니다. 큰 믿음이라.

저는 믿음에 대해서 40년간 신앙생활에서 믿음이 커지는 일에 대해서 체험을 좀 가졌는데요. 믿음도 작은 믿음이 있고 큰 믿음이 있더라 그거요. 어린아이 믿음이 있고 어른의 믿음이 있고. 믿음도 어린아이 믿음이 있고, 또는 학생의 믿음이 있고, 청년의 믿음이 있고, 장정의 믿음이 있습니다.

그래서 처음으로 예수 믿는 사람은, 아이들이 그저 뭘 답작답작 받아먹듯이 말이요. 그저. 자, 아이들이 입에 뭐 들어갈 적에 모르고 막 갖다 집어넣소, 뭘 압니까? 예? 그냥 넣는단 말요.

그래서 처음 믿는 사람이 믿음이 어린 사람이 그저 뭔지 모릅니다. 덮어놓고 그저 받아들입니다. 그 때는. 뭐 하여간 그 단계가 있고요, 그다음에는 좀 올라가니까 그때 가서는 그렇지 않아요. 그렇지 않고 좀 내가 알아보겠다는 그런 맘이 자꾸 생기는데, 알아보겠다. 학생들이 본다면 하나 둘 배울 때 재미가 있어서 자꾸 공부 할라고 그러듯이 알아보겠다. 그다음에 좀 알아지니까 영웅심이 들어와요. 영웅심. 영웅심. 영웅심. 영웅심이 들어와요. 영웅심이 들어오거든. 영웅심이 들어가는 그 신앙 단계도 안 되고, 영웅심이 있던 그 신앙도 급한 일을 만날 때는 쓰러지게 되더라 그말이요. 그 영웅심 가졌던 사람이 더 잘 쓰러집니다.

인제 와서 뭐냐? 아무리 무슨 일을 당하든지 믿음이 까딱없이 조금도 두려운 것도 없고 겁날 것도 없고 그저 꼭 그렇게 나가는 그 믿음에 들어가게 된다 그렇게 봅니다. 그래 우리 인제 기독교는 무슨 일이 닥쳐와도 까딱없이 나갈 수 있는 그 믿음을 가진 사람이라야 이제 정말 주님의 재림을 영접하게 돼 있습니다.

그래 여러분들 이렇게 시련 자꾸 시켜 보는 건요, 그 담대한 사람 만들려고, 담대한 사람. 예? 제가 부딪쳐 보니까 믿음이라는 건요, 절대에 의심하지 않고 담대히만 나가면요 안 되는 법이 없어요. 다 망가져도. 다.

지금 물 위로 걸어가다가 큰 물결이 쳐들어오는데 인제 꼭 죽었소, 안 죽었소? 예? 자 이제 살 소망이 없죠? 자, 거기서 담대히 믿었더면 빠지지 않는데 두려워했다는 데서 빠졌단 말입니다.

그래서 저는 그 믿음의 체험에 대해서 그렇습니다. 뭐 아무리 열심이 없는 것 같고, 그래요, 평소에는 열심이 없는 것 같고 뭐 그렇게 훌륭한 것 같지 않아도 어려움이 닥쳐올 때 까딱없이 나가면 그 사람의 믿음이 큰 믿음이라 그말입니다. 한번 풍랑이 불어 봐야 거기서 큰 믿음인지 작은 믿음인지 알 수가 있습니다.

난 지금 그래서 우리 새일중앙교회 소망이 있는 건요. 말짱 바람 불려가지고서 들여보내거든요. 전부요. 그러니까 이 교회가 큰 교회 된다는 거요. 우리 ○○○ 집사님도 바람 불어가지고 들어왔죠? 여기 그래서 소망 있는 교회요. 여기 말짱 바람에 불려서, 큰 바람에 불려가지고서 여기 온 사람들이거든요. 그러니까 요 사람들이 이제 큰 교회 됩니다. 자, 첫 번에 그저 은혜 받고 들어온 사람이 더 튼튼합니까, 은혜 받아가지고 풍랑 다 겪어가지고 들어온 사람이 더 튼튼합니까?

우리 새일중앙교회 이래봬도요, 대부분이 여기 집사님들 본다면 풍랑을 많이 겪고 들어온 이들이거든요. 그래서 내가 지금 이 교회가, 지금. 자, 우리 송집사님도 풍랑 겪었지요? 예? (하나님이 아시지요.)

그래 우리 지금은요 이래요. 풍랑을 많이 겪은 사람은 이 사람 만나면 동감이 됩니다. 이 사람이 지금 설교하고 뭐 이런 건요, 풍랑을 좀 겪은 사람이라야 아멘 아멘 하지요, 그렇지 않은 사람은 이해가 잘 안 되는 말이 많아요. 그래서 나는 지금 오늘 저녁에도 김장로와 이야기했습니다. 하여튼 앞으로 풍랑 겪어가지고서 아무리 풍랑이 불어도 견디고 나갈 사람은 다 우리 교회 다 들어올 거라. 앞으로 각 교파 사람들이 풍랑을 만날 때 까딱없이 나가는 사람들은 다 우리 찾아 들어오게 돼 있어요. 알아요?

자, 일러 봐요. 새 일의 역사는 환난이 와도 의심 없이 담대히 나가는 사람만 모아다가 남은 자가 되게 해서 촛대교회 만들어 새 시대 보내는 것이 새 일이야요. 알아요? 새 언약의 피라는 것은 예수가 누군지 뭔지 모르는 사람 회개시켜서 중생 받게 하는 거요, 새 일이라는 건 그겁니다. 아무리 풍랑이 와도 까딱없이 나가는 그런 사람만 모아다가 이제 앞으로 새일교회도 세우고 새 일 역사로 새 시대 갑니다.

그래서 우리나라는 새 일 역사를 우리나라에서 시작할라고 해서 나부터도 정말 40년간 신앙생활에, 그저~ 믿는 날부터 이날까지 왜 이렇게 날 까불어 보시는지. 정말 많이 까불어 보시거든요.

그러니까 나는 여러 가지 풍랑 가운데서 믿음이 큰 사람이야요. 자, 풍랑 가운데 믿음이 컸으니 앞으로 저 까딱없습니다 보시오. 저는 아예 이날까지 우리 하나님 풍랑, 작은 풍랑, 큰 풍랑, 풍랑 가운데서. 왜정시대에 그 무서운 풍랑, 기가 막힌 풍랑입니다. 여러분 왜정시대 좀 생각이 납니까? 아마 이런 학생들은 왜정시대 왜 바람, 왜풍, 대동아전쟁 때요, 그저 모를 겁니다. 난 그 왜정시대에 말이요, 참 못된 데 가서 살았어요. 곡산이라는 데는 일본 사람, 정치하러 들어온 사람 일곱 사람을 때려 죽였거든요. 곡산 사람들이 무식합니다. 하여간 곡산 시민이 전부 일어나가지고서 그저 일본 놈이 여덟 놈인데 일곱 놈을 때려 죽였습니다. 돌 가지고 쳐서. 뭐 한 사람이 도망을 가 가지고서 그만 못 다 죽였는데.

그러니까 곡산이라는 데는 아예 일본 놈들이 이건 뭐 정말 압박을 많이 하고요. 참 정말 지독했습니다. 정치가. 그런데 곡산에서도 정말 아주 일본 사람 때려죽인 그 우박포에서 제가 왜풍을 겪으니 말이요. 예? 아주 일본 놈 가운데서도 아주 지독한 놈의 정치를 제가 거기서 견딘 사람이라요.

아니, 무슨, 그럴 수 있습니까? 농사꾼들 농사해 놓으면요, 일본 사람이 다 가져가는데 하여간 뭐 공출 안 내면요, 와서 이 집을 뒤지는데요. 막 그저 남의 뭐 광까지 전부 철장으로 땅을 찔러보고서 뒤져 갑니다.

여러분들 그런 풍랑을 겪어 봤소? 예? 그러니 굶게 되니까 말짱 땅을 파고서 곡식을 감춰 놓고. 아 그런 풍랑에서, 하여간 그저 우리 살던 그 곡산에는요, 소나무 껍데기가 다 하얗게 벗겨 먹었댔습니다. 왜정시대에. 소나무 밭이 하얬댔어요. 그저 다 벗겨 먹어가지고. 소나무가 다 하얗게, 소나무 밭을 보면 꼭 그저 하얗게 반짝반짝 그러는 거요. 전부 벗겨지고.

왜정 시대에 그런 풍랑을 겪어 봤거든요. 그래서 그때에 정말 그 집사일 볼 적에 그렇게 겪었고, 거기서도 정말 그래도 정말 담대히 나가 볼라고 했지마는 그때 너무 어렸단 말이에요, 제가요. 뭐 지금만 같아도 내가 그때 정말 일본 놈과 더 싸우는 건데. 아니, 일본 신사 참배 반대운동을 못했습니다. 제가요. 노회 총회가 그저 신사 참배는 죄가 아니라니까 죄가 아닌가 보다 그렇게 맘먹었단 말이요. 국가 의식이라고 그래요. 그러나 신사 참배하는 마당에 떡 갖다 세워 놨는데, "사이 게이 레이" 하면 차마 거기다 머리 못 숙이겠더라구요, 머리 못 숙이겠어요. 머리가 더 올라가요. 일본 놈의 신사 앞에 가서 머리가 더 올라가요. 그래도 그때 키가 좀 작으니까 '일본 놈 망하게 해 주십사!' "사이 게이 레이"하면 '일본 놈 망하게 해 주십사!' 개 새끼들 개 말한다 말야. 두고 봐라. 망하지 않나 말야. 하여간 일본 말이라면 그렇게 듣기 싫고. 하여간 일본 놈이 그렇게 듣기 싫어요.

그러다 보니 정말 도망을 해가지고 저~ 고미탄이라는 데 들어가서 산골에 들어가서 숨어서 6개월을 있어 봤는데요. 그 일본 놈 망할 적에. 그러니 그때 그 기가 막힌 쓰라림이라는 건요. 그러게 사람 만날까 봐 원수로 알고 하여튼 사람 만날까 겁내가지고 6개월 살라니깐요. 주일을 다 잊어먹었어요. 주일을 모르겠어요. 어느 날이 주일인지 모르겠어요. 그때는 그저, 자, 주일을 몰라 놨으니 주일을 알 수 있어야지. 어느 날이 주일인지. 그래 그저 바위 더미 앞에 가서 주르륵 눈물만, 구슬 같은 눈물만 뚝뚝 떨어지고. 집을 떠나 저~ 타관에 가서 산에 가 숨어 있는데, 자, 일본 놈들이 꼭 항복을 해야 내가 살겠는데. 자 이거 참 기가 막히거든요. 기가 막혀요. 싱가폴을 함락하고 남양 군도를 함락하고 북지 남지를 함락하고 그냥 딱부리 새끼같이 들어가는데요. 자, 이거 일본 놈이 꼭 망해야만 되겠는데 말이요, 이거 망해야지 말이요. 큰일 났거든.

그런데 하룻밤 꿈을 꾸는데 길을 가다가 두 발이 쫙~ 미끄러졌는데요. 낭떠러집니다. 쫙~ 미끄러졌는데 내가. 그래 내가 구탱이를 딱 쥐었는데 구탱이가 오작오작 떨어집니다. 요거만 떨어지면 나는 인제 아예, 이 머리가 뭐 뭐 정말 온몸이 뼈다귀가 가루가 될 판인데, 오작오작하는데 큰일 났거든, 정말. 그저 내려다보면 아찔아찔한데 구탱이를 쥐었는데 구탱이가 오작오작하는데 어떡합니까? 근데 누가, 손이 나타나더니 쏙 잡아 댕겨요. 엣다 올라왔단 말야. 올라오니까 그때 산 위엔데 척 가니까 넓은 대로가 있는데 가다보니 그 뭐, 목사들도 있고 장로도 있고 쭉 들 뭐 나를 환영해 주는데 신학교도 가고 그랬단 말이요. 이상하다. 정말 그때 정말 주님이 나 안 붙들어 줬다면 그놈의 꼴, 되겠습니까? 정말 그 아뜩아뜩한 때 아닙니까?

그다음에 또 꿈을 꿨단 말이야요. 또 꿈을 꾸는데 아, 금강산 이북은 몽땅 공산당이 됐는데 공산당, 금강산 이북은 전부 공산당이 되어 버리고 말았는데, 공산당 세계야요. 그런데 내가 백마를 타고서 그저 그냥~ 뛰어 댕겨 봤거던요. 소련으로 그저 북지로 남지로 그저 막. 북만주, 남만주, 북한 그저. 하여간 공산당들 그 소련군이 꽉 찼는데 막 백마 타고 막 돌아 다니는 거야. 퍼뜩 깨니까 꿈이란 말이요. 야~ 참 이상하다. 이거 뭐 어째서 이런 꿈을 꾸나?

그랬더니 정말 며칠 있더니 일본 사람이 망했다고 그래요. 항복했다고. 그때 난 그저 또 미련한 놈이 말이요, 누가 날 잡아 죽일라고 또 거짓으로 아주 날 모략해서 날 잡아갈라고 그런 줄 알고, 누가 속겠대? 일본이 망해? 안 속아, 안 속아. 그래서 날 잡아갈라고 그러지. 일본이 왜 망해? 망할까? 우리나라가 독립됐다 그래요. 독립? 우리나라가 어떻게 독립이 돼? 아니 내 말 안 믿어지면 저기 나가보라고 저기 길로 가 보라고. 그래서 산에서 나와서 아침에 동네를 찾아서 보니까 아 정말 태극기가 왔다 갔다 하거든요. 야~ 이거 봐라 이거.

그 얼마나 좋습니까? 진짜~ 그렇게 기쁜 날 처음 봤습니다. 하여간 120리를 뛰어오는데, 그때 뭐 차가 있습니까? 그저 어머니 계신 데를 찾아오는데 우리 어머니 한 분 모시다가 어머니를 떠나갔댔는데, 얏따 인젠 간다. 하여간 발가락이 어디가 짓찧는지 어떻게 됐는지 모르고 막 뛰어 왔단 말이요. 그냥. 발가락이 다 깨지면서. 그래서 이 발가락이 그때 썩어져서 제가 칼로 깎아낸 것이 내게 기념품이 하나 있습니다. 너무 좋아서. 아, 그래가지고서 와서, 참 좋대요. 그래서 내가 보던 교회 찾아가서 교회 옆에다 예배당을 짓고 그다음엔 뭐, 그다음엔 뭐. 아, 또 공산당이 또 내리 밀지 않습니까!

그러니 풍랑, 풍랑을 만나는데, 난 그래서요. 그 풍랑을 만날 때마다 하나님이 날 붙들어 주시는데, 매양 꿈으로 그렇게.

난 그래서 내가 이긴다고 난 봐요. 자, 이날까지 날 40년간 풍랑속에서 붙들어 길렀는데 이제 공산당한테 나를 지게 할까요? 이길 건 확신이 있습니다. 알아요?

자, 여기 베드로가 물에 빠질 적에 베드로가 예수님 찾아갔소, 예수님이 베드로를 찾아왔소? 예? 찾아왔지요. 믿음이 적어도, 믿음만 있으면 하여튼 주님이 와서 손목을 붙들면서, 작게 믿는 자야 왜 의심했느냐? 왜 두려워했느냐? 나는 그러한 일을 너무 많이 받았어요. 나는 주님을 생각지도 못하고 어떡할 줄 모르고서 정말 그런 환경에 서 턱 와 붙들어가지고 야! 나 여기 있다. 너 왜 그러느냐? 자, 그런 생활을 40년간 했으니 난 예수님한테 인젠 뭐. 자, 40년간 날 붙들어 줬는데 인제 질까요, 이길까요? 예? 확실히 이사람이 이기게 돼 있어요. 암만 별사람이 날 대항한다 해도 난 이기게 돼 있습니다. 왜? 내가 왜정시대에 정말 일본 놈 압박 속에서 예수 믿을 때부터 40년 풍랑 속에서 날 하나님이, 빠지면 또 잡아 댕겨주고 빠질라면 또 잡아 댕겨주고 그러다보니까 여기까지 오지 않았소?

그저 우리 마지막 바람이 불어올 것이니 여러분 누가 무슨 소리 해도 그저 들은 숭 만 숭하고, 듣지 마시고 나랑 같이 가자구요. 틀림없이 주님이 날 붙들었습니다. 붙들었어요.

자, 일러 봐요. 베드로는 은혜시대의 말씀의 대표가 될 사람이니 붙들어 주지 않았어요? 그때 주님이 안 붙들면 베드로 죽어요, 안 죽어요? 죽지요. 이 사람도 가만히 생각해 보니깐요, 요때에 그래도 말씀의 대표적인 사람으로 쓸려고 그런 것 같애요. 그렇게 붙들 수가 어디 있습니까? 저는 너무 위험한 자리에서 많이 붙들어 줬기 때문에요, 지금은 조금이라도 주님께 대해서 요만치라도 맘에, 너무 이건 기가 막히게 고마워서요, 그렇잖아요? 여보, 누가 한 번만 죽을 자리에서 한 번만 구원해 줘도 그 사람을, 누가, 내가 꼭 죽게 되었는데 어떤 사람이 와서 구원해 줬다면 그 사람을 잊을 수가 있습니까? 잊을 수가 있어요? 잊지 못하죠? 백골난망이라고.

그러면 나는 예수님 날 위해 죽으시고 부활하셔서 그거는 말할 것도 없어요. 그러나 현저히 내가 40년간 신앙생활에서 주님이 직접 붙들어 주는 것을 내가 체험한 사람이야요.

그러게 그저 저를 짓밟던 사람들은 케케 망신 다 했습니다. 자, 일본 놈이 이겼소, 내가 이겼소? 예? 내가 일본 놈을 이겼어요, 일본 놈이 날 이겼어요? 예? 누가 이겼어요? 내가 이겼어. 아무리 일본 신사 앞에 가서 반대는 못했더라도, 요렇게 하면서, 요놈들 망하게 해주십사 했는데, 망했소, 안 망했소? 요놈들 망하게 해주십사! 일본 놈 망하게 주십사! 내가 이기지 않았어?

아무리 내가 그때 정말 주기철 목사님처럼 신사 참배 반대운동은 못했더라도 마음 가운데 그래도 차마 거기 머리 숙일 수가 없어서 고개를 바짝 들면서. 머릴 숙여야 돼요, 들어야 돼요? 들면서. 그렇게 하더라도 고걸 보고 그런 맘이라도 가질 적에 하나님께서 붙들더라 그 말입니다.

김일성한테 사형장 받고 내가 월남했지만, 내가 이길까요, 김일성이 이길까요? 예? 예? 이겨요! 분명히 우리 주님이 살아서 이 사람 붙들고 있어요. 적어도 40년간을 날 붙들어 주신 하나님께서 어찌 내가 지겠냐 그말이야요. 그렇잖아요? 40년 붙들어 기른 것은 지게 할라고 붙들어 길렀겠소, 이기게 할라고 붙들어 길렀겠소?

하여간 교역자들도요, 나 반대하는 사람들 망신 다 했습니다. 망신다 했어요. 날 짓밟다 하나님 날 붙들어 쓰니 그 사람 안 붙들었으니 누가 망신이오? 예? 그것도 모략이야요. 동역자한테 제일 억울하게 많이 짓밟힌 것은 앞으로 승리할 증거야요. 왜? 날 이렇게 짓밟았는데 난 영계가 올라가고 그 사람 떨어진 것 내가 이긴 증거요, 진 증거요?

나한테 복음 받아가지고서 날 비평하고 댕기는 사람들 정말 형편이 없더라고 그러지만 그 말이 맞아요. 나한테 복음 받아가지고서 이걸 전하면서 날 비평하고 딛고 올라 설라는 사람들, 그 사람들이 이겨야 됩니까, 내가 이겨야 됩니까?

완전 승리는 인제 이 사람에게 왔습니다. 일본 놈의 정치 속에서도 내가 지지 않았고, 공산당의 정치 속에서도 나 이북에서도 이겼고, 월남해 가지고도 동란 속에서도 이겼고, 그 후에도 20년간 내 동역자에게 짓밟혔지만 내가 다 이긴거야요. 내가 이긴 게 아니고 우리 주님이 이기게 했다 그말이야요.

분명히 여러분들 마지막 풍랑이 닥쳐올 것이니 그 풍랑 속에서 우리가 이길라거든 나랑 같이 갑시다. 같이 가요. 예? 적어도 40년 까불어 보고서 날 인정하신 하나님입니다. 40년 까불어 보고 주님이 날 인정했습니다. 알아요? 우리 하나님께서 아무리 정말 까불어 봐도 그래도 내 마음 가운데 아무리 어려움이 와도 하나님께 대해서 의심도 안 하고, 그래도 후퇴도 안 하고, 저 후퇴한 일 없어요. 우린 후퇴한 일은 없습니다. 후퇴도 안 하고 원망도 안 하고 낙심도 안 하고 그래도 그저 대침(大針)만한 믿음이라도 가지고서 하나님만 바라보고 주님만 바라보고 나왔으니까 그래도 인정했지 않겠어요? 예? 그렇잖아요?

저는 그거 하나 가지고 지금 공산당과 싸우려고 그러는 거야요. 후퇴 안 했다는 것, 내 맘 변한 일이 없다는 것, 하나님께 불평 안 뒀다는 것, 거짓이 없었다는 것. 이거 가지고 내가 하나님 앞에 담대히 말하는 겁니다. 담대히 말하는 거요. '하나님 뜻대로 하옵소서!'

여러분들 인제 후퇴하지 말라구요. 틀림없이 최후 승리는 이 사람에게 왔습니다. 왔어요. 분명히 왔어요.

여러분들 자, 지금 누가 믿음이 제일 컸다고 여러분은 봅니까? 목사님들 중에 누가 믿음이 큰 것 같아요? 예? 누가 믿음이 큰 거 같아요? 예? 누가 큰 것 같소? 그거, 보면 알잖아요? 믿음이 큰지 작은지. 예? 내가 믿음이 큰 사람 같아요? 어린아이같이 보이지 않소? 어린아이. 예? 철모르는 아이.

내가 세상의 학적이나 세상의 무슨 일에는 어린애가 됐어도요, 그건 어린앱니다. 정말 어린애요. 세상 말 말도 잘 모르는 게 어린아이 아닙니까? 요즘에 신가락 말은 다 잊어 먹었습니다. 듣고 또 잊어 먹어요. 이 바보 같은 사람이, 아 그것 뭐라고 하던가? 그건 정말 뭐 지금 뭐 참 정말 어린앱니다. 그래 우리 안사람이 나보고 그래요. 전 꼭 세상에 나가면 어린애들 물 옆에 나간 것같이 그렇게 뵌다고 그래요, 나보고요. 저, 세상에 경험은 우리 안사람이 더 앞섭니다. 그저 어린애에요. 그러나 믿음에만은 어린애가 아닙니다. 제가요. 하하. 정말이요. 어린애가 아니요. 세상에서는 어린애에요.

그래 나는 오늘 저녁에, 믿음에 큰 믿음을 가지자는 데 대해서 말씀합니다.

하여튼 우리 새일교회 나오다가 흔들흔들하고 후퇴하는 사람은 그게 어린애요, 장정이요? 예? 우리 여기 나와서는 장부가 돼야죠? 신앙 장부가 아니고서 새일중앙교회 집사가 될 수 있습니까?

아, 이제도 어떤 집사님 뭐 감리교 목사, 장로와 싸웠다는 거 그거 정말 꿋꿋한 집사님입니다. 예? 인제는요, 아무리 겉으로 보면, 봄에는 무식하고 훌륭해 보이지 않아도 믿음의 장부다운 사람이라야 영계도 보존하고, 이제 절대 안 됩니다. 안 돼요.

여러분들 지금 아까도 얘기했지만 그 교회 목사님이 더 믿음이 담대한 것 같아요, 그 아래 집사가 더 담대한 것 같아요? 아무리 용사 같아도 그 믿음이, 참 이상해요. 은혜를 많이 받았다고 그래도 인간 수단 방법 부리는 것이 이것이 믿음이 작은 거요, 큰 거요? 예? 뭐 분해서! 이 목사를 갖다가, 그 교인이, 그거 말짱 어린애 장난이 아니에요? 가만히 하는 것 보면요, 그럴 수가 있습니까? 그런 믿음 가지고서 어떻게 되겠습니까? 그래 여러분들 정말 큰 믿음 가지자구요. 작게 믿는 자야 왜 의심했느냐?

자, 척량하는 사람이 믿음이 더 커야 돼요, 구름 타고 올라가는 사람이 더 커야 돼요? 그저 자꾸 커야 됩니다. 일주일 만에 얼마만큼 더 크겠소? 일주일 만에, 예? 우리 여기 여종님들도 믿음이 크는 것 같아요. 가만히 보면. 예배당에 와 앉는 것 보니까 벌써 됐고요, 성가 부르는데 보면. 정말 요즘 보면 우리 여기 아주 뭐, 됐단 말이요.

하여간 믿음 날개 클라면 우리 새일중앙교회에 나오라고요. 우리 새일중앙교회 나오니까 믿음이 날개 클 것 같소, 안 클 것 같소? 예? 크는 것 같애요? 우리 새일중앙교회 나오면 욕도 많이 먹고, 미움도 많이 받고, 은혜도 많이 받고, 말씀도 밝아지고 다 좋습니다.

자, 욕 많이 먹으니 상급이 크지, 은혜 많이 받으니 믿음이 크지, 성경을 많이 아니 지혜와 지식이 크지, 잘 큽니다. 그러게 안팎으로 크잖아요? 욕 많이 먹으니 상급이 크고, 은혜 많이 받으니 뭣이 커요? 예? 믿음이 크고, 말씀 많이 아니 지혜 지식이 크고, 그렇잖아요? 새일성가 부르니 큰 권세를 받게 되고. 자, 큰 기도 우리, 좌우간 난 그렇게 알아요. 제일 큰 기도 우리 새일성가 아니고는 안 됩니다. 알아요?

하여간 그래서 우리 새일중앙교회에 나오는 사람은 꿩 먹고 알 먹기입니다. 예? 그렇지요? 남보다도 시험도 많이 받게 되고, 핍박도 많이 받게 되고, 미움 받게 되고, 남보다도 은혜 많이 받게 되고, 말씀 많이 알게 되고 자 이거 뭐 많은 건 다 차지합니다. 그러니까 큰 것도 다 차지해요.

내가 이 말하는 것이 여러분들 듣기 좋으라고 하는 말이 아니요, 진짜 이게 우리 새일중앙교회 비밀입니다. 알아요? 사실 그렇소, 안 그렇소? 예?

자, 날마다 상급이 크고 믿음이 크고 지혜와 지식이 크면 대환난 가운데 장부가 되어서 큰 왕권 받아서 들림 받아가지고 큰 축복 자손만대 받습니다. 와! 진짜 큰 축복입니다. 자손만대 축복이야요. 여러분들 그저 저 만나서요, 설교 조금 듣고 그저 한 번 호소하는 것도 큰일인 줄 아시라고요. 괜히. 분명히 아셔야 됩니다.

그래서 아무쪼록 우리 큰 믿음, 작게 믿는 자가 되지 말란 말이요. 기분 좋으면 곧잘 걸어가고 어려우면 가라앉는 믿음 가지지 말고 풍랑이 닥쳐와도 더 강하게 나가는 사람 돼야 남은 종이요, 남은 교회요, 남은 가정이요, 알겠습니까? 예? 오늘 저녁에 꼭 받고 돌아가세요. '큰 믿음을 줍소서' 하세요. 47장 가지고요.

큰 믿음은 뭐냐 할 때에 제가 지내보니까요, 뭐, 불을 받는다, 여기 불덩이가 와야 되긴 됩니다. 여기 오는 것보다도. 불덩어리가 오고 생수가 오고 방언이 오고 그다음엔 뭐 지혜가 오고 총명이 오지마는 완전히 큰 믿음을 가질라면 새 힘 받아야 돼요. 새 힘 딱 받아 놓으니까 그때야 되지, 새 힘 받기 전에는 도저히 저 마귀를 물리칠 수가 없는 거야요.

그래서 그저 기독교 안에 제일 큰 일은 그저 새 힘이라 이렇게 봅니다. 방언 받아가지고도 어린애 구실하게 되고, 불 받아 가지고도 어린애 구실하게 되고, 생수 받아 가지고도 어린애 구실하게 되고, 새 힘 받으니까 어린애가 아니야요 그때는, 딱 돼 버리는 거야, 새 힘. 알아요? 아무리 방언 받아도 어린애 구실합니다. 알아요? 불을 받아도 어린애 구실하고요. 새 힘을 받아 놓아야 돼요. 새 힘이 싹 들어오니까 맘으로 들어오는 게 싹.

그래서 나는 최고의 마지막의 큰 역사는 새 힘이라 그렇게 봅니다. 최고의 큰 역사가 새 힘이야요. 그 뭐 안수해서 병 낫는 것쯤은요 그건 또 별 문제가 아닙니다. 그 뭐 죽은 사람이 살아나고 앉은뱅이가 일어나고 그저 별 문제가 아니야요. 제일 큰 일이 새 힘 이야요, 새 힘. 이거 받아야 돼요, 새 힘.

그래서 이 시간에 권세 새 힘 줍소서 할 때에 안수해 드리겠어요. 꼭 내 머리에 내리는 권세 새 힘의 역사가 안수할 때 내게 와주십사 하시오. 내려오고 있으니까요 지금. 그저 왔다가 그저 가면 안 돼요. 새 힘의 줄기를 받으세요. 받으면 첫 번엔 약간 오다가도 그저 그냥 나가면 차츰차츰 크게 옵니다. 새 힘 받아야 말세 종 되지, 새 힘 못 받으면 절대 안 됩니다. 턱이나 있나요. 안 됩니다. 이 시간에 우리 권세 새 힘 줍소서! 할 때 내가 머리에 안수하겠습니다.

◆ 물에 빠져 죽게 될 때에 주님 오른손을 붙들면서, 작게 믿는 자야 너 왜 의심했느냐 하던 그 말씀을 우리가 볼 때에 우리가 옛 그 사람이 될까 봐 심히 두렵습니다. 이날까지는 주님을 따라 나왔지만은 1972년도부터 앞으로는 큰~ 마지막 풍랑이 닥쳐올 위기를 앞에 놓고, 주여! 우리는 믿음의 용사가 되어야 되겠사옵나이다.

오늘 저녁부터 이달 31일 저녁까지 계속으로 여기서 우리는 꼭 받기 위해서 호소할라고 합니다. 주여! 이번에 저녁 집회에 와서 받아야 할 종들은 강권으로 이끌어 주어서 5월달이 가기 전에 우리가 완전한 역사를 받아가지고서 6월달부터 666의 세력을 짓밟고 나갈 수 있는 역사가 크게 있도록 역사해 주시옵소서.

인제부터 기도할 때에 깊은 영계에 들어가도록 성령이여 이끌어 주시옵소서. 예수 이름으로 기도하옵나이다. 아멘.

집회를 위해서 대중은 못 된다 하더라도 몇 사람이라도 모여서 호소해야 되겠습니다. 5월달이 다 가기 전에 우리 중앙교회에서 좀 받겠습니다. 그러니까 그리 아시고 좀 뜻깊은 분들은 좀 오라고 해서 우리 호소 집회를 하겠습니다.

간구와 응답
― 눅11:5~13 ―

오늘 아침에는 간구와 응답이란 데 대해서 잠깐 말씀하겠습니다. 간구와 응답에 대해서.

주님께서 이제 비유로 말씀할 때, 어떤 사람이 밤중에 갑자기 손님이 왔습니다. 그런데 갑자기 먹을 게 없어요. 떡이 없단 말이지요. 그때 어떤 친구 집에 가서 문을 땅땅 두들깁니다. 누구요? 아 나야 나. 나가 누구야? 아무개 몰라? 아 친구 어찌 왔나? 아 이제 밤중에 우리 집에 친구가 왔는데 우리 집에 떡이 없네 그려. 자네 떡 좀 빌려 주게. 옷을 다 벗고 지금 잠이 들었는데 그런단 말이요. 아이구 친구가 왔으니 이것 어떻게 하겠느냐고. 그래서 그 벗을 인해서는 주지 못하나 그 강청함을 인해서 일어나 그 쓰자는 대로 줄 것이 아니냐. 그와 같이 누구든지 구하는 자는 다 하나님이 준다 그겁니다.

만일 봐요. 그 친구가요, 손님이 오지 않았는데 그냥 와서 떡 좀 먹겠다고 달라면 안 준다 그거야. 자, 저녁을 다 먹고, 그러고 있다가 그 집에 가서, 여보게 있나? 누구야? 나야. 왜? 나 저녁은 먹기는 먹었는데 말야, 심심해서 이렇게 찾아왔네. 예끼!

그건 간구가 아니거든. 그건 간구가 아니지요? 그러나 이건 불가피

하다는 거에요. 친구가 떡~ 왔으니 자, 그 나라는 떡으로 생활합니까, 밥으로 삽니까? 떡으로 사는 거거든. 그런데 떡이 있어야지. 그러니 이건 그건 부득불 줘야 되겠다 이거야. 그러니까 부득불 줘야 되겠다는 조건 때문에 준다 그말이요.

　자, 일러 봐요. 우리가 우리 혼자 가만히 있다가 지옥이나 가려면 그건 괜찮은데 자, 우리가 일해야 되겠단 말이에요. 자, 떡을 갖다 줘야 될 사람이 많이 있소, 없소?

　내가 날 위해 구하는 게 아니라 그말이야요. 이건 부득불 줘야 되겠습니다. 바로 그거야요. 안 주면 큰일 나겠습니다. 그게 간굽니다.

　자, 우리 앞에 큰 환난이 꼭 오게 돼 있지요? 그럼 완전무장 없이 우리가 양 떼 살릴 수 있습니까? 죽어 버리고 만다면 괜찮지요. 예? 괜찮지요? 가만있다가 죽고 말라면 괜찮아요. 또, 죽어 천당이나 가는데는 완전무장이 필요 없습니다. 이건 분명히 완전무장 해야만 되게 돼 있어요. 완전무장 못하면 목사도 다 쓰러지고 뭐 전도사도 다 쓰러지고 맙니다. 그러니 이건 부득불, 자, 우리 이때 애를 써서라도 이건 무장해야지요? 그렇지 않아요?

　이건 뭐 성산에 와서 어떤 사람은 빈들빈들하면서, 자, '무장하면 하고 말면 말고, 해도 좋고 안 해도 좋고.' 줄까요? 안 줘요. 나는 그래 지금 가만히 앞일을 생각하면요, 이건 정말 무장해야 되거든요. 안 됩니다. 인격무장 갖춰야 됩니다.

　난 그래서 지금 나 하나 무장을 위해 그러는 게 아니고 여러분 무장 때문에. 아, 여러분이 무장 못하면 다 쓰러질 것 아닙니까? 그러니 나부터도 밤에라도 간절히 애쓸 수밖에 없다 그말이야요. 자, 일러 봐요. 수도원에 수도하러는 많이 왔는데 하나님이여! 저 사람들 떡 좀 주시오. 무장 좀 해야 되겠습니다. 무장해야 되겠습니다. 어떡하랍니까? 자, 하나님이 안 보낸다면 이 사람 큰일 났소, 안 났소? 큰일 났단 말이야. 줄 게 있어야지. 뭐 있어요? 그러니까 나부터도 부득불 몸부림칠 수밖에 없다 그말이야요.

여러분들 집에 식구들 가서 다 살려야 되겠지요? 그런데 집에 식구들에게 줄 게 있어야지. 야단났죠? 교회 가서 교회 살려야지요? 줄 것이 있어야지. 그러니까 부득불 간구한단 말이야요.

자, 어떤 목사님이 시간마다 '하나님 아버지여! 내가 양 떼에게 무엇을 주랍니까? 내게 있는 건 줄 것도 아무것도 없습니다. 저 사람들이 주일날 그저 예배당을 찾아올 터인데 저 사람들 하나도 내가 만족히 못해 준다면 나 이거 살아 뭘 합니까? 이런 망신이 어디 있습니까?'

자, 목사가 강단에 서서 주일날 오는 사람에게 은혜를 못 끼치고 배부르게 못해 주면 큰 망신이요, 망신 아니요? 예? 큰 망신이거든요. 큰 망신 아닙니까? 예? 큰 일이오, 작은 일이오? 그래서 밤새도록 야단치는 거야. 어떻게 할랍니까? 양 떼를 죽이렵니까, 살리렵니까? 그러면 주게 돼 있어요. 그건 저 위해 줍니까, 남을 위해서입니까? 이러면 안 줘요. 하나님 아버지 나 좀 평안히 지내게 돈 좀 많이 주세요.

이거 봐요. '내가 능력을 받아야 교회 나가서 환영을 받고 수지맞는 사람이 되겠습니다. 좀 주세요.' 그건 안 돼. 그러면 안 줘요. 그런 마음을 가지면 안 돼요. 꼭 저 사람을 살려야만 되겠는데 대접해야 되겠는데 내가 뭘 가지고 살리랍니까? 하는 이 안타까운 그 맘이라 그말이에요. 예?

여러분들 집안 식구 좀 살려야지요? 자, 그러니 우리가 받아야 됩니까, 안 받아야 됩니까? 받아야지. 여러분들 그래요. 아무리 부모가 예수를 안 믿는대도 믿는 아들과 딸이 정말 역사를 받게 되면 부모님도 감동을 받겠소, 안 받겠소? 받지요.

그래 전부가 위에서 뭘 받아야 남을 살리게 돼 있지, 받지 않고는 못 살린단 말이에요. 그러니까 남을 살리려고, 남을 대접하려고 이래서 몸부림치는 사람이라면 그 사상이 바르오, 안 바르오? 자, 손님이 왔는데 대접하겠다는 사상 좋잖아요? 손님이 왔는데, 손님들 좀 미안합니다. 지금 집에 떡이 없는데요, 내일 아침에 그저 해 드리지요. 그거 뭐 할 수 있습니까? 그냥 주무십시오. 자, 그 사상과, 밤중에라도 친구 집에 가서 떡을 사서라도 손님을 대접하겠다는 그 사상, 어느 게 나아요?

아 이제 밤에 손님이 척 왔는데 아, 친구 왔나? 뭐 그저 밤이 이렇게 됐는데 주무시게. 주무시고 그저. 자, 그리고 마는 사람과, 아이구 얼마나 배가 고프겠나? 친구보고, 저녁 좀 잡수었나? 그 소리도 안 해요. 척 오니까 물어도 안 봐요. 아, 늦었는데 그저 주무시게. 그러고 만다면 그 사상과, 아, 친구 저녁은 잡수었나? 아직 못 먹었네. 아 큰일 났는데! 배고프겠구만, 이거 야단났구만. 우리 집에 떡이 없는데 어떡하지? 그래. 부랴 부랴 부랴 친구한테 가서 쾅 쾅 쾅, 아이구 여보게 여보게. 뭐? 누구야? 밤중에 누구야? 그런데 큰일 났어. 우리 집에 친구가 왔는데 말야, 아 물어보니 그저 저녁을 못 먹었다네 그려. 근데 건사할 수가 있어야지? 내 가슴이 아파 못 견디겠어. 정말 떡 좀 줘야 될텐데 우리 집에 떡이 없네 그려. 이걸 꼭 줘야지, 큰일 났어. 그러구 막 야단치는 거야. 그 사상이 얼마나 바르냐 그거요. 그 중심이 바로 됐지요? 예? 그거란 말이야.

자, 교인들이 은혜를 받으면 받고 말면 말고 너희들은 가만히 앉았다가 연보나 내고 가라. 그놈의 심보라는 건 아주 도둑놈의 심보란 말이에요. 그렇잖아요? 연보 안 한다고 땅땅 종소리나 치고, 예? 그런 도둑놈이 어딨습니까? 그저 그런 사람은 절대 하나님께서 줄 수가 없다 그말이야요.

어드런 목사님은 교인들 은혜 받는 거 싫어합니다. 교인들 은혜 받고 그러면 자기도 같이 따라가야 되거든. 귀찮거든! 그저 가만히 예배당이나 나오면서 연보만 잘 내달라는 거야. 나 밥 좀 먹게. 그저 그렇잖아요? 일주일에 주일날 한 번이나 나오면서 십일조만, 연보만 잘 내서 생활만 풍성하면 평안해요, 평안치 않아요? 아 이거 은혜 받아 놓으면 다 밤새워 기도하면 교인들 밤새워 기도하면 자기도 밤새워 기도해야지. 아이구 뭐 귀찮거든. 그래 어떤 사람은 그런다 그래요, 교인들 은혜 받을까 겁난다고.

여러분들 자, 우리 민족을 살려야지요? 양 떼를 살려야지요? 공산당 압력 하에서 살려야지요? 북한 동포를 살려야지요? 예? 여기 북한에서 나온 양반 누구요? 자 이거 정말 야단났거든요. 정말 나 때문이 아니란 말야. 이건 정말 살려야지. 우리가 아시아 문제를 해결해야지. 지금 전부 협상 아니요? 자, 그놈의 심보가 됐습니까?

그러니까 여러분들이 간구할 때 그 사상 양심만 바르면 얼마나 귀한 일이냐 그거야요. 아침에 일어나서, 우리 앞에 큰 환난 있사오니 완전무장 주셔요, 주셔야만 남은 자 되겠나이다. 난 이거요. 앞으로 될 일을 생각하니, 앞으로 가정 일을 생각하니, 앞으로 교회 일을 생각하니 이거 정말 받아야지 안 받으면 되겠느냐 그말이야. 그래서 몸부림치는 그것이 진짜 간구라 그 말입니다.

어떻게, 꼭 능력 받아야 되겠어요? 나 때문에? 내가 죽을까 봐 겁

나. 이러면 안 돼요. 아이구 능력 받지 못하면 내가 죽는데 죽을까 봐 겁나 능력 받아야지, 그건 안 돼요. 그건 욕심이요, 욕심 아니요? 남을 살리겠다는 거야. 예? 남을 살리겠다는 거야. 예? 그렇잖아요?

제발 이번에 꼭 무장들 하고 가시라구요. 나는 여러분들 무장하는 일이 제일 급하기 때문에 우리 가정 일은 꿈에도 생각을 못해요. 다른 생각 못합니다. 다 잊어먹어요. 다 잊어먹어요.

제일 급한 것이 우리 지금 이때에 무장하는 거 아닙니까? 자, 밥이 더 급해요, 무장이 더 급해요? 이거 어떡합니까? 어머니가 무장 못하면 아들딸 다 죽어요, 안 죽어요? 예? 다 죽습니다. 다 죽어요. 부모가 무장 못하면 자녀가 다 죽어요. 부모가 무장 못하면 정말 가정이 몰살합니다. 목사가 무장 못하면 양 떼가 다 죽어요, 안 죽어요? 큰일입니다.

사상 양심을 바로 가지고 구하라 그거야. 예? 큰 난국을 앞에 놓고 몽땅 지금 북방의 밥이 될 위기가 왔는데. 지금 박정희 대통령이 경제개혁을 시킨다고 그러죠? 예? 그저 좋소, 좋지 않소? 예? 좋지요? 그건 지금 좋은 징조요, 막다른 골목이요? 그게 좋은 게 아니야요. 경제 부흥이 돼야지, 그저 마지못해 지금 그저 하는 것 아닙니까? 지금 박정희 대통령이 지금 하는 건, 급한데 마지막에 지금 이건 할 수 없이 하는 거 아니에요? 어떡할 수가 없고 말야.

여러분들 깊이 생각해 봐야 됩니다. 만일 여러분이 이번에 정말 완전히 받지 못하면 큰일 난단 말이에요. 큰일 나요. 전집사 완전히 받지 못하고 미국 가면 큰일 나요, 안 나요? 큰일 나지, 정말. 큰일 나. 큰일 난단 말이야. 어떡하노. 정말 큰일이거든요.

자, 이거 봐요. 사명자가 사명 못하고 있다가 주님 만나면 어떻게 할 판이요? 예? 땅으로 쏙 들어가겠소, 하늘로 올라가겠소? 어디 가서 숨겠소? 예? 일한 대로 갚아 주러 주님 오시죠? 일한 대로 갚아주러 주님 오시는데 일 못하면 어떻게 하겠소? 큰일 났소, 안 났소? 큰 걱정 아닙니까? 일한 대로 갚아주러 오는데 일 못하면 이건 어떡합니까?

자, 어떤 신부가 결혼식 날은 가까운데 신랑을 맞이해야 되겠는데 할 것 많으면 밤에 잠이 잘 옵니까? 큰일 났거든, 이거. 자, 일생에 한 번 맞이하는 결혼식 날이 가까왔는데 몸도 좀 가꿔야지, 뭣도 준비해야지, 뭣도 준비해야지, 우리 주님은 몇 번이나 맞이합니까? 이제. 자, 이젠 주님 맞이할 때 빵점 맞으면 다시 소망 있어요? 어느 남편 또 맞이할 남편 있대요?

자, 이거 봐요. 우리 신랑 예수 영접 못하면 마귀나 영접해야지, 다시는 없어요. 예? 큰일이야, 큰일 아니야? 여기 고개 숙인 양반 큰일이오, 큰일 아니오? 예? 쳐다보라고. 이러~ 하지 말고 쳐다보라고. 그날이 가까왔어.

틀림없이 여러분들은 살아서 새 시대를 보게 돼 있습니다. 캄캄한 밤에 친구가 찾아온 것이나 같아요. 지금 캄캄한 밤이요, 낮이요? 캄캄한 밤이야요, 세상이. 그래 전집사님도 캄캄한 밤에 미국을 찾아 갑니다. 미국 사람들이 지금 코 고느라고 야단났습니다. 드르렁, 드르렁, 잠이 들어가지고 말야.

하여간 우리가 간구할 때에 정말 난제를 놓고 이걸 해결해 보려고 몸부림치면 안 줄 수가 어디 있냔 말예요. 그런 사람 안 준다면 하나님이 옳소, 옳지 못하오? 예? 자, 양 떼를 살리겠다고 십자가에 죽은 예수가 양 떼 살리겠다고 몸부림치는 목자에게 못 주면 십자가에 왜 죽었어? 왜 죽었어? 예? 왜 죽었어? 그렇잖아요? 남을 살리려고 죽은 양반이 남을 살려 보려고 애쓰는 사람에게 정말 권세 능력을 주지 않는다면 십자가에 왜 죽었어? 말이 되는 거요? 여보시오! 양 떼 살리려고 아들에게다 인간 죄를 걸머지워 죽이신 하나님과, 양 떼를 살리려고 죽기까지 순종하신 예수님이 우리 남 살려 보려고 애쓰는 사람 뭘 안 주겠소? 그런 사람 나타나기를 기다리고 있는데.

난, 이목사는 받는데 모르겠구만. 뭘 고장나서 그렇지. 하나님께 무슨 걸리는 게 있지. 말이 됩니까? 이목사에게만 줘가지고서 양 떼가 삽니까? 말이 안 돼요.

그래도 모처럼 아니 정말 가정을 떠나 교회를 떠나 여기 찾아 들어와 가지고, 여기 들어와서까지라도 느릿느릿하면 어떻게 되는 거요? 예? 적어도 우리가 이런 산에 들어온 것은 무슨 난제를 해결하려고 온 게 아니에요? 난제. 소풍삼아, 수양삼아 왔어? 새일수도원이 물이 하도 좋고, 산이 좋고, 경치 좋다니 그래 왔어요? 그런 사상 가지면 환난 날에 급살 맞습니다. 알아요?

권세와 능력이 내리는 수도원에 가면서 이것을 목적하지 않고, 수양삼아, 소풍삼아, 그 사상이 됐소, 안 됐소? 예? 죽을 놈의 사상이지, 이 말하면 또 고집 있는 양반이 있다면, '에잇 난 간다. 보따리 싸가지고' '가라, 단박 가라고! 보따리 싸 가지고. 우리 사상과 맞지 않아.' 내 이래 봬도 이 산을 맡기고 수도원을 시작할 때, 너희 민족은 이 수도원에서 일어나는 역사로야 산다고 그랬어요. 너희 백의민족이 사는 길은 이 수도원의 역사로만 산다. 불 가운데서 그랬습니다.

그래서 제가 수도원을 지을 때 남들이 다 미쳤다는 거야. 자, 수도원 지어야 여기서 역사 일어나야 너희 민족이 살고 양 떼가 산다니 지어야 돼요, 안 지어야 돼요? 지어야지요. 새 일의 역사가 임하지 않고는 못 산다는 거야. 그래서 이름을 새일수도원이라고 하는 거야. 새일. 새일 역사 아니고는 못 산다고 그래요.

 이 사람에게 자꾸 뜻밖에 은혜가 자꾸 오는 건요, 여러분은 날 어떻게 보든지 간에 이 사람 마음 가운데 이 민족을 살려보겠다는 마음만은 어느 한도로 있다는 것만은 하나님이 보증 설 것이고, 한국의 양떼를 살려보겠다는 그 마음이 어느 한도로 있다는 것도 하나님이 보증 설 것이고, 여러분을 내가 얼마만큼 사랑한다는 것도 하나님이 보증섭니다. 만나서 내가 손목이나 쥐고 그저 악수나 한 번 따끈히 해준다고 해서 그게 사랑하는 게 아니야요. 내 중심속에 여러분들, 정말 안타까운 마음으로 애쓰는 사람인 줄 아십니까?

 하나님이 내 증인이야요. 내 보증이야요. 그래서 이 사람에게 그냥 계속으로 은혜발이 드리우고 있습니다. 알아요? 지금도 이 강단에 그냥 내리 드리고 있어요. 같이 받으라우요. 말만 교회 세운다, 교회한다고 그러고 은근히 딴 일하고. 이건 말이 안 돼요, 안 됩니다.

 그래서 남을 위해서 몸부림치는 그 사상, 그 양심 가진 사람은 하나님과 의합이 돼요. 자, 만민을 살리기 위하여 몸부림치며 피땀 흘려 기도하던 예수님, 십자가에서 대신 죽으면서 기도하던 예수님과 남을 살리기 위해서 밤중에 몸부림치는 사람과 의합이 돼요, 안 돼요? 의합이 되지요.

 이 사람에게도 지금 역사를 내리는 것은 이 사람 때문에 내리는 게 아니요, 여러분 때문에 내리는 거요. 예? 그렇소, 안 그렇소? 나 때문에 주는 게 아니라 대중을 살리기 위해서 주는 거요. 그래서 벗을 인해서는 주지 않겠으나 강청함을 인하여 준다 그말입니다. 그저 능력 받아가지고 뭐 대접 잘 받고 뭐 편하게 지내라고 주는 게 아니란 말이요. 이 사람에게 안 주면 대중이 삽니까? 그러니까 내가 이렇게 간청하고 애쓰니까 주는 거라요.

 이 시간 어디 한번 밤중에 친구를 위해서 떡을 구하는 그 안타까운 심정 가진 그 사람과 같은 사상으로 한번 불러 보라구요.

하나님께서 주시는 영광
- 요8:51~59 -

종교 흑암이라는 게 이렇게 무섭습니다. 종교 흑암이 뭐라는 걸 우리가 알 수가 있는데. 예수님께서 말씀하시기를 내 말을 지키는 사람은 죽음을 영원히 보지 아니하리라 하니까 유대인들은, 귀신이 들렸다고, 예수를 귀신 들린 사람으로 봤습니다. 눈이 참 밝죠? 아브라함도 선지자들도 죽었거늘 네가 내 말을 지키면 영원히 죽지 않는다고 했으니 그게 귀신 들린 말이 아니냐? 그럼 아브라함보다도 네가 크냐? 선지자들도 죽었거늘 너는 누구라 하느냐? 이렇게 말했습니다.

 예수께서 하는 말이, 내가 내게 영광을 돌리면 내 영광이 아무것도 아니어니와 내게 영광을 돌리시는 이는 내 아버지시니 곧 너희가 너희 하나님이라 칭하는 그이시라. 너희는 그를 알지 못하되 나는 아노니 만일 내가 알지 못한다 하면 나도 너희같이 거짓말쟁이가 되리라. 나는 그를 알고 또 그의 말씀을 지키노라.

 오늘 이 시간에, 54절에 예수께서 대답하시되, 내가 내게 영광을 돌리면 내 영광이 아무것도 아니어니와 내게 영광을 돌리시는 이는 내 아버지시라. 내가 내게 영광을 돌리면 아무것도 아니다. 그러나 내게 영광을 돌리시는 이는 아버지라 그 말입니다. 내가 내게 영광을 돌린다는 것은 정말 아무것도 아니지마는 하나님이 내게 영광을 주는데 내가 뭐라고 하겠느냐? 이렇게 말했습니다. 이 시간 하나님이 주는 영광이라는 데 대해서 잠깐 말씀드리겠습니다. 하나님이 주는 영광이라.

자, 아무리 바리새교인들이 예수를 귀신이 들렸다고, 그래 여러분들 이렇습니다. 우리는 하나님이 내게다 영광을 줘야지, 스스로 자기가 자기 영광 나타내려면 그건 가짜라 그말이오. 그래서 하나님이 주는 영광에 데 대해서 잠깐 말씀하겠습니다.

언제나 하나님께서는 당신의 택한 종을 사람에게는 수치를 당하게 만들어 놓고 멸시를 당하게 만들어 놓고 인정을 받지 못하게 만들어 놓으면서 하나님이 그 종을 통해 영광을 나타내는 것이라.

예수님도, 자, 나 이걸 볼 때에 하나도 우리 누가 알아 안 준다고 해서 불평 둘 게 없어요. 예? 아, 예수님도 본다면 귀신 들렸다고 그랬는데 뭐 아니, 이뢰자 산신령 들렸다면 무슨 관계 있어요? 그렇잖아요? 아주 제가 대마귀가 들렸답니다. 그 무슨 관계가 있어요? 무슨 소리해도 관계없지요. 여기 와 보니까 처음 온 양반들 보니까 톡 미친 사람들 같죠? 여기도. 예? 점잖지 못하고, 교인들이 막 일어서기도 하고 막, 응?

하여튼 여러분들은 하나님께서 여러분에게 영광을 줄 수 있는 사람이 되라 그 말이야요. 남이야 뭐라든지 말이요. 스스로 자기가, 자기가 옳다고, 자기가, 자기가 정통이라고, 자기가, 자기가 신령하다고 하는 건 말짱 다 가짜 종교인들이야. 그저 하여간 그저 자기가 옳다고, 자기가 정통이라고, 자기가 제일이라고 그러면 그저 가짠 줄만 아시오.

  얼마나 거짓부리 많이 하기에 자기가 자기만 내세우겠습니까? 그렇지요? 자기가 잘났다고 하는 사람은 얼마나 못났기에 잘났다고 그러겠소? 자기가 잘났다 안 그래도 잘난 사람은 잘나 뵈는 거지 뭐 자기가 잘났다고 그럴 건 뭐 있어? 아니 얼마나 모르기에 아는 체하겠소? 자기가 알면 아는 체 안 해도 남이 아는데 뭐.

  그저 아는 체, 정통인 체, 잘난 체, 그건 말짱 다 그건 아주 그건 정말 무가치한 인간들이야요. 내가 정통 정통 안 그래도 우리 하나님의 영광이 나타나면 정통인 줄 세상이 다 알죠? 뭐 있어요?

  이제 앞으로 봐요. 우리 계룡산 새일수도원을 꼭 귀신으로 봅니다. 그저 한국 교회에서, 우리 계룡산 수도원을 아주 아주 대마귀로 봅니다. 그러나 영광이 어디로 나타나는지 보라구요? 알아요?

  꼭 예수님 당시나 같지 않겠어요? 자, 죽지 않고 영원히 산다고 예수님이 말하니 귀신들렸답니다. 사람이 죽는 게 원칙인데, 죽지 않아? 지금 또 그래요. 계룡산 여기서 이 말씀 지키고 공산당과 싸우면 죽지 않고 새 시대 간다니까 귀신이라죠? 죽는 게 원칙이라죠? 그러면 말씀 지키고 죽지 않는 게 귀신이면 죽는 건 뭐냐? 말이 안 된단 말이야요. 아, 주님께서 내 말을 지키면 영원히 죽지않는다고 하니까 귀신이라는 거야. 그런 종교인 되지 말라구요.

  언제나 자기가 자기 영광 나타내려면 자기가 귀신 되고 말아요. 자기가 귀신이야요. 그러면 예수님이 귀신이요, 그들이 귀신이요? 제가 귀신이지. 자기가 귀신이지.

  그저 하여간 어데 가나 자꾸 자기가 자꾸 자기를 내세우려고 하는 사람은 그저 알았수다 하고 말라구요. 안 돼요. 아무리 목사님이라도 자꾸 자기가 정통이라고 하면서 남을 이단이라고 하는 사람들은요 그 악한, 나도 그런 소리 해 봤지만 남 이단 소리 잘하는, 남들 사단 소리 잘하는 사람은 자기가 사단인 줄 아시오. 툭하면 사단이, 사단이, 사탄이. 예? 그건 미친갱이요, 미친갱이 아니요? 예? 막 뜯는 거지. 술 취한 사람이야요. 툭하면 이단이라고, 툭하면 마귀라고, 그건 미친 사람이야요. 바리새교인과 꼭 같은 사람이야요.

우리가 함부로 남을 마귀라 할 수 있습니까? 여보, 십자가 믿는 사람을 마귀라 할 수 있습니까? 툭하면 사단이라고, 마귀라고, 툭하면 이단이라고, 그것이 정말 꼭 바리새교인과 같은 사람들이야요.

일단 우리는 이렇습니다. 자, 만일 우리 계룡산 수도원에 나타난 말씀을 이단이라고 그럴라면 이 책을 갖다가 말짱 검열해 보고, 성경 몇 절 몇 절이 잘못된 것 말짱 골라내야 됩니다. 그래야지요? 예?

조직신학을 갖다 골라내고 뭐 여기 강의 책 갖다가 골라내가지고 골라가지고서 아무 성경에 이것이 이단 소리다, 요건 맞지 않는다, 뽑아내 가지고서 그다음엔 뽑아내 가지고서도 대뜸 그러면 안 돼요. 사람을 또 보내야 됩니다. 나한테. 보내서, 무슨 목적으로 이렇게 해석을 했느냐? 그럼 내가 말해요. 말하면 그때에 아무 성경에 의해서 이건 잘못이 아니냐 할 때에 그 때는 신문에다 내야 됩니다. 이 사람은, 계룡산 새일수도원 원장 아무개는 아무 성경에 의해서 이 사람은 이단의 사람이니까 이 사람 따라가지 마라. 그랬다면 이게 참 종교인이야요.

순 거짓부리 마귀짓하는 그걸 들고서 대중 앞에 들고서 강단에서 읽습니다. 그런 더러운 사람의 그 소리를 갖다가 강단에서 읽는 그런 사단의 자식이 되고 있습니다. 예? 그래요, 안 그래요? 순 거짓부리 갖다가.

 이게 사단의 회가 아닙니까? 그런 망측한 일들이 어디 있습니까? 그렇잖아요? 예? 순 사단의 회가 아니야요? 그게. 사단의 회. 사단의 회야. 그럴 수 있습니까? 또 침례교에서 뭐 탁명환이 갖다 놓고 또 뭐 했다지요? 사단의 회야 다. 사단의 회들이야. 왜, 나 좀 데려다 놓고 좀 물어보지. 예? 그렇잖아요? 사단의 자식들이야. 침례교는 무슨 침례교야. 그렇소, 안 그렇소?

 사람이 그걸 보면, 들어 보면 거짓부리인지 이게 사단의 소린지 모르는 것들이 무슨 목사고 그것이 무슨 장로고 그게 무슨 전도사야? 눈깔이 새까만 것들이. 그래요, 안 그래요? 사람 보면 몰라? 성신의 역사인지 사단의 자식인지. 그렇소, 안 그렇소? 사단들이야. 모두 다. 내가 보면 사단들이야 모두. 여보시오! 벌써 그 말하는 거 보면 그게 성신의 말인지 사단의 말인지 알아야지, 그렇잖아요?

 여보, 내가 말씀 바로 증거하는 이상 내가 과거에 원, 실수가 있었다 하더라도 그걸 가지고 자꾸 방송하면서 그럴 필요가 있습니까? 더. 그게 예수 믿는 사람들이야요? 예? 그렇소, 안 그렇소? 내가 과거에 아무리 원 잘못된 지시를 받았다 하던 일이 있다 하더라도 내가 오늘에 와서 성경 바로 증거한다면 뭣이 그다지 문제가 되냐 말이야. 그 사람들 예수 믿는 사람들이요? 말이 안 되는 겁니다. 꼭 바리새교인들 같은 사람들이야요. 내가 볼 때는요. 행동이 돼먹지 않았어요.

 내가 말씀 증거하는 것이 문선명이처럼 예수가 만일 실패했다고 한다든지, 여호와의 증인처럼 삼위일체를 부인한다든지, 영혼구원을 부인한다든지 그런다면 그건 안 돼요.

 여보, 내가 이 책자 낸 게 하나 잘못이 있습디까? 그런데 왜 그렇게 날 갖다가 책잡으려고 그러냐 말야. 그렇지 않소? 그걸 따라가요? 자기가 잘못이라고, 이번에도 반성문 쓰라니까 싹싹 빌면서 제발 그러지 말라고. 자기가 자필로 사과문 내겠다고 그러면서 그런 사람인데 뭐. 와서 싹싹 비는 게 아니야요? 그러지 말라고. 자기가 성명문 낸다고. 자기 위신 좀 봐 달라고. 이게 기독교입니까? 하는 짓들이 말야. 예?

여보시오, 자기네가 자꾸 내려치니까 교회가 갈리는 거지, 내가 교회 자체를 가르는 거요? 예? 내가 언제 당신들 교회 세우라 그럽디까? 가서 봉사 잘하라고 그랬지요. 그랬소, 안 그랬소? 정말 내가 조금이라도 내 영광을 생각한다면요, 내가 사단입니다. 난 그게 아니야요.

오늘이라도 장로교나 감리교에서 반대를 안 한다면 나가서 교회 받들면서 같이 일하자 그거요. 자꾸 자기네가 내리치면서 사람 못살게 구니까 나가는 거지. 그렇잖아요? 내가 무슨 정말, 여보시오, 내가 교파를 세우겠다는 사람이요? 안 됩니다.

그래서 우리는 여러분이 하여간 자기 영광 나타낼라 그러지 말라고. 그러면 우리도 바리새교인 되고 마는 거에요. 자기 위신 세우려고 그러지 말라고. 난 이거야. 날 마귀라 하든지 산신령이라 하든지 난 그저 눈물겨운 심정으로 말씀만 전하고 말겠어요.

내게다 침을 뱉든지 똥칠을 갖다 해 주든지 그저 별소릴 하든지 난 그저 반박도 안 하겠어요. 왜? 내가 무슨, 자, 나부터 과거에 사단의 자식이 됐댔소? 안 됐댔소? 그러면 뭐 뭐 마귀 들렸대도 뭐 합당하지 뭐. 과거에 내가 마귀 들렸댔는데 뭐. 그 예수님 의로 살았지 뭐. 그렇잖아요?

누가 누명을 씌운다고 해서 그걸 자꾸 벗으라고 뭐 그럴 필요도 없고, 누가 좋게 해 준다고 좋아할 필요도 없고, 누가 누명을 씌우든지 날 받들든지 거기에 난 관계 없고 하나님이 날 들어쓰고 하나님이 날 인정하고 하나님이 날 영광 나타내면 그게 만족이야요.

누굴 들어 쓰는가 보라요. 예? 그게 문제가 아니겠습니까? 예? 여러분들 절대에 요거 하나 목적 두세요. 예수님이 그거 아닙니까? 내가 내게 영광을 돌리면 내 영광이 아무것도 아니어니와 내게 영광을 돌리시는 이는 내 아버지시라 그랬단 말이요.

난 지금 그거 하나, 난 그 우리 안사람에 대해서 그저 정말 맞지 않는 게 많지만 한 가지 정말 그거, 날보고 그래요. 목사님, 난 목사님을 하나님이 안 들어 쓴다면 나는 예수 안 믿겠습니다. 왜 그래? 내 수많은 종을 상대했지만 목사님같이 진짜배기는 처음 봤다는 거야. 그러니까 나는 누가 아무리 뭐라고 한대도 하나님이 목사님을 들어 쓸 것을 믿기 때문에 나는 담대히 나간다 그러는 거요. 목사님 들어 씁니다. 절대 목사님 낙심하지 마세요. 오히려 날 위로해요. 절대에 목사님 들어 쓰게 돼 있다는 거야. 그렇게 돼 있다는 거야. 수많은 목사님을 내가 상대해 봤지마는 그렇게 자기란 걸 나타내지 않고 그런 사람 첨 봤다는 거야.

난 정말 지금 그거요. 내게 대해서는 우리 안사람이 인정을 해요. 밤낮 보는데 모르겠습니까? 그렇잖아요? 어떻게 하나님을 경외하는 사람이 내가 내 영광을 나타낼 수 있겠습니까? 그렇잖아요? 예? 아, 하나님 영광 나타내야지, 내가 에헴 할 수 있습니까? 내가 목사인데~ 알아주지 않고? 에헴. 와~ 내가 교단장인데, 교단장 알아주지 않고? 내가 새일수도원 원장인데, 원장을 알아주지 않고? 에헴. 내가 아름다운 소식 사장인데, 에헴!

 그럼 나도 떨어지는 판이야. 자, 하나님의 아들도 세상에 와서 목수 일을 하고, 노방전도를 하고, 제자들 발을 씻어주면서, 문둥이를 주물러 주면서, 그런데 내가 뭣이 관대 에헴 하겠소? 예? 그렇지 않소? 뭐, 뭐, 뭘 났다고? 뭘 안다고? 그럴 게 뭐 있어? 하나님의 아들이 와서 한 걸 보란 말이요.

 난 그러게 뭐 내 맘 가운데 조금도 난 목사다 그런 거 없어요. 그러게 어떤 목사님들은 자꾸 나보고 그래요. 목사도 알아주지 않는다고. 여보, 그러지 맙시다. 목사를 알아주지 않는다고 그러지 말고 목사면 목사답게 일합시다 그려. 그렇잖아요?

 내가 전도산데, 에~, 에~, 전도사인데. 그러지 말고 전도사답게 하나님 들어 쓰면 될 거 아니냐 그거야요. 내가 장로인데 에헴, 장로를 알아 안 주고 에헴. 그러지 말라고. 하나님이 장로답게 들어 쓰면 될 거 아니냐 말야. 왜 자꾸 그러고 있어. 최장로도 장로인 체하고 꺼떡꺼떡하지 말라고. 무슨 장로야, 하나님이 들어 써야 장로지.

 난 그거야요. 오늘이라도 하나님께서 말씀 안 준다면, 하나님의 역사 안 온다면 원장 될 수 있습니까? 목사 될 수 있어요? 아름다운 소식 사장 할 수 있어요? 그러니 하나님이 들어 쓰니 그렇게 되는 거지 내가 뭐야? 난 그거야.

 자, 목사가 목사 알아 안 준다고 노발대발하면 하나님이 알아줘야지, 빵점 또 맞았지. 장로가 자기 장로 안 알아준다고 꺼뜰꺼뜰하고 다니까 자, 하나님이 알아줘야지. 그러니까 사람은 개똥같이 알아도 하나님이 날 알아주면 됩니다 하면 우리 아버지 좋아해요. 야! 너 이렇게 그래도 내가 너 알아줄 줄 믿느냐? 예. 세상이 날 다 뭐래도 아버지께서 옳다고 그러면 만족입니다. 오! 사랑하는 내 아들아, 내 딸아! 알아요? 남이야 무슨 마귀라 그러든지 대마귀라 그러든지 이단이라 하든지 하여튼 무슨 소리를 하든지 우리 하나님만 알아주면 만족입니다 하고 골방의 위치에서 가만히, 주여! 감사합니다! 그래 보시오. "내가 너를 아노라. 내가 영광을 네게다 주겠노라!" 좀, 고 재미 좀 붙여 보라구요. 여기다 맛들이면요, 세상 사람 아무래도 세파트 개소리 만큼도 안 들려, 괜히.

김익두 목사님이 병자 한참 일어날 때는 옆의 사람이 무슨 소릴 해도 병자 불쌍히 여기는 맘에 치우쳐 가지고 그게 안 들린다 그래요. 그러면 병자가 막 일어난다고 그래요. 난 지금 하나님이 나 알아주는 여기다 맘 쓰기 때문에 누가 뭐래도 그것이 들리지가 않아요. 웃고 말아요.

어떤 여자가 자기 본남편만 꼭 나를 사랑한다면 이웃집 김서방, 박서방, 최서방이 알아 안 주고 뭐 그런다고 노발대발할 거 뭐 있어? 김서방, 박서방이 뭐라든지 우리 본남편만 바로 알아주면 됐지 뭐. 나 그거야. 여러분 다 일어나서 날 반대해 보시오. 내가 탄할까요? 나 탄하지 않아요. 여러분이 다 나를 반대해도 우리 하나님이 날 옳다 그러면 그만이지 뭐. 뭐 당신들 때문에 왕권 받을 거요? 당신들 때문에 천당을 갈 거요? 당신들 때문에 새 시대 갈거요? 당신들 나 능력을 줄 거요? 지혜를 줄 거요? 권세를 줄 거요? 뭘 줄 거요? 나 원 도무지 원. 그렇소, 안 그렇소? 조금도 거기에 탄할 것이 없습니다.

그래서 예수님께서, 아니 우리 같으면 화딱지가 나겠지요? 내가 귀신이야? 아, 귀신들렸다고. 하하.

온유한 말씀으로, 내가 내게 영광을 돌리면 내 영광이 아무것도 아니어머니와 내게 영광을 돌리시는 이는 내 아버지시니 곧 너희가 너희 하나님이라 칭하는 그 분이다. 너희는 그를 알지도 못하구서 하나님이라고 그러지? 난 안다. 하하.

정말 이 사람들이 하나님 바로 알았소? 또 말하기를 너희는 그를 알지 못하되 나는 아노니 만일 내가 알지 못한다 하면 나도 너희같이 거짓말쟁이가 되겠구나. 나는 그를 알고 또 그의 말씀을 지키노라 그랬단 말야. 너희 조상 아브라함은 나의 때 볼 것을 즐거워하다가 보고 기뻐하였느니라. 유대인들이 가로되 네가 아직 50도 못돼 가지고 아브라함을 봤느냐? 예수께서 가라사대 진실로 진실로 너희에게 이르노니 아브라함이 나기 전에 내가 있었느니라.

원어고 개코딱지고 그럴 거 뭐 있어? 예? 원어에 뭐 여인이라고 그러는데 여기 뭐 아브라함이 있기 전부터 있었다고 그랬으니 신성이지 뭐 다른 거 뭐 있어? 그놈의 원어 때문에 사람 죽겠어. 예수가 직접 내가 아브라함이 있기 전에 있다고 그랬지요? 그런데 뭐 예수님이 처녀 몸에 났느니 안 났느니 부인이니 그따메 소리할 건 뭐 있어? 그렇소, 안 그렇소?

예수님 이거 보면 좀 겉늙었던 모양이야요. 아, 삼십이 난 예수님인데 오십도 못된 사람이? 그런다면 아마 예? 그렇죠? 하하.

여보, 삼십이 난 청년을 갖다가, 당신 오십도 못된 사람이? 그러면 이십년 차이야, 이십년 차이. 고생을 하도 했으니까 늙지 않았겠습니까? 많이 상했지요.

여러분들 우리 이런 말씀 볼 때에 우리 오늘부터 작정합시다. 내가 내게 영광을 돌리면 내 영광이 아무것도 아니어니와 아버지가 내게 영광을 주면 이것이 완전한 것이다. 자칭 전도사, 자칭 목사, 자칭 장로인 체하지 말고, 하나님이 장로님답게 들어 쓰면 되는 거야. 하나님이 목사답게 들어 쓰면 되는 거야, 괜히. 그 목사 간판이나 따고 그저 신학교 간판이나 딸라고 그러지 말라고. 필요 없는 거야요. 무슨 필요가 있어? 자기 위신 세울라고 그러지 말라고. 에이 이거 목사 위신 떨어져서 어떻게 회복 하노? 하나님이 들어 쓰니 회복하지. 그렇잖아요?

자, 한국 교회가 다 날 갖다가 이단이라고 정죄했다고 해도 하나님이 날 들어 쓰면 이단이 됩니까, 안 됩니까? 그러게 내가 요즘 기도해 봐요. 하나님 이거 내가 좀 이거 뭐 해 볼까요? 야! 가만히 있거라. 네가 해 볼라고 그러면 돼? 안 돼. 내가 해 봐야 돼. 가만히 있어. 어떻게 본다면 좀 나서서 해 보고 싶은 마음도 있거든요. 가만있으라는 거야. 내가 해야지, 네가 하면 안 된다는 거야. 그렇소, 안 그렇소?

날 지금 갖다가 노회 총회에서 이단이라고 판정했다가 자, 이거 북진하고 막 역사가 일어나게 되면 그때는 어떡하지? 큰일 났단 말야. 예?

바리새교인들이 예수를 귀신들렸다고 그러다가 예수가 부활해 놓으니 큰일 났거든. 그러니까 돈을 갖다 주면서 제발 그러지 말라고 돈 써 가면서 그런 적도 있었습니다.

여러분들 절대 누가 뭐란다고 거기 탄하지 마세요. 언제나 하나님이 당신의 종을 들어 쓸 때는….

양 된 생활
- 요10:22~39 -

여기 26절에 "너희는 내 양이 아니므로 믿지 아니하는 도다. 내 양은 내 음성을 들으며 나는 저희를 알며 저희는 나를 따르느니라." 내 양은 내 음성을 듣고 또 나를 따르고, "내가 저희에게 영생을 주노니 영원히 멸망치 아니할 터이요, 또 저희를 내 손에서 빼앗을 자가 없느니라."

너희들이 날 믿지 않는 것은 내 양이 아니기 때문에 안 믿는다. 하나님을 공경하고 날마다 제사하고 예배하고 그런 사람들보고 하는 말이 너희들은 내 양이 아니기 때문에 믿질 않는다 그랬습니다. 아무리 제사를 하고 아무리 예배를 드려도 내 양이 아니다 이렇게 말했습니다. 내 양은 내 음성을 들으며 나는 저희를 알며 저희는 나를 따르느니라 그랬습니다.

오늘 아침에는 우리 '양 된 생활'에 대해서 잠깐 말씀하겠습니다. 우리가 참으로 주님의 양이 됐느냐 못 됐느냐 하는 그것이 큰 문젭니다. 오늘의 교인들이 많이 있지만 참으로 그 사람이 주님의 양이 됐느냐? 염소가 됐느냐 양이 됐느냐 이게 문제인데 오늘이라도 우리는 주님의 양이 됐다면 그야말로 만족한 생활입니다. 난 그저 항상 그게 만족입니다. 분명히 주님이 날 택했다. 난 주님의 양이다.

 자, 우리, 환난이 암만 있대도 우리 주님의 양만 됐다면 환난이 문제가 있습니까? 뭣이 걱정입니까? 예? 자, 보세요. 내가 만왕의 왕의 양이 됐다면요, 이런 만족이 어디 있냐 말이지요. 염려할 것은 뭐 있으며 두려울 것이 뭐 있으며 서로 다툴 것은 뭐 있냐 말이죠?

 여러분들도 다 '나는 주님의 양 된 것이 만족이다.' 하십니까? 그저 그거 하나면 다 해결입니다. 만족이에요. 뭣이 먹을 것이 염려입니까? 예? 양이 먹을 것을 더 염려합니까, 목자가 더 염려합니까? 예? 뭣이 염려요?

 그래서 여기 말하기를 내 양은 내 음성을 들으며 나는 저희를 알며 저희는 나를 따른다 그랬단 말이야.

 정말 양된 사람은 참 귀가 복됩니다. 귀가 복돼요. 그렇게 말씀이 재미있게 들립니다. 내가 그전에 갓 예수 믿을 적에요, 어찌~ 말씀이 그렇게 단지 말이요. 정말로 달아요. 아~ 소경이 와서 설교를 하는데요, 눈을 감고 거물거물하면서 아, 성경을 외면서 아, 그 뭐 정말 반했댔습니다. 제가. 어찌 그렇게. 정말 예배당에 가 앉으면 정말 그 말씀 듣는 재미 말이요. 그거 참 좋아요.

 그런데 그렇게 은혜를 받았댔는데 아 이 일본 신사 참배가 나와 가지고서 노회 총회가 신사 참배에 동참하고 나니깐요 아, 그거 뭐 말씀이 들어옵니까? 예? 그 이상합니다. 노회 총회가 그때 신사 참배를 하고 나니깐요, 당최 목사들이 강단에서 말씀 전해도요, 하나 내게 은혜가 안 돼요. 안 되는 겁니다. 이상해요. 그걸 보니깐요, 야 이거 참 이상하다. 암만 예배 봐도요, 캄캄한 것 같고, 그저 목사들이 강단에서 설교해도요. '저거 왜 저러노?' 그러구 있어요. 난 그래서 야 이거 정말, 깨달았습니다.

우리가 정말 나부터도 그겁니다. 여러분들이 참으로 주님의 양이 되셨다면 나는 이 강단에 서기는 떨립니다. 떨려요. 그래 저는 그저 월간지 쓸 때도 그저 그거밖에 없어요. '주여, 나는 믿음도 없고 사랑도 없고 아무것도 없지만 당신의 양을 봐서 이 월간지를 좀 바로 보내 주십시오.' 자, 내가 월간지 그저 가만히 앉아서 그거 쓰는 게 큰 일이요, 작은 일이요? 그저 그렇게 할 때에 그저 이 오금이 차분하게 땅으로 들어가는 것 같은 그런 감이 있어요.

만일 이것이 내가 여기 섞여 논다면 이거 이거 이런 큰 일이 어딨냐 말야. 나라는 게 섞여 논다면. 그런 죄가 어딨습니까? 세상에.

나는 그렇기 때문에 정말 과거에 말이요, 양된 생활에서 그렇게 강단에서, 갈망하고 갈망해서 목사님이나 전도사님이 오면 정말 얻어 먹어 보겠다고 기다리다보면 뭐 있어야지. 참~ 내가 그 설움을, 그 안타까움을 지내봤기 때문에요, 정말 우리들이 강단에 서려면요, 정~말 안타까운 맘으로 서야 됩니다. 예? 알겠어요?

그래서, 일러 봐요. 참된 양은 주의 음성만 듣기 좋아하는데 강단에 서서 사람의 소리 하고 지저분한 소리 하면 그건 삯군이요, 삯군 아니요? 예? 삯군이죠. 도둑놈이야요, 죽일 놈이라요. 참된 양은 주의 음성만 듣기가 소원인데 강단에 서면 우리가 서기는 섰지만 말씀은 주께로부터 와야죠? 예? 스스로 말하면 됩니까? 예?

그게 교회가 아니겠습니까? 자, 일러 봐요. 예배 시간마다 강단에는 하늘로부터 말씀이 내리고 양 떼들은 답작답작 그걸 먹고 좋아서 날 뛰는 그게 교회지요. 그렇잖아요?

어디 지난밤에도 침석에서도 정말 우리 목자 예수로부터 오는 것 받아들 잡수었소? 예? 잡쉈소, 그냥 잤소? 예? 왜 대답을 안 해요? 예? 이 양반들. 아 지난밤에 얼마나 양식이 내려왔는데 그걸 안 먹고서 잠만 잤어요? 참. 아 나는 지난밤에 고만 그저 한 시부터 앉아가지고 그저 정말 네 시까지 받아먹고 앉아 봤소, 참~ 나.

그러면 우리 목자 예수님이 서운하겠네요. 아니 그거 이뢰자만 먹고 있으라는 별미요? 그렇지 않소? 예? 난 그래서 그저 그거야요. 내게로 자꾸 우리 목자 우리 주님께로부터 뭣이 내려올 때 이거 정말 나 혼자 받아서 이거 뭐 무슨, 정말 혼자 받는 게 너무 아깝거든요. 아 까워요. 아, 부부지간에서도 떡 한자리에 있어도 난 앉아서 이럭하고 우리 안사람은 쿨~ 드르릉 드르릉. 자, 이거 원 정말 이거, 나도 양이고 우리 집사람도 양인데 참 안타까워요.

난 서울에 와서 그러게 그 제단에 나가서 좀 철야할래도 한 번 나갔다가 코고는 소리에 그만 쫓겨 들어오고 말았어. 아, 이거 코고는 소리가 그저 드릉 드릉 드릉.

항상 양된 생활은 일구월심에 주의 음성이 그립습니다. 일러 봐요. 나는 양이요 주님은 목자니 일구월심에 그 목자로부터 오는 것만이 갈망이 되고, 갈망이 돼요. 그러니까 우리는 강단에 서되 그 '내 양' 소리는 하지 말라구요. 요즘 목사들 '내 양'. 네 양이야? 이 도둑놈아. 네가 뭐이기에 네가, 양을. 네가 무슨 예수가? 양은 다 예수 양인데. 다 주님의 양이죠? 주님의 양인데 그저 강단에 서면 그저 난, 심부름꾼, 심부름꾼 압니까? 심부름꾼. 예? 강단에 주님이 내려보내는 거지, 네가 뭐이기에, 네가 뭘 주길래 네 양이야? 과학적 철학적 줬다고 네 양이가? 개수작 하고 있다. 새끼들. 제기.

그렇잖아요? 우리는, 주님의 양은 주님의 음성을 듣고파 하니 강단에 서면 그저 주님이 내 입을 쓰는 것 뿐이야요. 알아요? 그거지. 네가 뭐기에, 네 양, 내 양? 나쁜 놈들이야요. 강도 놈들이야. 강도 놈들.

난 그거야요. 그저 아침에도 여기 나와서 난 그러게 아무 준비도 없습니다. '오늘 아침은 주님께서 무슨 말씀을 내릴라노? 이사야서를 좀 봤으면 좋겠다.' 그랬더니 "요한복음 10장 봐라!" 자, 그러니 이거 또 봐야지 어떡하노. 예? 난 그거야요.

그래서 여러분들 이렇게 맘 잡수세요. 집에 돌아가서도 꼭 우리는 양 된 그 마음을 가져야 됩니다. 나는 저, 에헴 나는 목사다 그런 맘을 가지고서 주님을 대하면 안 됩니다. 안 돼요. 나는 장로다 에헴. 나는 그래도 장로인데 에헴, 이러하면 안 됩니다. 언제나 우리는 일구월심에 난 양이다 하는 여기에서, 그렇지요? 목사도 양이요, 나도 양이요, 다 양이다. 거기서 일편단심 주의 음성이 그리워서, 주께로 오는 것만이 그리워서 묵상할 때 정말 비둥비둥 살이 찝니다.

자, 나는 지난밤에 밤새껏 받아먹었다면, 당신네 못 먹었으면 내가 살이 더 찔 것 아니오? 또 바라보고, 이 목사 뭐 살찐 것 없구만. 아, 육신의 살이 아니요, 영혼의 살입니다. 그렇지 않겠어요?

항상 그게 있어야 돼요. 예배당에 나와 졸기나 하는 사람은 그거 주의 음성 듣기를 좋아하는 사람이요? 또 들어야 그 소리지 아이고 쯧. 이목사 요한복음 10장 또 보누만, 저번에도 보더니 또 보네. 아이구. 원, 백번 천번 만번 봐도 난 좋구만. 그건 말이 안 되는 거요. 그렇지 않소?

자, 하도 좋은 목자니 백번 천번 만번 들어도 들도록새 좋습니다. 웬

양 된 생활 161

만한 소리 같으면 듣기도 싫은데. 그것이 우리 양 된 생활이야요. 주의 음성은 듣도록새 소성하고, 듣도록새 기쁘고, 듣도록새 내 인격이 올라갑니다. 이상해요. 듣도록새 올라갑니다. 나도요, 지금 은혜 받고 있는 거에요. 지금 내가 설교하는 거 난 생각 없이 그저 입만 놀리는 거에요. 지금 나도 받고 있습니다.

지금 여러분들 그 월간지 볼 적에 그저 내가 연구해 썼다고 믿습니까, 주님께로부터 온 말씀으로 믿습니까? 틀림없이 주의 성령을 통하여 온 말씀입니다.

나는요, 어린이들 계시록 공과를 써보니까 틀림없어요. 자, 계시록 공과를 갖다가 아니, 하라고 그래서 겁이 벌컥 난단 말야요. 이거 원 계시록을 백마 홍마 흑마 뭐, 나팔, 이걸 아이들이 어떻게 알꼬? 그런데 뭐 계시록 가지고 연구한 것같이 재미있게 나와요. 아주.

여러분들 참으로 주님의 양이라면 우리 아름다운 소식 월간지 답작답작 먹읍시다. 나는 그저 짬짬이 그것만 봅니다. 찻간에 가다가도 그저 그거 한 대목 보고나면 아이구 아멘 주여! 좋습니다. 난 그렇게 알아요. 어느 교파에 있든지 참으로 주님의 양 된 인격이라면 지금 월간지 보도록새 소성할 겁니다. 난 그렇게 알아요. 그 이상 더 세밀한 설교가 없어요. 보면요, 늘 듣던 말 같은 데도 그저 '아멘 그렇지. 아멘.'

여러분들 지금 이 시대에 우리 월간지요, 그거 없으면 안 됩니다. 난 그래요. 자, 월간지 그만둬도 되겠어요? 예? '월간지 또 보냈구만. 또 왔지? 아이구 교회 경비도 부족한데 나 그거 야단났어. 안 보지도 못하고, 저거' 그런 교회라면, 그런 교회가 없겠지만 그런 교회라면 그 교회는 예수 떠난 교회야요. 예? 그렇소, 안 그렇소? 예? 예? 차라리 쌀밥 먹던 거 보리밥 먹고라도 월간지는 봐야지. 그렇지요? 예? 그

경비가 부족해서 월간지 못 본다는 건 말이 안 되는 거야. 그건 수작이 안 된 놈의 수작이야요 그건. 그렇소, 안 그렇소? 돈이 없어 못 본다는 건, 그건 개수작입니다. 말이 안 됩니다. 아니 한 달에 40원이 없어 못 봐? 그런데 밥은 몇 그릇 먹니? 예? 말이 안 되는 거야. 그건. 말이 안 되는 거야.

 나는 지금 그러게 꼭 월간지가 내 양식입니다. 월간지, 월간지. 그저 그 꼭 그저 한 번 보면요, 맘이 그저, 자꾸 그저 한 대목 은혜스럽게, 볼 새가 없어 못 봐요. 정말 볼 새가 없어 못 봅니다. 난 그걸 아주 내 양식으로 알잖아요. 월간지가요. 아주 양식, 이 시대 양식이라 이렇게 봐요. 양식이라. 그거 직접 주님께로 온 겁니다. 괜히 그거 내가 연구했다고 생각하다간 당신들 정말 큰일 납니다.

 이 양반들 월간지 자세히도 보지도 않고는 잘못됐다고. 잘못됐다고. 뭣이 잘못됐노? 자세히 봐라, 이게 잘못됐나. 그런 사람들이 있거든요. 말이 안 되는 거요. 월간지가 잘못돼요? 원. 그게요, 인간 지금 뭐, 학적으로 볼 때는 좀 문구가 안 된 것 같은 것이 있어도요 그게 문구가 잘된 거야요. 난 그렇게 봐요. 학적 문구가 오히려 겉은 번드르르해도 속은 아무것도 없는 거라요, 그게. 사실은요. 그 문구가 참 잘됐다고 봅니다. 아주 그거 간단한 말이라도요 거기 먹을 게 많아요, 적어요? 예? 간단한 말이라도 그 속에 먹을 게 많습니다.

 세상 문학적인 말이라는 건요, 말은 번드르르해도 그 속에 잡아 집어넣을 게 없어요. 이건 간단한 말 같아도 그 말 보면 웅변도 아니고 그래도요, 마디마디가 거기 이렇게 생명이 박혀 있습니다. 난 그렇게 알아요.

 그래서 난 주님의 양 된 심정을 가지고 그걸 보면 그렇게 은혜가 돼요. 양 된 심정이요. 양 된 심정이요. 나는 뭐 목사니까 뭐 월간지 아 니라도 뭐 그까짓 거 뭐. 어드런 교역자들은 아마 그런 사람도 있을는 지 모를 거야. 월간지 가지고 떡~ 갖다 박아두고 잘 보지도 않아요. 난 나대로 뭐 그거 뭐. 그런 사람 이제 두고 보세요. 무장이 되나요, 안 되나요. 절대로 두고 보세요, 안 됩니다.

 이건 분명히 말세에 교파를 초월해서 양 된 심정 가진 사람을 나는 진리로 하나 되게 만들기 위해서 나는 나 같은 사람 입술이라도 쓴다 고 봐요. 난 그렇게 봅니다. 열 번 스무 번 죽었다 깨도 그렇게 사람 이 그렇게 조직을 못 만들게 돼 있는 거야요. 그렇소, 안 그렇소? 예?
 그래서 전 이렇게 봅니다. 어느 교파에 있든지 양 된 심정 가진 사람 은 다 새일수도원에서 나타나는….

 또 어드런 목사들은 와서는 "목사님 나 꼭 믿어주십시오, 저는 충성 을 다하겠습니다."
 나는 주님의 양이라는 심정이 있어야 됩니다. 목사다 하는 심정 가 지지 말라구요. 나는 부흥사다, 나는 목사다, 그런 교만한 마음 가지 지 말라고요. 무슨 목사야? 무슨 부흥사야?
 이 시간이라도 주께로 오는 것 없으면 나무 '목(木)'자, 죽을 '사(死)' 잔데. 그렇지요? 그렇소, 안 그렇소? 뭐? 말이 돼요? 나도 이 시간 지난밤도 은혜 안 내려 왔다면 나무 목자, 죽을 사자 이 목사입니다. 뭐 있어야 먹이지? 뭘로 먹여? 저도 못 먹은 자식이 남을 먹여? 말이 돼요? 뭐 어디 어디 뭐 있어요?
 그저 두고 보시오. 난 그저 그래요. 그래서 지금 꼭 하나님께서 이 너무 영계가 혼란하고 교계가 혼란하기 때문에 주님께서 그 월간지 꼭 하신다고 봅니다. 그 틀림없어요. 그거 아니면 안 돼요. 안 됩니다. 안 됩니다.

항상 밤에 자면서도 난 주님의 양 된 심정을 꼭 가지고서 묵상해야 됩니다. 이 시간도 주께로부터 오는 것 없으면 난 살수 없다 하는 것입니다. 알아요? 다 그렇지요?

나는 성경 많이 봤는데 뭐. 난 뭐 은혜 많이 받았는데 뭐. 그건 벌써 양 된 심정이 아니야. 암만 과거에 많이 받았고 성경 많이 봤대도 이 시간 새로운 것 오지 않는다면 난 죽는 거야. 소용없단 말이야. 그렇잖아요? 과거에 받았다는 것으로 목사 일 보겠습니까? 예? 과거에 받았다는 것으로 여러분 전도사가 돼요? 이 시간 와야지. 이 시간 오지 않으면 소용 있습니까? 과거에 아니 원 아무리 대부흥사로 아무리 원 정말 뭐 앉은뱅이 일으켰다 하더래도 지금 주께로 오는 것 없다면 소용없단 말이야.

그래서 목사가 되도록새 점점 더 양 된 심정 가져야 됩니다. 여보, 강단에서도 주께로부터 오는 것 없다면 가짜 목사요, 진짜 목사요? 순 삯군인데, 말이 안 되는 거요. 말이 안 돼요.

내가 주님의 양으로서 주께로 오는 걸 받아가지고서 남에게 나눠준다는 그건 옳습니다. 양이란 놈이 목자가 뭘 주면 옆에 양과 같이 나눠 먹어야 그게 좋은 양이요, 발길로 차야 좋은 양이요? 예? 양이란 놈이 먹을 것 놓고 쌈 합니까, 쌈 안 합니까? 예? 쌈해요? 예? 먹을 것 놓고 저 혼자 먹겠다고 싸웁니까? 양이?

(청중가운데서: "먹을 것 적으면 싸우지요")

먹을 것 적게 주다면 그 가짜 목자지. 우리 목자가 적게 줘? 먹고도 남게 주는데 뭐. 재미있어요. 그저 항상 '양이다'하고 살면 그렇게 좋아요. 목사다 하면 안 돼. '내가 새일수도원 원장인데!' 하하. 원장은 무슨 원장이야 네까짓 게! 아이고. 난 정말요, 나는 교단장이다 하는 거 하나 없습니다. 난 양이다 하는 맘이지,

'에헴 내가 교단장이다 이놈들아!' 하하. 교단장이 뭐야, 교단장이~. 우리 주님께서 입술을 좀 쓰니까 소위 교단장이라 하니 그저 가만히 있지, 내가 교단장 노릇 하오, 우리 주님이 하는 거요? 예? 주님이 교단장이지 내가 교단장이야? 오늘이라도 말씀 안 줘 보시오, 뭐. 개똥도 아니지 뭐.

(청중가운데서: "목사님을 교주라고 책에 냈어요.")

교주? 빌어먹을 놈의 자식. 하하. 날 교주라고 그러는 녀석은 벼락맞아 죽을 녀석이라요. 교주가 뭐야? 양인데. 양 중에서도 제일 변변찮은 양인데 내가요. 여러분들은 건강하니까 지난밤 밤새도록 안 먹고도 끄떡없어도, 하하하, 나는 조금도 안 먹으면 쓰러지는 양이에요. 쓰지 못할 양 아니요?

여러분은 드문드문 먹어도 괜찮아도요, 하하하, 나는 그저 뭐 무슨 놈의 양이 그저 만날 먹어야 됩니다. 그래야 견뎌요. 그러니 그거 아주 못 쓸 놈의 양 아니요? 정말 지렁이 같은 양이요. 정말이요! 어드런 사람은 뭐 드문드문 받아도 까딱없거든. 그런데 난 무슨 양인지 그저 만날 그저 뭐 계속 먹어야 되는 거야. 나 이거 참. 참 나.

그래도 우리 주님 '에잇 그녀석 무던히 받을라고 한다' 그러지 않아요. 좋아해요, 좋아합니다. 어머니 같다면 '이놈의 새끼 그저 만날 젖만 먹을라고 요 놈의 새끼', 암만 정말 귀동 아들이라도 밤에 자꾸 젖만 파먹을라고 그러면 싫다고 그래요, 싫다 안 그래요? 예?

'에이 그놈의 새끼 참.' 그런데 우리 주님은 암만 파도 점점 더 좋답

니다. 참 정말 고마운 목자입니다. 원 그런 목자가 어딨습니까? 무한정이요. 무한정!

자, 양 중에 제일 미약한 양은 이뢰자가 되기 때문에 만날 받아먹어야 돼요. 정말이요. 나는 이 몸도 지금 위에서부터 하늘 영양 안 오면 팍 쓰러지고 말아요. 정말입니다. 어느 때는 가다가 어찔~ 하게 되면 픽픽픽픽 할라 그래요. 어이쿠 야단났구나, 주여, 믿습니다! 싹~ 오면 괜찮아요. 그렇게 맹글어 놨다니까. 자, 이거 밥을 암만 먹을래야 한 숟갈 이상 더 안 들어간단 말이에요. 어떡합니까? 아무리 해도 이 손이 안 올라가는데. '오늘은 밥을 좀 많이 먹겠다.' 그렇게 맘 먹으면 이거 좀 먹을라면 암만 먹을래야 손이 안 들어가요. 못 먹어요. 한 숟갈 먹으면.

자, 그렇게 해 놓고는 자꾸 위에서부터 오는 것 받아야만 나가서 댕기게 하지, 못 받으면 팍 쓰러지게 만들어 놔요. 안 됩니다. 찻간에 가다가도 이게 오는 게 적으면 휘뜩휘뜩해질라고 하는 것 같아요. "아이구 주여, 믿습니다!" 싹~ 오면 튼튼해요.

그러니까 제깐 놈이 만날 주여 주여 소리 안 할 수가 없는 거라요. 하하. 꼼짝 못하는 거요. 여러분들은 밥을 잔뜩 먹고 배가 부르면 그 기운이, 난 그게 없거든. 안 오면 지금 쓰러지는 거야. 그러니까 이놈이 그저 만날 주여 주여 해야지 별 수가 없어요. 정말이요.

그래서 제일 미약한 양이 납니다. 오늘이라도 이 강단에 위에서 내려오는 것 없으면 난 팍 쓰러지고 말 사람입니다. 그러면 제일 미약한 이 사람을 이렇게 주는 것은 여러분도 다 줄 증거겠지요? 틀림없어요. 틀림없죠.

제일 많이 짓밟혔고, 제일 많이 누명을 뒤집어썼고, 제일 상처를 많이 받았고, 제일 고생 많이 했고, 멸시 제일 많이 받았고, 아마 세계적으로 멸시 제일 많이 받았다면 내가 1호로 가면 가지, 2호는 안 갈 겁니다.

저는 날 때부터 그렇게 멸시 받은 거라요. 우리 어머니가 죽지 않은 걸 원수로 알고 이놈의 새끼 죽어라 하고 냉방에 둬 두고서 종일 나가 댕기구. 냉방에 저 혼자 울다 빳빳 죽었더래요. 그래 또 안고 울면 또 픽픽픽픽 살더래요. 왜? 말세복음 전할라고 살았지요. 하하.

그러니까 여러분들은 나는 목사다 하는 맘 가지지 마세요. 나는 장로다, 나는 원로 장로다, 나는 공로 장로다, 나는 원로 목사다 에헴~. 그러지 마시오. 안 되는 거요. 나는 제일 미약한 양이다 하는 맘 가져야 됩니다. 그렇게 가져야 됩니다.

양은 내 음성을 들으며 나는 저를 안다. 여러분들, 내가 주님을 더 잘 알아요, 주님이 나를 더 잘 알아요? 오늘 무슨 일이 생길는지 알겠소? 예? 그것도 몰라? 아이고. 그것도 모르면서 뭐 우쭐우쭐하는 거야? 오늘 낮에 무슨 일이 올 줄 알겠어요? 그것도 모르면서 뭘 잘났다고 그래? 못난이 중에 못난인데.

날 아는 이는 예수님밖에 없으니 예수님만 따라가야지. ○○○집사 오늘 무슨 일 날지 압니까? 예? 모르지요? 그럼 예수님만 따라가야지, 별수 있어요?

날 아는 이는 예수밖에 없어요. 나도 나를 몰라. 내가 잘못이 있다는 것도 주님이 먼저 아시고 바로 됐다는 것도 주님이 먼저 아시고 어떠한 사람이 된다는 것도 주님이 먼저 아시고 오늘 무슨 일이 올지도 주님이 먼저 아시지, 내가 아는 게 아닙니다. 자, 나를 분명히 아는 이가 예수님인데 뭘 잘났다고 제멋대로 꺼뜰꺼뜰하는 거야? 대관절. 그렇소, 안 그렇소? 예? 뭣이 옳다고. 말이 안 되는 거야.

그래서 말하기를, 나는 저희를 알고 저희는 나를 따른다 그랬습니다. 오늘 어떻게 살겠소? 누구만 따라가겠소? (예수님만) 따라갑시다. 나를 아는 이가 나를 인도하니 자욱자욱 따라갈 것뿐이야. 따라만 가면 문제는 해결이야요. 해결이란 말이요. 그렇잖아요? 해결 아닙니까? 뭐.

자, 세상에 예수님같이 아는 이가 세상에 있소? 미국 대통령이 뭘 아는 사람이오? 코나 컸지. 뭘 알아? 진짜 우리를 아는 이는 예수밖에 없어. 그러니까 우리는 매일매일 그저 따라가면 됩니다. 어떻게 먹을 것도 예수님이 먼저 다 알고, 어떻게 써야 할 것을 다 알고, 이뢰자 이 사람 어떻게 쓰겠다는 것도 다 예정했습니다. 압니다.

여러분들 나 어떻게 쓸지 당신들 나 알겠소? 몰라요, 몰라요. 정말 당신들 나 모릅니다. 괜히 나 멸시하지 마시오. 나 멸시하단 혼납니다. 예? 우리 주님 날 어떻게 쓸라는지 당신들 알우?

그래서 그말이야요. 여기, "내 양은 내 음성을 들으며 나는 저희를 알며 저희는 나를 따르느니라 내가 저희에게 영생을 주노니 영원히 멸망치 아니할 터이요 또 저희를 내 손에서 빼앗을 자가 없느니라"

이만했으면 됐지 뭐. 예? 넉넉히 이겨요, 겨우 이겨요? 넉넉히 이기는 거지 뭐. 빼앗을 자가 없는데. 누가 빼앗아? 공산당이? 오너라, 해보자. 백전백승이야요. 누가 빼앗아요? 누가 빼앗아? 만일 누가 빼앗으면 그 양반이 예수보다 낫지요? 예? 그러면 그 양반 따라가고 말아야지. 못 빼앗는 거요.

저희를 주신 내 아버지는 만유보다 크시매 아무도 아버지 손에서도 못 빼앗는다. 이 양반! 아~ 니 하나님하고 예수님하고 두 양반이 그저 우리 똥 같은 이 더러운 것 붙들고서 안 놔주겠답니다 이거. 하하. 자, 천지를 창조하신 하나님이 못 놔주겠답니다. 사자가 고깃덩이를 움키고 싸우듯이 으르렁으르렁 싸워주겠답니다. 하나 얻었다고.

아모스 3장에 뭐라고 그랬습니까? 나는 목자가 양을 찾다가 양의 귓조각, 다리조각이 있어도 가지고 오는 목자다 그랬단 말이요. 그런 심정이 우리 하나님 마음입니다.

못 빼앗아요! 이뢰자 누가 못 빼앗아! 우리 아버지도 뺏기지 않겠다는 거요. 예수님도 뺏기지 않겠다는 거요. 누가 빼앗아요? 담대하시오!

그러게 바보 같은 이 미친개들 보시오. 자, 31절에 유대인들이 다시 돌을 들어 치려해? 이 개새끼들. 원, 이런 것들! 이게 이게. 아니, 요즘 우리 새일교단에 어떤 사람이 아니 그렇게 얘길 했어요. 새일수도원에서 내가 가르치는 것이 잘못됐다는 거야. 그, 어느 사람이라고 안 그럽니다. 만나면 좀 닦아 부숴야겠어. 귀뺨을 한 대 때리든지. 예? 14만4천 명은 유대족인데 이 목사가 변화성도라는 건 큰 잘못이라는 거라. 그런 사람이 우리 교단에서 하나 나왔습니다 지금. 이 개새끼, 만나자.

거기에 하나님의 종들이라고 그랬죠? 예? 그러면 그, 아니 십자가 반대하는 유대인들이 그 개새끼들이 하나님의 종이요? 마귀새끼들인데. 이게 하나님의 종이요? 이거. 만나만 봐라. 한 대 닦아 붙이지.

여보시오. 이게 주님의 양입니까? 아니 이 말 하는데 돌로 때릴라고 그래?

여보 주님의 양은, 그렇지 않습니까? 여보시오, 오늘도 유대인들은 가루로 예수 만들어 놓고 칼로 찌른답니다. 예수 죽인다고. 그놈들이

14만 4천이고 우린 그럼 이방사람이요? 예? 말이 안 됩니다.

　여러분들 그저 우린 주님의 양 된 거 만족이죠? 절대로 우리가 아무리 훌륭한 목사가 돼도 나는 목사다 하는 심정을 가지질 마세요. 목사로 쓰는 것은 예수님이 쓰면 쓰여지는 거고, 내가 무슨 목사 될 자격이 있나? 오늘이라도 주님이 안 들어 쓰면 내가 목사요, 망나니요? 예? 망나니지. 뭣이 목사야? 무슨 교단장이야? 오늘 은혜 안 내리면 이게 목삽니까? 양 떼 죽이는 삯군이지, 별수 있어요?

　절대로 항상 우리는 양 된 심정을 가져야 돼요. 나는 주님의 양이다 하는 그런 심정을 가지고서 나가면 됩니다. 주님의 음성만 그리워 부르는 목사가 되고, 장로가 되고 그러면 자연적 그 사람이 강단에 서면 또 그 아래서도 주의 음성을 다 듣게 돼요, 안 듣게 돼요? 듣게 될게 아녜요?

　이건 뭘, 전도사가 좀 되면, 내가 전도사인데 그러면서, 그거 말이 안 되는 거요. 제가 전도사나? 주님이 전도하게 역사하니까 그게 전도가 되는 거지 뭐. 그렇잖아요?

　'나 전도산데, 여보, 나 전도산데 알아 안 주고? 그거 좀 가져와, 가져와. 가져와, 내가 전도사야, 나 좀 줘, 줘.' 건방지게 말이야. 빨래, 쓱 보내서 '이거 빨래야, 가 빨아 와. 빨아 와. 전도사는 위신상 이런 거 못 빠는 거야. 가 빨아 와.' 그 귓방망이 한 대 때리고 빨아.

　그거는 우리가 그럴 게 아니고 난 말씀 증거하느라고 해서 바빠서 못 빨면, 그저 꼭 여편네도 그런 여편네 전도사들이 있단 말이요. '전도사야, 이거 빨아 와, 빨아 와. 가져 가. 야, 야, 야' 이러지 말라구요. 그거는 은혜 받은 사람이 내가 하겠다 그래도, '아이고 그저 몰래 가져가세요.' 이래야지. '빨아 와, 난 전도사니까 그런 거 안 해. 빨아

와.' 이러면 벌써 그건 전도사가 아니야요. 그렇소, 안 그렇소? 예? 그게 무슨 전도삽니까?

뭐랬어요? 오락을 좋아하고, 남 시키기를 좋아하고, 다투기를 좋아하는데 응답이 온다고요? 나 오늘이라도 월간지 안 쓰면 정말 짬만 있다면 나가 노동할 거요. 이거 월간지 쓰는 것 때문에 제가 나가서 일할 새가 없어요. 그저 가서 잠깐 보고 오는 겁니다. 무슨 목사라고 해서 위신상 일 못할 건 뭐 있어요? 목사라고 해서 노동 못할 건 뭐 있어요? 예수님도 노동을 했는데. 이건 하나님 말씀, 예수님이 노동할 새가 없이 날 들어 쓰니 노동 못하는 거지요. 그렇소, 안 그렇소?

일도 안 하고 뻔들뻔들하면서, 뭐 '나는 사명자라고, 사명이 크다고.' 그러면서 '조금만 일하면 은혜가 떨어진다고.' 그건 진짜 떨어지겠다.

아, 일 좀 했다고 은혜 떨어지는 개자식이 제까짓 게. 개자식 아니요? 개자식, 그렇죠? 아, 일 좀 한다고 은혜 떨어지는 놈의 자식이 환난 날에 싸워? 다 떨어지고 말지. 말이 안 돼요.

무슨 예수가 아니 일 좀 했다고 은혜 떨어지게 하는 예수가 어딨냐 말야. 예? 그렇소, 안 그렇소? 예? 그렇다면 예수가 패가망신하게 하는 예수 아니야요?

'에이 난 집에 가서 세간살이하면 골치 아파서 은혜가 떨어져 안 해.' 개소리 말아. 세간살이한다고 은혜 떨어지게 하는 예수라면 그 예수 믿는 사람 다 세간 패가겠네. 그런 개소리가 어딨냐 말야 대관절. 난 그렇게 예수 안 믿는 사람이야요. 세간 살이 잘하도록 새 은혜가 와야지, 세간살이 자꾸 돌본다고 은혜가 떨어진다 그건 말이 안 되는 거야. 그럼 목탁 두드리고 중이 되지, 저 심곡에 가서.

그건 말이 안 됩니다. 그건 예수가 아니에요. 말이 안 돼요. 난 그렇게 예수 믿는 사람 아닙니다. 아, 무슨 예수의 은혜가 아니 세간살이 좀 돌보고 했다고 해서 은혜가 떨어지게 하는 예수가 어디 있느냐 말이야. 그건 말이 안 되는 거야. 솥을 왱왱 부시면서도 '주여 부셔 주시옵소서' 하면 되는 거지 뭐. 딱 그저 세간살이 안 하고 어디 가서 기도만 해야 은혜 받는 거냐? 그거 아니야요. 그렇소, 안 그렇소? 예?

아니 솥을 왱왱 부시면서도 '오, 주여! 그저 요렇게 깨끗이 부셔 주시오.' 가만히 있어서 할 거 하지 않고 기도만 한다고 주는 것 아니야요. 난 그렇게 알아요. 그전에 우리 형제가 자라나는데 우리 형님은 전도사 되겠다고 만날 가만 놀면서 책만 보고 앉아 있습니다. 어머니가 뭘 하든 말든 본척만척하고, 난 전도사 된다고. 그러나 우리 형님은 노동자가 돼 버리고 나는 목사가 돼 버렸어요. 공산당한테 붙들려 가서 15년 탄 캐줬으니 그런 노동자가 어디 있습니까.

예수 이름으로 승리하자

– 요14:12~14 –

■ 기도: 믿음으로 우리가 중생을 받고 하나님의 백성이 되었사오니 어찌해서 우리가 공산당한테 질 수가 있겠사옵나이까? 반드시 승리 할 것을 믿사옵나이다. 하나님께서 6·25 동란을 기하여 호소성회를 열게 하신 아버지여! 이번에 이 성회에 온 자마다 능력의 사람, 지혜의 사람, 권세의 사람, 온 가정이 복 받는 사람이 되도록 강하게 역사를 내려보내 주시옵소서.

이 강단 위에 말씀을 보내시고 호소문의 성가를 내려보내신 아버지, 이번 이 성회에 몽땅 다 내려보내사 능력을 받으므로, 지혜를 받으므로, 권세를 받으므로, 축복을 받으므로 완전히 한 단체가 이루어져서 북방 세력을 무너뜨리는 이 나라가 이루어지는 원동력이 되도록 강하게 역사를 내려보내 주시옵소서.

우리는 시달릴 때에 약한 줄 깨닫고 어리석은 줄 깨달았고 우리는 짓밟힐 때에 이 땅의 권세보다 하늘 권세가 필요한 줄 알았고 우리가 가난할 때에 이 땅의 물질보다도 주여, 새 시대의 축복을 더 사모하고 있사옵나이다. 이 시간에 내려보내 주시옵소서. 나 홀로 이 강단에서 말씀을 증거할 수 없사오나 주 예수님의 이름으로 내가 서서 아버지의 말씀을 증거하겠사오니 아바 아버지여, 예수님의 이름으로 말씀을 듣는 종들에게 무한한 축복을 내려보내 주시옵소서.

예수 이름으로 기도하옵나이다. 아멘.

[성경 본문 봉독:12~14]

날 믿는 사람은 내가 하는 일을 저도 할 것이요 또한 이 보다 더 큰 것도 하리니 이는 내가 아버지께로 감이니라 그랬습니다.

하나님의 아들이 인간 죄를 걸머지고 말구유에 탄생해서 나사렛 동네의 목수의 한 사람으로 커서 갈릴리 바다 옆의 어부를 택하여 무식하고 가난하고 그런 사람을 택해서 세워놓고 십자가를 앞에 놓고 최후에 하신 말씀이 이겁니다.

나는 간다 이거에요. 나는 간다. 너희는 세상에 두고 나는 간다. 내가 간다고 슬퍼하지 마라. 근심하지 마라. 내가 이제 만민의 죄를 위해 대신 죽었다가 사흘 만에 부활해서 내가 구름을 타고 승천하겠는데 너희들 낙심하지 말아라. 내가 만민의 죄를 위하여 죽었다가 부활해서 승천해 가야 너희들이 유익하다. 왜? 내가 십자가에 죽었다가 부활해서 승천해 가면 날 믿는 사람은 누구든지 나보다 더 큰 역사가 있단다. 그러는 거야.

그때 그 사람들이, 이게 무슨 말이노? 하고 있었습니다. 원 이게 무슨 말이노? 일러 봐요. 왕이 될 줄 알고 나귀 타고 올라갈 적에 예루살렘에 따라왔더니 왕은 안 되고 죽는답니다. 예? 기가 막혀요, 안 막혀요?

꼭 그 사람들이 예수가 나귀 타고 예루살렘 올라갈 때 호산나 호산

나 호산나 하면서 맞아들이는데 뭐어 길바닥에다 옷을 깔고 죽~ 비단 옷을 깔아 놨습니다. 우리 왕님이 오신다고. 단박 예수가 왕 될 줄 알았단 말이에요. 또 왕 될 만하게 일을 했소, 못했소? 하 이거 만일 우리나라에 그런 사람이 나타나서 말 한 번하면 소경이 눈을 뜨고, 죽은 사람이 살아나고, 앉은뱅이가 일어나고, 문둥병이 낫고, 바다가 잔잔해지고, 보리떡 다섯 개 물고기 두 마리로 오천 명 먹이고도 남고, 말하는 대로 그냥 되는 양반이 여기 나타났다면 우리 왕님으로 모실 맘이 있겠어요, 없겠어요? 예?

아, 우리 주님이 지금쯤 와서 그렇게 하고 출마했다면 단박 되지요, 대통령이. 자 그런 분이 여기 나타난다면 우리 북진할 수가 있어요, 없어요? 그럼 예수가 좀 와서 북진하면 좋겠죠? (아멘!) 이것도 바보야. 우리가 북진한다는 게 성경이지. 뭐랬소? 날 믿는 사람은 내가 하는 일을 저도 행할 것이요, 더 큰 것도 행한다는데. 예수님이 이제 와서 북진하게 되면 우린 가만히 있다 또 따라가겠소? 그건 말이 안 돼요. 자, 구름을 타고 올라간 예수님이 구름 타고 오기 전에….

예? 그렇잖아요? 그래서 예수님 말씀하시기를 내가 감으로 너희들이 나를 믿음으로 능력을 행할 것이요, 이보다 더 큰 것도 행하리라. 그랬단 말이에요.

그러니까 지금 이때가 무슨 때냐 할 때에 인제는 예수가 다시 옴으로 아주 이 세상은 공산당은 망하는 건데. 망하는 건데. 자, 그대로 예수님이 십자가에 못 박혀 죽고 그대로 부활해서 그대로 승천했지요? 예? 그대로 성신 보내서 그들을 들어 썼소, 안 썼소? 그러면 인제 우리는 이렇게 미약한 가운데 기독교가 공산당과 협상하다 말 줄 압니까? 예? 만일 예수가 구름 타고 와가지고도 세상이 이렇게 되고 말았다면 모르겠지만 아직까지 오지 않고 능력을 내리고 계세요. 예? 그래서 우리가 말하는 것은 다른 게 아니야. 내가 감으로 너희들이 낙심하지 말아라. 내가 구름타고 가기 때문에 너희들이 날 믿게 되면 내가 하는 일을 너희도 하리라고 했으니 만일 그렇게 하고 예수님이 가고도 종무소식이라면 모르겠지만 정말 승천한 지 열흘 만에 성신이 강림해 가지고서 베드로가 한 번 강연할 때 3천 명이 회개를 했고, 정말 예수 모른다고 부인하던 베드로도 한 번 말할 때에 예수님과 같이 죽은 사람이 살아나고 앉은뱅이가 일어나고 벙어리가 말하고 막 그랬단 말이요.

그러나 우리는 그 벙어리가 말하고 앉은뱅이가 일어나는 그것이 목적이 아니라 성경 본다면 마지막에는 북방세력을 칠 자는 누구냐 할 때에 예수 재림할 때에 예수 믿는 사람이라 그랬거든요. 그랬소, 안 그랬소? 예? 짐승군대와 백마 탄 군대가 싸움을 하는데 반드시 백마 군대가 이긴다고 그랬거든.

그러니 우리 기독교는 인제는 그, 병이나 고치는 그것은 너무나 예수가 누군지 모르니까 '예수는 하나님의 아들이다. 하나님은 살아있다.' 이것을 알리는 정도에서 이적·기사가 있었지마는 인제에 우리가 앞으로 마지막에 병이나 고치다 마는 것이 우리 기독인이 아니야요. 인제는 원수를 이기고, 마귀를 이기고, 붉은 공산당을 이기고 나가는 것이 기독교인입니다. 예? 알아요?

그래서 오늘의 기독교가 만일 이러한 상태에서 만일 공산당과 협상하는 기독교가 되고 만다면 이건 기독교가 아닙니다. 마귀 대회입니다. 아주 대마귀 대회입니다 이건. 기독교 아닙니다.

만일 오늘 우리가 공산세계에서 오는 그 가짜 목사, 그 공산당이 예수 간판 저, 목사 간판 가지고 나온 그 따메들 데리고서 회의나 하고 그들에게 결의권을 주고 그걸 그런 거나 하는, 그러니 기독교는 그건 마귀 대회야요. 대마귀 대회야. 사단의 회야, 예?

오늘에 옛날 사도가 있다면 공산당과 협상할까? 뭘 바울이도 W.C.C를 했어? 무슨 소리야! 바울이가 왔다면 공산당 만나면 회개하라 그럴까, 받아들일까? 예? 뭐야 이게! 속지 말라구요. 사단의 회야! 말이 안 되는 거야.

날 믿는 자는 내가 하는 일을 저도 할 것이요, 더 큰 것도 행한다 그랬지요? 이걸로 공산당 무찌르고 들어가야지, 이걸로써 공산당 회개시켜야지. 그렇잖아요? 그렇소, 안 그렇소? 공산당을 받아들여서 비위 맞춰서 전도하겠어? 벌써 공산당 사상을 가진 사람을 언권을 주고, 결의권을 주고 벌써 할 때는 내가 졌는데? 말이 안 돼요. 알겠습니까?

지금 여기 와서 우리가 이렇게 하니까 미친놈 같애요? 어디? 저것들이 미쳤구만. 뭘~ 나는 할 수 없어요 능력 줍소서, 나는 지혜 없어요 지혜 줍소서, 나는 권세 없어요 권세 줍소서. 저것이, 미쳤어? 정신이 똑똑해서 그래요.

자, 인간 지혜, 인간 지식 가지고 공산당과 싸우겠다는 건 그 사람이 돌은 사람이야. 왜? 공산당은 마귀권세 받았어. 알아요? 김일성이는 마귀권세 받았어, 알아요? 그러면 이제 마귀권세를 공산당이 받았는데 우리가 인간 지혜 지식 가지고서 공산당을 이겨요?

인젠 예수 같은 사람이 나타나야 돼. 날 믿는 사람은 내가 하는 일을 저도 한다 그랬지요? 이게 예수 믿는 사람이야. 예수 믿는 사람이 그저 그렇게, 그러게 목사도 능력 못 받은 사람은 양 잡아먹는 백정 놈이야. 능력 받지 못하고 권세 받지 못하고 강단에 서는 놈들은 목사라도 양 잡아먹는 백정 놈이란 말이야. 강단에서 수많은 양을 죽인단 말야, 이놈들이! 그래요, 안 그래요? 그러니까 교회 양 떼 죽일 바엔 차라리 푸줏간에 가서 소대가리 까먹어라 그거야. 예? 그래요, 안 그래요? 나쁜 놈들!

그래서 종교는 개혁이 일어나야 되는 거요. 안 돼요. 뭐요? 그래서 하나님께서 왜 이 강단에 이런 성가 보냈습니까? 자, 이런 성가를 사람이 5분 동안에 작사할 수 있습니까? 난 또 말합니다. 지게꾼이야요. 명동거리 지게꾼이야 내가. 예? 박사가 교회 망치기 때문에 명동거리 지게꾼이 지금 나온거야요. 예? 공산당과 협상하는 놈은 정통이고 공산당 때려 부수겠다는 새일교회는 이단입니까? 말이 안 되는 거요. 여러분들 우리는 이거 알아야 됩니다.

그래서 이 시간에 제목으로 말을 한 것은 '예수 이름으로 승리하자' 하는 제목으로 말하겠습니다. 예수 이름으로 승리하자. 자, 내 이름으로 구하면 뭣이든지 주겠다는데 승리해요, 못해요? 믿습니까? 이거 안 믿으면 기독교인 아니야요. 또 이 체험을 못 받았으면 기독교인이 아니야요. 말이 됩니까? 내 이름으로 무엇을 구하든지 주마 그랬는데. 예배당에 댕기면서 뭘 못 받아 봤다면 예수 믿은 거요, 헛 믿은 거요? 예? 헛 믿은 거야. 그럼 오늘 저녁에 간단히 말하는 것은 예수 이름으로 승리하자 하는 제목으로 말하겠습니다.

자, 일러 봐요. 붉은 공산당이 허락 받고 나오는 것은 예수님이 계시록에 미리 보여준 말씀이 응하는 과정이니 공산당도 예수님의 말씀이 응하느라고 그렇게 되는 거에요. 예? 붉은 공산당이 이렇게 안 나온다면 예수님이 계시록 보여준 것이 거짓말이죠? 그러니까 우리가 예수 이름으로 이기겠소, 못 이기겠소? 예? 겨우 이겨요? 넉넉히 이겨요. 넉넉히. 자, 예수님의 예언의 말씀대로 공산당이 나오고, 인젠 인력으로 막을 수 없게 됐고, 거짓선지 협상패가 나오고, 세계는 불타게 됐으니 예수 이름으로 넉넉히 이긴단 말이에요.

한번 예수 믿는 사람의 냄새 좀 피워보자고요. 지금 사람들이 예수 믿는 사람의 냄새를 피웁니까, 못 피웁니까? 어디 이번에 예수 믿는 사람의 냄새 좀 피우라고요. 저게 기독교인이냐, 깡패냐? 저게 목사냐, 사기꾼이냐? 그러면 안 돼요. 예? 자, 예배당에 가서 예배 볼 때는 예수 믿는 사람으로 봤더니 사회 나가 보니 더 나쁜 놈이야. 어찌 깍쟁이고 어찌 말이 많고 어찌 아부가 많고….

예수 믿을라면 아주 바로 믿자 이거야요. 기껏 예배당에 다니다가 벼락 맞아 죽지 말고, 예? 알아요? 믿을라면 아주 바로 믿자구요. 한번 예수 같은 사람이 돼 보자고. 이거 뭐 목사 장로들이 멍청하고 능력이라고는 냄새도 맡아도 못 보고 신학교나 갔다 와서 졸업장이나 받고 강도사 시험이나 치면 그저 합격이라. 그때는 취직이라.

여러분들, 이 사람이 기독교 망칠라고 나온 사람이 아니야요. 기독교 살릴라고 나왔어요. 예? 하나님께서 이 사람의 입술을 통하여 강단에 세워놓고 지금 그냥 책자가 쓸어 내려오는 건 내가 하는 거요, 예수 이름으로 오는 거요? '예수 이름으로 기도합니다.' 하면 그저 뭣이든지 다 와요, 알아요? 그냥 책자가 쓸어 내려오는 것은 자, 이제 능력과 권세가 지금 여러분에게 올 증거요, 안 올 증거요?

자, 일러 봐요. 예수 이름으로 내 속에 있는 인간성 죄악성을 완전히 죽이자. 이거 못 죽이면 공산당 못 이겨! 왜? 인간성 죄악성은 공산당도 있소, 없소? 공산당은 마귀대왕이야. 죄악성의 대왕이야. 도둑놈

중에 도둑놈의 대왕이요, 거짓부리 중에 거짓부리의 대왕이요, 아주 남을 죽이는 살인자 중에 살인자의 대왕이야. 그 사람들은 도둑질을 내놓고 하는 사람이요, 거짓부리를 내놓고 하는 사람이요, 살인을 파리새끼 죽이듯 하는 거야. 그러니까 살인자의 대왕이요, 도둑놈의 대왕이요, 이건 거짓부리의 대왕이야. 그런데 여러분들 마음 가운데 남을 미워하는, 만일 여러분들 마음 가운데 정말 죄가 있다면 여러분은 꼼짝 못하는 거에요. 안 되는 거요.

자, 죄를 내놓고 짓는 왕과 몰래 짓는 졸장부와 싸우면 누가 못 견뎌요? 예? 내놓고 도둑질하는 공산당과 붓대 들고서 사무상에 앉아서 가짜 문서 해 놓는 사무원과 누가 못 견뎌요? 예? 내놓고 도둑질하는 놈이 더 강하단 말이에요. 살그머니 붓대 들고 앉아서 꼬불랑 꼬불랑하면서 산통 탱겨서 가짜 문서 해 가지고 협잡해 먹는 도둑놈들 그건 졸장부 이건 아주 케케한 놈들이고, 기왕 도둑질하려면 김일성이처럼 내놓고 해야지 뭐. 그래요, 안 그래요? 예? 그렇소, 안 그렇소? 반공 반공하면서 붓대 도둑놈 돼 가지고 공산당과 싸워? 흥 턱도 없다. 원 어리석은 사람들. 도둑놈의 대왕과 쪼그만 도둑놈과 어떻게 싸워? 예? 싸워요? 공산당은 내놓고 거짓말하는데 목사는 참말 같으나 거짓말을 하고 있으니 자, 숨어서 거짓말하는 놈과 내놓고 하는 놈과 누가 못 견뎌요? 예? 요즘 겉은 참말 같으나 살짝 살짝 거짓말하는 목사들 있소, 없소? 공산당은 기만정책이라는 것이 레닌맑스주의의 정통 교리야요. 속인다는 게. 우리는 기만적이 정통이요, 진실이 정통이요? 그러니까 이건 못 견뎌요.

자, 일러 봐요. 하나님이 없다고 노골적으로 문서화시켜서 싸우는 공산당과, 예배당에 댕기면서 한 번도 응답 못 받고 하나님이 있나 없나 하는 사람과 누가 못 견뎌요? 예? 예? 누가 못 견뎌요? 하나님이 없다고 문서운동하는 공산당이 더 강하지, 예배당에 댕기면서 이건 하나님 앞에 예배 본다면서도 그저 아무 응답 못 받고, 글쎄~ 하나님이 있긴 있는데….

그러니까 하나님이 없다고 나오는 공산당은 하나님 앞에 예배 봐도 응답 못 받는 예배당 때려 부수는 막대기거든요. 알아요? 그렇소, 안 그렇소? 하나님이 없다고 나오는 공산당은 하나님 앞에 예배 봐도 외식으로 예배 보는 예배당 때려 부수는 몽둥이야요. 벌써 다 때려 부수었소, 안 때려 부수었소? 예? 다 때려 부쉈어.

저 예배당에 역사가 있다면 공산당이 이렇게 때릴까요? 순~ 삯군들이 교권을 쥐고 피를 빨아먹기 땜에 다 때려 부순거라요. 공산당이 목사를 때려죽일 적에, 야! 500원 짜리 철알이 아깝다. 돌로 때려라 그랬어요. 여보시오! 똑똑히 알란 말이요. 예? 또 그 꼴 또 되겠어? 이, 목사 장로들 말이요, 전도사들 말이요, 예? 믿을라면 똑똑히들 믿어요.

더군다나 우리 새일교회 목사, 전도사들이 멍청하면 그거 또 무슨 꼴입니까? 새일교회 전도사, 목사들이 멍청할 바엔 다 가라. 가서 저 WCC 운동 거기나 가 그거나 해. 가서 돈이나 실컷 얻어먹다 죽든지. 그렇잖아요? 말이 안 돼요.

그래서 우리 이번 목적이 뭐냐 하면 예수 이름으로 승리하자는 것이 우리 목적이야요. 예수 이름으로 나 자체가 거룩해지고, 지혜로워지고, 능력을 받고, 권세를 받고, 축복을 받으면 벌써 이긴 거에요. 예? '예수 이름으로 받소' 할 때 자, 깨끗해졌죠? 예? 깨끗해졌소, 아직 좀 남았소? 예?

예수 믿는 사람이 마음 가운데 죄가 있으면 예수 믿는 사람 아니야요. 자, 죄를 위하여 죽고 죄를 없애는 예수 믿으면서 죄를 끼고 댕겨요? 그건 가짜요, 진짜요? 예? 예? 가짜야. 아직까지 가짜야. 죄를 없애겠다고 죽은 예수를 믿는 사람이 죄를 끼고 댕겨? 말이 되는 겁니까? 예? 가짜요, 가짜 아니요? 그럼 내가 가짜나? 죄 끼고 다니면 가짜지, 가짜야.

그게 아니야. 예수님은 여러분의 마음 가운데 죄악성을 싹 없앨 권리가 있어요. 없앨 승리와 능력이 있어요. 만일 예수 믿는 사람이 능력을 못 받으면 됩니까? 우리가 능력을 받고 지혜를 받고 권세를 받고 축복을 받는 것은 원칙이죠? 원칙이 아니야요? 원칙이죠? 못 받는 게 원칙이요, 받는 게 원칙이요? 말이 안 돼요.

그래서 우리 이번에 호소 목적은 예수 이름으로 승리하자. 예수 이름으로 승리의 용사 인격을 받자. 성결하고 지혜롭고 능력 있고 권세 있는 인격을 예수 이름으로 받자 그거야. 받자 그거야. 받자 그거야.

그다음에 가선 뭣이 나오냐 할 때에, 단체가 이뤄져요. 거룩한 단체요, 지혜로운 단체요, 능력의 단체요, 권세의 단체라 그말이야요. 우리 자신이 거룩해져야 거룩한 단체가 될 것 아니에요? 그건 자동 그렇게 안 됩니까? 그다음에는 우리가 세계 통일하는 거요.

여보, 단체 중에 제일 강한 단체는 공산당이죠? 그건 죄악의 단체요, 의의 단체요? 그건 저 그건 봐요, 노골적으로 죄 짓는 단체란 말이야요. 도둑질을 노골적으로 하고, 거짓말을 노골적으로 하고 뭐 이건 조금도 죄를 숨기는 단체가 아니야요. 그러니 강하잖아요? 그게 공산당은 자기 양심이래요. 공산당 양심은 그게 양심입니다. 죄를 노골적으로 짓는 게 양심이래요. 그게 자유래요.

이거 분명히 알아야 됩니다. 그러니까 우리가 공산당과 싸우려면 정말 죄와는 상관이 없는 이런 인격이 이루어져야 된다 그말이야요. 알아요? 무슨 말인지 오늘 저녁의 말이 이해가 됩니까? 예? 그래요, 안 그래요?

미국 장사꾼이 장사나 해 먹겠다고 공산당과 그러다가는 안 돼요. 알아요? 장사꾼 정치 가지고 됩니까? 예? 도둑놈과 장사꾼과 누가 못 견뎌요? 도둑놈과, 칼 든 강도와 장사꾼과 달라붙으면 누가 못 견뎌요? 예? 그러게 지금 장사꾼과 칼 든 도둑놈과 맞붙었다니까요. 그러니까 뭐 싸우도록새 손해라, 뭐.

자, 칼 든 도둑놈은 돈 많은 장사꾼 만나기가 소원인데! 예? 그렇소, 안 그렇소? 그래서 공산당이 뭐랬소? 미국은 우리 무기 창고라 그랬습니다. 나 그전에 이북 있을 적에 그 새끼들 그래요. 미국은 공산당의 무기 창고라, 공산당이 왁 가면 다 도망가면 가서 가져오면 된다는 거야. 장개석 군인이 말이요, 이렇게 무기 쥐면, 왁 들어가면 다 도망가면 가서 가져오면 된다는 거야. 그러니까 미국은 공산당의 무기 창고라고 그랬습니다. 예?

그런 공산당놈과 인제는 또 뭐 통상을 하자고? 그럼 이젠 진짜 대주겠다는 거죠? 자, 그전에는 빼앗겼지마는 인젠 돈 받고 내 막 그냥 주마.

기왕 공산당과 싸울 바엔 아주 싸워보자 난 이거야. 예? 정말 공산당과 싸우겠소? 싸울라면 이번에 단단히 받자고. 다른 거 없어요. 성경이 그거야요. 인간의 힘으로는 북방을 못 이기고 능력의 종, 권세의 종이라야 이긴다고 성경에 그랬거든요.

자, 북방 세력을 인력으로 당할 수 없게 된 것은 하나님께서 우리에게 능력 주고, 권세 주고, 지혜 주고, 지식을 줘서 북방을 쳐부술 증거에요. 그것이 성경이 아닙니까? 그러게 나 같은 무식쟁이 지게꾼을 불러 대 가지고서 입으로 불러 책자가 나와야 되잖아요? 그렇잖아요? 그러니까 여러분들 이번에 꼭 예수 이름으로 이길 수 있는 인격을 받자고요. 예수 이름으로 몽땅 받으시오. 예? 나도 예수 믿고 여러분도 예수 믿는데 나만 예수 이름으로 받고 여러분은 못 받는다면 그건 난 이렇게 봐요.

여러분들이 하나님께서 인정하게 믿었다면 다 받게 돼 있단 말이야요. 여러분 예수 믿어도 못 받는 것은 아직까지 믿음의 표지가 똑똑하지 못해 그렇지. 예? 배급통장이 똑똑해야 배급 줍니까, 가짜도장 찍어야 됩니까? 예? 그렇잖아요? 배급통장이 꼭 같으면 꼭 같이 주게 돼 있는데 여러분들이 만약 가짜 배급통장을 가졌다면 몰라요. 예수 믿는 사람이 아직까지 죄를 끼고 다닌다면 가짜 통장이요, 진짜 통장이요? 예? 예? 예수 믿는 사람이 죄를 끼고 다닌다면 가짜통장이요, 진짜 통장이요? 예? 그건 마귀 글씨가 더러 섞였거든요. 거기. 하하.

그러니까 안 돼요. 여러분 저, 통장에다 다른 사람이 그 통장 준 사람이 아니고 다른 사람이 거기다 자 딴 글씨 써 놨다면 그 통장 버립니까, 안 버립니까? 예? 버리죠? 안 돼요. 그러니까 가짜 통장 받지 말고 진짜 통장을 받으라고. 괜히.

아주 예수 믿는 믿음이라는 건요, 죄 질 마음도 없이 깨끗해서 죄 질 맘도 없게 돼야 진짜 믿음의 통장이지, 예수 믿어도 죄 질 맘이 있다면 그건 가짜 통장이라니까 아직까지. 그건 합격이 안 돼요.

그래서 성경에 말하기를 이사야 10장을 봐도 북방세력이 아무리 강하나 거룩한 자는 불이 되고 북방은 섶나무라 그랬습니다. 또는 하박

국서에도 본다면 북방 세력이 아무리 강하지만 의인은 믿음으로 살 것이고 북방은 망하리라. 또는 미가 선지도 북방이 아무리 강하지만 즉 야곱의 남은 자, 이슬 단비같이 역사 받는 사람은 사자가 되고 북방은 짐승이 되리라. 전부 이렇게 말했거든요. 오바댜 선지는 말하기를 별 세계에 올라가는 에돔은 초개고 거룩한 야곱은 불이라, 마지막에 가서. 전부 그거거든요. 그러면 말씀대로 북방이 이렇게 강하게 올라갔다면 이제 거룩한 자가 이긴다는 말도 맞지 않겠냐 말이에요. 그렇소, 안 그렇소?

그러니까 우리 다른 거 없어요. 이번에 그저 여기 오신 종님들은 말이요, 우리 아주 깨끗한 통장을 타자구요. 마귀가 조금도 손 못 건드리는 통장. 예? 그렇게만 되면 꼭 같이 줍니다. 예?

그래서 이번에 오늘 저녁에 말하는 것은 예수 이름으로 거룩한 인격을 이루자. 죄악의 성질조차 없어지는 인격 이루자 그말이에요. 예수 이름으로 조는 인격 받겠소? 예?

자, 예수님이 날 믿는 자는 내가 하는 일을 행한다는 건 예수같이 된다는 거요, 안 된다는 거요? 예수는 그루터기요, 우리는 가지야요. 예수님이 우리 죄를 위하여 십자가에 죽으시고 우리를 위하여 부활하시고 우리 위해 승천해서 우리 위해 기도하면서 지금 여기에 역사를 내리는 것은 당신같이 만들자는 거야. 우리를 예수님이 당신같이 만들 공로가 있어요, 능력이 있어요, 사랑이 있어요, 권세가 있어요, 예? 믿습니까?

괜히 얼마나 겸손한 것처럼 '사람은 사람인지라 할 수 있나요?' 그럼 예수 왜 믿어? 자기 믿지. 아이고. 여기 '인지라'는 또. 그렇게 살 바엔 예수 뭐 할라고 믿어? 가만히 있다 죽고 말지. 말이 되는 거요?

그러지 말라구요. 절대 그게 아니야요. 예수 믿는 것은 영도 예수의 것이 되고, 몸도 예수의 것이 되는 거야. 알아요? 영도 예수와 하나가 되고, 몸도 예수와 하나가 돼요. 그래야 그것이 예수 믿는 거야요. 그것이 즉 알곡이에요.

좀 이런 말 할 적에는 암만 보기 싫어도 여기 좀 바라보시오. '나는 그건 내 성미에 맞지 않더라, 믿으면 천당 가지 그렇게 될게 어딨어?' 자, 이거 봐요. '나는 처녀 적부터 60여년 예수 믿었어도 그런 말은 처음 들어보네. 나 원. 예수 믿으면 천당 간다고 그랬지 뭐, 나 원. 나는 원 능력이라고는 뭔지 받아보지도 못했네. 뭘 받는다 그러노? 믿으면 되는 거지. 그거 다 이단이야.' 그러지 말라구요. 믿을라면 아주 바로 믿자고. 기껏 예배당에 다니다 공산당 밥 되지 말고 말이야요. 예? 목사 될라면 아주 옳은 목사 되자는 말이야요. 전도사도. 예?

그렇지 않거든 아예 집어치우고 말아요. 기껏 강단에서 설교하다가 공산당한테 죽을 바엔 그까짓 거 뭐 할라고. 인제 우리가 목사하다 공산당한테 붙들려 죽으면 지옥 갑니까, 천당 갑니까? 이제 짓밟고 나가야 될 때에요. 안 되는 거요.

자, 능력 받지 못하고, 지혜 받지 못하고, 권세 받지 못한 삯군들 때려 부수는 몽둥이가 공산당인데 맞으면 폐물이요, 폐물 아니오? 폐물 목사, 폐물 장로, 폐물 전도사 아니야요? 그렇소, 안 그렇소? 예? 이거 똑똑히 알아야 되는 거에요. 괜히.

지금 우리 왜 이북에서 월남시켜 논 줄 압니까? 저걸 보고 정신 바짝 차리고 무장하라고 갖다 놓은 거야. 이북서 이남까지 나와 가지고 멍청하게 '아이구 이북 논밭전지 다 뺏겼구나. 다시는 못 가겠구나. 남한 나와 돈도 못 벌고 언제나 이북 가서 좀 또 살아 볼라나!' 그런 꿈꾸지 말고 인제는 예수 영접할 준비하라구요.

그래서 오늘 이번 집회는 목적이 그겁니다. 예수 이름으로 승리하자. 예? 동감입니까? 예수 이름으로 승리할 용사 인격 받자. 예수 이름으로 용사 될 단체 이루자. 그거야요.

예수 이름으로 졸음마귀 다 물리치시요. 그건 왜 달고 댕겨? 예? 이 집사들 말야. 왜 달고 댕겨? 어느 집사 예배당에 와서 졸라는 특허 받았어요? 그건 마귀한테 허가장 받은 거 아니냔 말이야요. 예수님 그런 허가장 안 줘. 뭐야? 이거 어디! 능력 받으라는 허가장이지 졸라는 허가장이야? 이 목사가 줍디까? 그 허가장을. 예? 담임 목사한테 받았어요? 마귀한테 받았어요? 예? 여보쇼! 담임 목사한테 받았어요? 그거. 뭐야 이거! '아이구 지난밤 밤새껏 철야했더니 그렇지 않소?' 그러니까 나 만나 졸 바에는 혼자 철야하지 말고 기껏 자라구요. 혼자 철야할 바엔 여기에 왜 와? 집에서 철야하지요.

그러니까 여러분들 괜히 오늘 밤부터요. 낮에 졸 바엔 밤에 아주 주무시라고요. 그럭하고 내일 나 만나 가지고 호소하라구요. 괜히 밤에 이렇게 하다가 낮에 졸면 그건 그러게 그럴라면 왜 자기네 집에서 밤 잠 못 이루지 왜 그러겠냐 말야. 여기 온 것은 이 사람 머리 위에 내리는 역사 받자고 온 것 아닙니까? 괜히 낮에 졸 바엔 오늘 저녁엔 일찌감치 편안히 주무시라구요.

또 괜히 자꾸, 밤에 얼마든지 소리 내지 않고도 편안히 묵상으로 들어갈 수 있습니다. 남 잠 못자게 수선 떨어가지고 남도 졸고 자기도 졸고 다 졸면 그것도 방해라요. 그것도 방해라요.

나는 원 열 달 동안 철야해야 가만히 앉아, 나는 그렇게 밤새도록 기도해도 우리 안사람 안면방해 안 시켜요. 안녕히 주무시거든요. 우리 안사람이. 우리 안사람 안면방해시키면 되겠습니까? 옆에서 자도 절대 안면방해 안 시킵니다. 잘 주무세요. 난 밤새도록 기도해도. 철야하려면 안면방해시키지 말고, 그렇게 할라면 하고, 남 안면방해시킬 바엔 하지 말라구요. 나도 저기서 앉아서 밤새우며 기도하는 거요, 지금요. 알아요? 그렇지 않거든 말짱 일어나서 밤새껏 떠들어 대고, 까짓 놈의 것.

자, 군대가 싸우면 다 싸우지, 어느 군대는 싸우고 어느 군대는 자면서, 아이고 잘 떠든다 아이고. 그럼 군댑니까? 단체면, 자면 꼭 같이 자고 깨면 같이 깨나야지. 그렇잖아요?

하여튼 우리 예수 이름으로 우리 이번에 공산당 때려 부수는 인격을 받고, 공산당 무찌르는 단체가 되자구요. 장로교 이름이 아니요, 감리교 이름이 아니야, 괜히. 기독교 장로회, 예수교 장로회하고 싸울 바엔 기독교 간판 붙이지 말라구. 그냥 마귀 간판 붙이지 왜 싸워? 기독은 누구고 예수는 누구야? 그렇소, 안 그렇소? 예수교 장로회, 기독교 장로회 다르오? 뭐요? 그따메 짓 하지 말라구, 왜 그래? 왜 그다지 그려? 그러지 말고 우린 기독교고, 예수교고, 기독교 성결교고, 예수교 성결교고, 기독교 감리교고, 예수교 감리교고, 그건 떼어 팽개치고 예수 이름으로 사람 구실 하자 그거야요. 아주.

예수 이름 팔아 가지고 삯군 되지 말고, 예수 이름 팔아 가지고 돈벌이하지 말고, 예수 이름으로 똑똑한 사람 되자는 거에요. 나는요.

자, 이 시간 우리 호소 하나 더 하겠습니다. 공산당은 붉은 말의 용사요, 우린 백마 용사요. 자, 용사인격 줍소서 하세요.

▪ 기도: 우리는 하나님의 용사가 되어야 되겠사옵나이다. 아버지

여! 마귀자식들은 용사같이 강하게 만들어놓고 우린 지렁이같이 밟히다 말랍니까?

　오, 주여! 예수의 이름으로 승리하는 용사 단체가 이루어지는 성회가 되게 해 주시옵소서. 주께서 친히 말씀하지 않았습니까? 날 믿는 사람은 내가 하는 일을 저도 행할 것이요, 이보다 더 큰 것도 행하리라 하셨고, 내 이름으로 무엇을 구하든지 다 주마 하고 하신 예수님이여! 이곳으로 역사를 내릴진대는 예수 믿는 사람은 꼭 하나같이 만들어야 되겠사옵나이다.

　오늘 여기에 예수 믿고 온 사람은 하나도 내놓지 마시고 다 용사 인격을 만들어 주시되 의의 용사가 되고, 사랑의 용사가 되고, 진리의 용사가 되고, 백말 탄 군대로서 멸공 진리로써, 사상으로, 능력으로, 권세로 뭉쳐지는 단체가 되도록 강하게 역사해 주시옵소서.

　특별 감사와 열의 한 분을 바친 귀한 종들에게 은총에 은총을 주옵소서. 성금이 열매있게 해 주시옵소서. 아무쪼록 우리가 이번에 모인 이 성회는 예수 이름으로 승리하는 성회가 될 줄 믿사오니 예수 이름으로써 완전한 세계 통일할 수 있는 거룩한 단체가, 사랑의 단체가, 진리의 단체가 완전히 이루어지는 동시에 세계를 정복할 세세왕권의 권세능력을 다 같이 받도록 내려보내 주시옵소서.

　내일 아침에 다시 모일 때에 큰 축복이 올 것을 믿사오니 받아 감당할 수 있는 믿음의 준비가 각각 있도록 성령이여, 중심 중심에 역사해 주시옵소서.

　예수 이름으로 기도하옵나이다. 아멘.

　앞으로 오시구요. 남자고 여자고 말이죠. 또 여기 요, 간격을 두라고요. 남자 여자 한데 또 막 섞여 앉으라는 건 아니요. 요 기둥 요렇게 뽀개서 그렇게 하고. 아마 앉아 밤새우는 사람이 남자가 적을 겁니다. 남자반에서도 꼭 앉아서 기도하며 밤새울 분들은 여기 기둥 안으로 오시고, 좀 다리 쭉 벋고 주무실 분들은 저리 가시고, 여자반도 그렇게 하시고, 아마 여자반들이 앉아 밤새우는 사람이 많을 거요. 여자가 기도는 더 많이 해야 합니다. 싸움은 남자가 더 많이 하고. 하하.

그러게 그렇게 아시고 오늘밤에 11시 반부터는 절대 혹, 소변을 보러 나가시더라도 조용 조용히 나가야 하겠어요. 남 단잠 자는데 깨워 놓으면 그것도 안면방해 아닙니까? 살그머니 나가시고, 그렇게 하시고. 내일 아침엔 네 시 반이고 낮엔 열 시에 꼭 오세요. 열 시에. 내일부터 역사 굉장히 내려옵니다. 보세요. 이번에. 하여간 뭐 무지무지하게 내려올 거요. 정말 단단한 강철 뚝배기라야지 뭐 질그릇 뚝배기는 다 깨질 겁니다. 너무 내려와서. 하하. 정말 질그릇 뚝배기가 강철 뚝배기로 되자구요. 그렇게 돼야 됩니다.

온전함을 이루어 하나 되게 하는 역사
― 요17:21~26 ―

그걸 아셔야 돼요. 하나님을 바로 알았다는 것은 뭐냐 할 때에 하나님의 그 사랑의 심정이, 하나님의 사랑이 내 맘에 들어올 때에 거기서 남을 살려 보려고 애쓰는 맘이 생길 적에 지혜도, 지식도, 능력도, 권세도 그냥 오는 것입니다.

자, 하나님은 이론으로 아는 것이 아니고 하나님과 교제함으로 아는 거야요. 그렇잖아요? 여러분들 생각해 보세요. 여러분들 날 분명히 알려면 나와 좀 지내 봐야 압니다. 이목사가 가짜냐, 진짜냐? 그건 지내 봐야 알아요. 그런데 나는요, 첫 번에 만나서는 날 재미없다 그러다가도 좀 지내보면 참 좋다고 그래요.

그래서 우리가 하나님 바로 아는 것은 '하나님이 계십니다' 하는 그 정도가 아니라 하나님의 사랑이 내 마음에 들어와서, 자, 나는 하나님의 사랑 안에 들어가 안기고, 하나님의 사랑은 내 맘에 들어와서 역사할 때에 하나님과 입을 맞추는 것 같은 그런 그 생활을 할 때에 여기서 야~ 하나님이 이렇구나 그렇게 알면서 성경을 보면 성경은 본문만 봐도 환합니다 그때는. 이 사람들이 하나님도 바로 모르고서 학자들이 쪼끄만 조갑지만한 머리통을 가지고서 자꾸 연구하니까 주석이 말짱 다 이게 쑥물이 돼 버려요, 쑥물. 주석이 쑥물이요, 쑥물 아니요? 순~ 쑥물입니다. 그건 쑥물입니다. 주석이 사람 죽이는 거에요. 안 됩니다.

하나님의 사랑이 내 맘에 들어와서 남을 살려 보려고 하는 그 불타는 마음이 여기 있다면 거기서는 성경 볼 때에 성경이 알아지는 거에요. 아하~ 하나님의 마음이 이렇구나! 자, 성경 전체는 하나님의 사랑의 심정의 그 뜻을 발표하는 계약서야요. 알겠습니까?

성경이라는 건 하나님이 우리를 사랑하는 그 심정을 인간이 믿도록끔 발표한 계약서야요. 그러니까 우리가 하나님을 알되 하나님의 사랑이 내 맘에 들어와 불타 버려야 그때 볼 때, 아하~ 하나님의 심정이 이렇댔구나. 내 마음에 있는 불타는 마음이 즉 이 말씀이로구나. 이렇게 되는 거요. 그렇소, 안 그렇소? 예? 그러면 하나님 말씀을 볼 때에 이것이 즉 내가 할 말이요, 내가 사는 생활이요, 즉 말씀이 즉 내 마음이요, 말씀이 즉 내 생활이요, 말씀이 내가 즉 하는 일이요, 그렇게 되고 말아요. 그게 즉 기독교란 것입니다. 알겠습니까? 예? 알아요?

그렇게 되면 예배가 잘돼요, 안돼요? 잘~ 되지요. 아, 척 봐서 하나님이 볼 때 아, 자 보시오, 우리 마음 가운데, 오늘 아침에도 그러지 않았어요? "사랑이 식은 우리 맘에 불을 줍소서." '오냐! 너 좀 식어졌니? 뜨거워져라.' 하하. 그렇잖아요? 또, 아 오늘 저녁 보니까 동두천 저 집사님이 울면서 부릅니다. "포로가 되어 갇힌 자를 놓아 줍소서." 자, 공산당 세계에서는 포로가 돼 가지고 기도도 못하고 성경도 못 보고 예배도 못 보고 속으로 훌쩍 훌쩍 울고 있습니다. "쑥물을 먹고 죽은 양 떼 살려 줍소서 저들은 몰라 흑암에 빠져 갈팡질팡하고 있어요." 자, 오늘에 수많은 양 떼가 쑥물 먹는 교회가 많이 있습니까, 생수 먹는 교회가 많습니까? 예? 기가 막히잖아요? 또, "피곤에 잠겨 쓰러진 자 새 힘을 주어" 그랬단 말이요. 자, 쓰러진 자가 많이 있소, 없소? 그게 말짱 그 사랑의 심정이 아닙니까? 그렇게 기도하라. '이것이 내 심정이니 너희도 이렇게 기도하라' 그거 아니야요?

그러니까 뭐냐 할 때에 기도라는 건 다른 게 아니고 하나님의 심정과 내 심정이 맞아질 적에 그땐 묵상만 해도 은혜가 오는 거에요. 알아요? 뭐, '주시오! 주시오!' 그러니까 '너 왜 그러니?' '아니, 아버지 이거 주세요.' '아니, 난 몰랐댔구나.' 그런 하나님이 아닙니다. 그렇지요? 예?

우리가 구하기 전에 하나님은 벌써 주고픈 심정에서 그 사랑을 가지고 계신데 그 사랑이 내 맘에 들어올 때에 '하나님이 아~ 이렇구나' 할 때에 거기서 기도가 나오는 거지, 내가 구하니까 하나님의 사랑이 오는 게 아니고 하나님의 사랑이 먼저 내 마음에 비쳐져 들어올 때에 내가 거기서 눈물 흘려 기도하게 됩니다.

'하나님이여 나를 이렇게도 사랑하사 독생자를 보내서 십자가에서 죽으셨건마는 나는 이 사랑을 모르고 멀리 떠났댔습니다. 아버지여 어찌하오리요. 날 받아 주시옵소서' 그거지. 아, 속에는 악독한 맘을 가지고서 암만 여호와여, 여호와여! 그래 보시오. 안 되는 거요. 또 요즘 회개 운동 이거 안 됩니다. 부흥사라는 사람이 강단에서 이놈들 회개하라고 땅땅 내리치니까 그저. 무당이 호통을 하니까 싹싹 빌면서 차후엔 안 그러겠습니다. 그저 영그러운 신장님이여, 그저 그런 식입니다. 그러고는 나가 그 짓 또 합니다.

예배당에 가서 회개나 하고 울던 사람이 나가서 남의 숭은 제대로 봅니다. 쌈은 또 제대로 합니다. 예? 그게 뭐 됩니까? 돼요? 그런 사람이 많이 있소, 없소? 안 되는 거요.

 하나님 바로 아는 것은 하나님의 사랑이 내 마음에 들어오는 거라요. 그게 뭔지 압니까? 자, 하나님의 사랑밖에 또 딴 것을 믿을 것이 뭐 있습니까? 난 그거요. 나 오늘이라도 하나님의 사랑이 내 마음에 들어오지 않았다면 나는 낙심하고 말겠습니다. 뭣을 믿겠습니까? 뭣을 맘에 두겠습니까? 그렇잖아요? 어디 하나 내놓으시오. 예? 뭘 하나 내놓을 거 있소? 뭐, 뭐, 뭐 있어? 하나님의 사랑밖에 뭐 있냐 말이에요. 그렇잖아요?

 잘하기는 또 뭘 잘해, 제까짓 게. 예? 우리 하나님의 사랑에다 비춰 본다면 잘한 게 뭐 있어요? 하나님의 사랑은 저 바다같이 넓다면 우리 남 사랑한다는 건 조갑지 만도 못한 거에요. 안 되는 거에요. 뭘 했다고, 뭘 잘했다고. 예? 뭘 남이 알아 안 준다고 노발대발. 그것들 아직까지 그 사람은 하나님의 사랑이 마음에 들어가지 못한 사람이야요. 그러게 암만 그 사람들 열심이 있는 것 같애도 하나님의 사랑이 그 맘에 들어간 사람이라야 그 사람이 영계가 올라가지, 아무리 열심히 뭘 하는 것 같애도 하나님의 사랑이 그 맘에 못 들어가고 인간의 사랑, 인간의 생각, 인간의 어떤 도덕, 이건 올라가지 못합니다.

 열심이 있어도 도덕적인 열심도 있습니다. 열심이 있어도 그저 흥분적인 열심도 있습니다. 오직 하나님의 사랑이 내 맘에 들어와서 일어나는 열심이라야 이것은 정상적입니다. 누가 알아준다고 해서 일 잘하고 알아 안 준다고 해서 그만 두면 그게 하나님의 사랑이 들어간 맘입니까? 예? 그래요, 안 그래요? 예? 자, 뭣이 괴로우면 그만두고 평안하면 하는 것, 그건 말이 안 돼요.

 그러니까 하나님의 사랑이 그 맘에 들어간 사람은 그날이 그날 같아요. 누가 알아주든 말든, 괴롭든 즐겁든 그저 그 마음에 불타. 왜? 내 목적은 영원한 세세 왕권 그 영광 우리 아버지 사랑 속에 있으니 이것이 만족이다. 이렇게 나갈 때에 누가 아무런 소리해야 맘에는 들어오지 못합니다. 하나님의 사랑의 불이 내 맘에 들어올 때에 무엇이 내 맘에 들어올 수가 있겠는가. 누가 아무리 잘 먹고 잘산다고 그게 부러울 거 뭐 있습니까? 누가 나를 괴롭힌다고 원망할 건 뭐 있습니까? 이 세상의 것이 말짱 다 분토같이 뵈고 마는 것이라 그말입니다.

그래서 우리 주님께서 하신 말씀이 그거요. "세상이 아버지를 알지 못하여도 나는 아버지를 알았삽고 저희도 아버지께서 나를 보내신 줄을 알았삽나이다. 내가 아버지 이름을 저희에게 알게 하였고 또 알게 하리니 이는 날 사랑하신 사랑이 저희 안에 있고 나도 저희 안에 있게 하려 함이니이다" 그랬습니다. 예?

예수님 어디다 모셨습니까? 예? 이럭하지 말아요. '예수님 나 좀 따라오시오.' 그러지도 마시고, '예수님 곁에 좀 같이 갑시다.' 그러지도 마시고 예수님을 내 마음에다 모시라 그거야. 예?

그래 어드런 사람은 가다가 '예수님, 여기 잠깐 계시오, 저놈 새끼 좀 때려죽이겠습니다.' 하하하! '예수님 여기 잠깐 계시오, 나 좀 한 잔 좀 먹고야 오겠습니다.' 자, 예수님은 예배당에만 두고 여느 데서는 내 맘대로 해 보시오. 까짓 놈의 거.

지금 사람 그래요. 내가 저 찻간에 가다 보니까 장로교 사람, 천주교 사람, 뭐 이렇게 해서 죽~ 앉았어요. 한 잔씩 먹으면서 그래요. "우리 그저 예배당에 갈 때만 그저 잘하면 되는 거야. 그러자고." "그래. 예배당에 갈 때만 잘하면 되는 거지 뭐." 그, 예배당에만 예수님 모시는 모양이죠. 하하하. 참 나. 강단에서는 목사 같고 세상에 나가면 세상 사람이나 같습니다. 그거 진짜 목사지요? 하하하. 안 돼요.

그래서 마음에 하나님의 사랑이 있고 예수님이 계신 이것이 즉 바로 안 사람입니다. 이렇게 되면 즉 그게 천국이요, 그것이 즉 참된 기쁨이 거기 있고, 참된 평안이 거기 있고, 성경의 진리는 그것을 목적한 것이 첫째 시작이야요.

자, 일러 봐요. 하나님의 역사의 시작은 마음에 하나님의 사랑이 들어오고 예수님이 들어오는 그때부터가 그것이 진짜 하나님의 역사라 그 말입니다. 아무리 열심히 전도하는 것 같고, 교회 봉사하는 것 같고 그래도 하나님의 사랑과 예수가 그 맘에 안 들어간 사람은 빵점 나요, 빵점 나. 기껏 봉사하다 쌈질하고 기껏 봉사하다 남 원망하고 제 마음대로 하고 그렇습니다.

사명자의 특권

– 요20:19~23, 계22:17~19, 11:1 –

사명자의 특권이란 진리를 잠깐 말하겠습니다. 사명자의 특권이라. 여기 요한복음 20장 보면 예수님의 부활을 의심하고 숨어있는 제자를 찾아가서 예수께서 말하기를 너희에게 평강이 있을지어다. 아버지께서 나를 보내신 것같이 나도 너희를 보내노라. 이 말을 하시고 저희를 향하여 숨을 내쉬며 가라사대 성령을 받으라. 너희가 뉘 죄든지 사하면 사하여질 것이요, 뉘 죄든지 그대로 두면 그대로 있으리라 하시니라.

예수님의 부활을 의심하고 사흘 만에 살겠다는 그날 무덤을 찾아가지 않고 숨어있는 제자들을 찾아가서 책망을 하지 않고 "너희에게 평강이 있을지어다 하면서 성령을 받으라. 너희가 뉘 죄든지 사하면 사하여질 것이요 그냥 두면 그냥 있으리라."

요한계시록 10장을 보면 사도요한이가 계시를 보는데 작은 책을 주면서 "이걸 먹어라. 세계만방에 다시 예언하라. 그러면서 지팡이 같은 갈대를 주면서 말하기를 성전과 제단과 그 안에 있는 사람을 척량을 하라." 계시록 22장을 보면 "성령과 신부가 말하리니 그 말을 듣고서 가해도 감해도 재앙을 받으리라."

이것 전체가 사명자의 특권이란 것입니다. 이 시간에 사명자의 특권이란 진리를 본문에서 말하겠습니다. 사명자에게는 특권이 있다는 것을 오늘 저녁에 말하겠습니다. 적어도, 천지를 창조하신 하나님, 스스로 계신 하나님이요, 영원존재하시고, 무소불능하시고, 진실무위하시고, 완전무결하신 하나님의 종은 반드시 특권이 있습니다. 오늘의 기독교가, 종 된 자가 하나님께서 주신 특권을 상실한다면 그야말로 가장 불쌍한 사람일 것입니다.

그래서 하나님은 당신의 종을 쓸 적에 반드시 특권을 주어서 쓰겠다는 것은 과거도 분명한 사실이요, 현재도 분명한 사실일 것입니다. 그렇기 때문에 하나님은 타락한 인생을 향하여 역사할 때에 하나님이 특별히 자기가 직접 하는 것이 아니고 사람을 세워서 특권을 줘서 쓴다 그거야. 그건, 왜 그러냐 하면 하나님이 직접 다 하고 만다면 왕국 건설이 되질 않습니다. 다 같이 일러 보세요. 하나님은 천지를 창조한 목적은 왕국 건설인데 왕 될 사람은 사명에 충성을 다한 자라야 왕이 되니까 하나님이 다 해 버리면 왕국이 되질 않아요.

야, 너희들 그만둬라, 내 다 하마 그러면 왕국이 되나요? 자, 하나님 혼자 왕이라 하고 있으면 왕국이 됩니까? 예? 예수님도 그래요. 그렇기 때문에 목적이 왕국 건설인데 만왕의 왕 예수님께서 정말 부활하신 후에 가서 왕국 건설을 하자는 목적으로 예수님은 십자가에 죽었고, 부활했고, 인제에 나는 간다. 그래서 하나님은 당신의 종에게 특권을 줘서 그 종에게 특권을 맡겨가지고서 그 종을 통하여 왕국건설 운동을 하도록 하는 것이 하나님의 방법이라 그것입니다.

그래서 예수님은 말씀하기를 하늘과 땅의 권세를 다 내게다 줬다. 아버지께서. 그것이 뭐냐 할 때에 그것이, 모든 권세를 예수님께 줬다 이거야. 그러면 예수님은 또 당신이 그 권세를 직접 합니까, 우리에게 또 줍니까? 또 줘요. 그러므로 예수님께서, 이렇게 돼요. 우리에게 특권을 줄 수 있는 권리가 있다 그거야.

그래서 그 특권이라는 건 뭐냐 하면 예수님을 통하여 오는 특권인데 그래서 이 사도들에게는 성령을 받으라 그러면서 네가 뉘 죄든지 사하면 사하여질 것이고 그냥 두면 그냥 있으리라. 이건 사죄의 특권이야요, 사죄의 특권. 네가 뉘 죄든지 사하면 사하여질 것이고 그냥 두면 그냥 있으리라. 그것이 정말 사도들의 특권입니다. 이걸 주기 위해서 주님은 암만 부족하지만 찾아왔더라 그거요. 찾아와서 야, 좀 만져봐라. 당신의 부활한 몸을 만져 보라면서, 성신 받아라! 네가 뉘 죄든지 정하면 정해지고 사하면 사해지리라.

그러면 우리 주님께서 특권을 맡길 때 완전한 사람에게다 특권을 맡깁니까, 완전치 못한 사람에게다 특권을 맡깁니까? 그러니까 그건 뭐냐? 아니 이거 이상하잖아요? 여러분들 지금 여기 예수님이 오셔서 자, 우리 예수님 따라가는 제자라면 자, 이제 내가 십자가에 못 박혀 죽었다가 사흘 만에 살겠다 하고 죽었다면 여러분은 무덤에 아침에 찾아가겠소, 집에서 잠만 자겠소? 예? 여러분들은, 예? 찾아가겠어요? 자, 예수님이 거짓말 합니까, 거짓말 안 합니까? 예? 아니, 거짓말 안 하는 예수 믿는 사람들이 꼭 죽었다 사흘 만에 살겠다는데 그날 무덤을 안 찾아가고 잠만 자는 거야. 원 이런! 그게 믿음입니까?

자, 그래도 그런 사람을 갖다가 주님이 찾아오는 거라요. 원형은 제자가 무덤을 찾아가야 돼요, 예수님이 제자를 찾아와야 돼요? 예? 아, 십자가에서 죽는 시간에도 다 도망을 갔어. 원형은 십자가에 죽는 시간에 가서, 자, 주님이 뭐랬소? 세상 만민의 죄를 위해 죽겠다 그랬지요? 예? 그러면 그걸 그대로 믿어야지요? 그럼 거기 찾아가서 오, 주여 날 위해 죽은 예수님이여. 제자들이라도, 베드로라도 좀 울면서 이렇게 기도라도 해야지.

분명히 인간의 죄를 걸머지러 왔다고. 세례요한이가 뭐랬소? 무슨 죄를 걸머진 어린양이라고요? 세상 죄를 지고 가는 어린양이라고 그랬는데, 또 분명히 십자가에 죽겠다고 그랬는데 아니, 그걸 안 믿고서는 그저, 자, 여러분들 우리 같으면 그때 십자가 앞에 가 엎드려서 기도 하지요. 오, 주여! 웬말인가 날 위하여 주 돌아가셨나. 이 벌레 같은 날 위해 큰 해 받으셨나. 자, 우리는 이래야죠? 예? 우린 그러겠소, 안 그러겠소? (그래야지요.) 뭘 그래요. 하하.

아니 예수 믿는 사람들이 그렇게 이적을 많이 보고 아, 그랬는데 다 도망갔어. 그 말 한마디 못합니다. 바보 같은 인간들이. 그게 인간이야요. 자, 일러 봅시다. 바보 같은 인간들아 너희 죄를 위하여 죽는데 감사하단 말 한마디도 못해? 한편에서는 또 욕을 합니다. 에이 더럽다고, 침을 퉤 뱉으면서, 하나님의 아들이야? 하나님의 아들이 왜 저 꼴이노! 아이고, 아이고, 아이고. 이게 인간이야요.

자, 이런 것들 데리고서 어떻게 일할 수 있소? 예? 일할 수 있어요? 못된 놈들! 아주 천하에 나쁜 놈들! 3년간 따라다니면서 얻어먹기도 잘하고 구경도 잘하고 그러고서 이제 와서 예수님이 인간 죄를 위해 죽겠다고 미리 말했소, 안 했소? 그랬는데 그 십자가 앞에 가 기도 한마디 안 하고 다 도망가 버렸어요. 그 전날 밤에 겟세마네동산에서 기도하는데 하룻밤 기도도 못했지요? 그 원 그랬다 하더라도 부활하는 날 아침에는 너무 궁금해서라도 가 보지. 쿨쿨, 문 걸어 매고. 그런데 주님이 떡~ 찾아와서, 저주하느니라? 평강이 있을지어다? 평강이 있을 지어다.

야~ 과연 믿을 만한 예수님이요. 예? 믿을 만한 예수님이죠? 찾아와서, 평강이 있을지어다. 아버지께서 나를 보내신 것같이 나도 너희를 보내겠다. 이것들을 무엇에다 쓰겠다고 보낼까요? 보내기는. 보내겠다는 거라. 아버지께서 나를 보내신 것같이 나도 너희를 보내겠노라. 아 그러더니 쉭~ 그러는 거요. 숨을 냅다 쉬면서, 성신 받아라! 또 그러면서 또 그런 사람들 보고, 네가 뉘 죄든지 정하면 정하여질 것이고 사하면 사하여지리라.

이거 도무지 이상한 말 아닙니까? 예? 자, 주님께서는 한 번 택해서 쓰기로 작정한 다음에는 인간이 아무리 부족해도 찾아가서 억지로라도 쓰는 법이야요. 그럼 여러분들 이번에 꼭 권세 받을 자신 있지요? 찾아오셔서라도 줘야지 안 주면 누구 손해요?

자, 약해도, 어리석어도, 못났어도, 믿음이 없어도, 왔다 갔다 하더래도, 그래도 예수 것이야요. 그렇죠? 그러니까 주님이 찾아오는 거지. 그러나 만일, '예끼 이놈의 새끼들 저주…' 그러면 그 주님은 의로운 주님이 못 돼요. 자, 예수님이 그렇다고 버리고 말면 옳은 주님이요, 옳지 못한 주님이요? 그러니까 전부가 하나님의 의요, 예수님의 의뿐입니다.

우리 주님은, 난 그래서 주님의 사랑은 그거라 이거야. 한 번 그 사람을 쓰기로 작정해서 택해 놓은 다음에는 아무리 부족해도 찾아가서 넘어지면 일으켜주고 더러우면 또 씻어주고 이렇게 해서라도 쓰는 게 예수님이라 이거요.

어떤 주인이 사람을 갖다 쓰는데 그 사람이 의사입니다. 병을 잘 고쳐요. 그런데 자기 집에 와서 일하다가 병이 나면, 이놈의 새끼 죽어라 해야 옳소, 그걸 고쳐줘야 옳소? 예? 안 고쳐주면 아주 나쁜 놈이죠? 예? 병을 잘 고치는 의사가 자기 집에 사람을 갖다 쓰다가 그 사람이 병이 낫다고 거기서 죽으라 하면 나쁜 놈이요, 옳은 놈이요? 나쁜 놈이죠. 그걸 고쳐줘야 옳은 사람이지요.

그러게 우리 주님은 세상 의사보다도 더 잘 고치는 예수님이죠? 내가 세상에 온 것은, 그러니까 우리 주님은 우리를 살릴 능력도 있고 들어 쓸 능력이 있단 말이요. 그러니까 사람이 이렇게 됐더라도 주님은 그 사람을 찾아가서 그 사람을 다시 고쳐서라도 써야 그것이 주님의 의란 말이야요. 옳은 주님이란 말이야요. 그렇잖아요? 만일 옳은 선생님이라면 제자를 갖다가 쓸 적에 그 사람이 모르면 잘 깨우쳐 줘야 옳은 선생이요, 알지 못한다고 몽둥이로 두들겨서 내쫓아야 됩니까? 그러니까 우리는 전부가 다 하나님의 의뿐이요, 주님의 의뿐이야요. 다른 거 없어요.

내가 주님을 택한 것이 아니고 주님이 날 택했고, 내가 주님을 찾은 것이 아니고 주님이 날 찾았고, 내가 주님을 붙든 것이 아니고 주님이 날 붙들었고, 내가 주님을 따라가는 것이 아니고 주님이 날 이끌어 주고, 내가 주님의 일을 하는 게 아니고 주님이 날 강제로 들어 쓴단 말이요. 그렇지 않습니까?

그래서 이것이 우리에게 준 특권이라 그거요. 우리가 잘했다는 조건이요, 택한 조건이요? 택한 조건이야요. 그건 왜? 자, 일러 봐요. 천상천하의 권세 받은 예수님 대신에 가는 사도니 권세 줘야죠? 그랬다고 예수님이 그 권세 줬다고 해서 누가 잘못했다고 그럴 사람 있습니까? 자기 사람 자기 맘대로 하는데 어떻단 말이요? 에이 주님! 그런 고얀 놈들, 무슨, 안 됩니다. 그럴 권리가 있어요? 예? 베드로보고 너, 저, 며칠 전에 예수 모른다고 했던 네까짓 게 뭐이가? 그럴 권리가 있습니까? 그럴 권리가 있어요, 없어요? 없단 말이에요.

아, 자기 종 자기 맘대로 쓰는데 누가 뭐라고 그래? 그런데 요즘에 싱거운 사람이 참 많아요. 하필이면 그런 사람 들어 쓸까? 지가 무슨 권리가 있어? 개수작 하지 말란 말야. 그렇소, 안 그렇소? 예? 왜 남의 종 간섭하느냐 말야. 주님이 쓰면 썼지, 감사하다고 그래야지.

예수님의 십자가를 못 믿고 부활을 못 믿고 숨어 있는데도 찾아와서 우리 주님이, 네가 뉘 죄든지 정하면 정해지고 사하면 사해진다 말야. 그러면 그렇게 됐단 말이요. 이게 특권인데. 자, 그러면 일단 사도에게 특권을 맡겼지요? 그러면 우리들이 사도가 전하는 그 말 고대로 믿어야 돼요, 고대로 안 믿어야 돼요? 예? 그럼, 사도가 만진 것을 내가 만진 것같이 믿습니까? 인젠 일단 예수님이 십자가에 못 박혔다 부활하신 몸을 만져 보라고 그러고서 맡겼으니까 그분들이 자, 어떻게 본다면 우리만 믿음이 못한 것 같지요? 그리 될 수가 있나? 이해가 안 되거든요. 그거 이해가 안 되잖아요? 3년간 동안 주님 따라다니면서 친히 보고 이렇게 하고 또 어찌해서 주님의 부활을 의심했냐 이거야. 믿었소, 의심했소? 예? 의심을 했지마는 부활하신 몸을 만져 보라고 그러면서 나가 증거하라는 거요. 알겠습니까? 만져 봐라. 만져 봐라.

그래 그겁니다. 일단 잘했든 못했든 하나님께서 대표로 세워놓으면 그 사람 특권이 있어요. 누구든지 사도가 증거한 고대로만 믿으면 죄 사함 받고, 고대로 안 믿으면 죄 사함 못 받는 거에요. 인제 와서 뭐 가타부타 말할 권리가 어디 있습니까? 그렇기 땜에 난 그렇게 알아요. 사도에게 일단 권리를 맡긴 그다음엔 우리는 그저 고대로 믿으면 되는 거요. 사도가 본 것을 우리가 본 것같이, 사도가 그 직접 쓴 것이 직접 그 고대로, 그렇게 믿으면 의심할 거 하나 없습니다. 그렇잖아요?

자, 보시오. 누가 천당을 갔다 왔다는 일이 똑똑해요, 사도들이 쓴 것이 똑똑해요? 괜히 그러니까 요즘에 와서 성경을 그대로 믿지 않고 딴 걸 구하면 말짱 사단이가 오는 거야요. 그러게 난 요즘 뭐 입신 한다 환상 본다 이런 사람들 난 위험하게 봅니다. 위험하게 봐요. 그 무슨 필요가 있냐 말이요.

자, 천국에 대한 분명한 증거가 성경에 기록 돼 있는데 뭘 딴걸 보겠다고 자꾸 그러냐 말이요. 그렇잖아요? 그렇소, 안 그렇소? 그리고 혹 성경을 바로 알게 하기 위해서 혹 보여준다는 건 모르겠지마는 그 자꾸 그런 데 치우쳐서 이렇게 치우치면 사단이 얼마든지 들어옵니다. 안 돼요.

그러게 나는 제일 건전한 신앙은 뭐냐 하면 한 번 그 대표의 사람에게 특권을 맡긴다면 그저 그분이 증거한 그대로 그저 가감 없이 그저 그대로 믿으면 그 사람의 특권을 맡긴 그대로 믿으면 그저 고대로 다 이루어지는 거라요.

요즘 이 교회가 성신역사 강하지 못한 것은 사도들이 증거한 고대로 다들 믿습니까? 고대로 다 믿는다면 이래요, 은혜시대에도 사도들이 쓴 고대로 다 믿고 고대로 순종하면 사도와 꼭 같이 역사 일어나는 거요. 알아요? 그걸 알아야 됩니다. 무슨 뭐 딴 객설할 필요가 뭐 있겠어요? 뭐 처녀 몸에 났느니 안 났느니 뭐 어드러니 뭐, 그런 개소리 할 필요도 없단 말이요. 그건 미친놈들이에요. 일단 사도가 써 놓은 그대로 믿고 말지 무슨 딴소리야. 그대로 안 믿을라면 목사 그만두고 말아야지.

자, 사도들이 쓴 고대로 믿지 않을 바에는 사도가 세운 교회에 들어 갈 필요도 없지요. 그렇잖아요? 예? 남의 교회 왜 가서 지저분하게 굴어 먹냐 말야. 그렇소, 안 그렇소? '피 흘려서 세운 교회 거룩하다. 조금인들 변할소냐 변하면 멸망' 그렇잖아요? '극상포도 심은 농부의 바라는 것 무엇인가 변치 않는 포도 열매.' 사도들이 쓴 고대로 안 믿을 바에는 사도가 세운 교회는 왜 가? 차라리 보천교를 가든지, 그렇지 않으면 천교도를 가든지, 그렇지 않으면 바로 백백교를 가든지, 그렇지 않으면 저 목탁 두드리는 중이 되든지, 그렇잖아요? 이 목탁 전도사 그렇소, 안 그렇소? 하하.

나 원 그 모를 일이야. 사도가 쓴 고대로 안 믿을 바엔 왜 사도가 세운 교회는 왜 가서 그 야단이야? 나 원, 싱거운 사람들. 그러면 그러시오. 여보, 당신 왜 사도가 세운 교회 와서 왜 지저분하게 굴우? 당신들. 그래요, 안그래요? 예? 알아요? 이 양반들. 왜 사도가 세운 교회에 와서 지저분하게 굴어 당신들. 뭐 인제 와서 뭐 동정녀 잉태설 부인? 이거 무슨 개소리야 너희들. 그렇잖아요? 예? 그 왜 남의 교회 와서 지저분하게 굴어. 사도들이 증거한 고대로 고대로 믿을라면 사도가 세운 교회 가서 일할 거지, 고대로 안 하려면 왜 남의 교회 가서 시끄럽게 구냐 말야. 그렇잖아요? 경우가. 예? 그렇지요? 사도가 교황 냈어요? 예? 교황 냈어요? 냈어요, 안 냈어요? 교황. 신부 냈어요? 그 왜 그 싱겁게 그러냐 말야. 참 답답한 사람들이에요. 그건 말이 안 되는 거라요.

그러니까 한 번 그 사도에게 분명히 주님이 특권을 맡겼으면 그분들이 그저 써 놓은 글자 그대로 믿을 것뿐이지, 무슨 인제 와서 뭐 어떻고 저떻고 잔소리할 건 뭐 있냐 말야.

그러게 난 그거에요. 신앙 생활은요, 그저 대표를 한 번 세워 놓으면 그 대표에게 쓴 그대로 그저 잔말 없이 순수히 나가면 그저 꼭 그 사람과 같이 역사 일어나요. 내 그걸 알았다니까요. 왜냐, 자, 기독교는 설 때에 완전하게 선 교회야요. 안 돼요. 그래서 내가 과거에 신앙 노선이 잘못된 걸 거기서 발견했습니다. 사도가 쓴 글자 그대로 믿지 않고 이걸 일점일획이라도 가감하니까 성신이 역사하지 않더라 그말이요. 역사 안 합니다. 안 됩니다. 그들이 쓴 고대로, 특권이 있어요. 그 양반들이 특권이 있다니까요.

자, 사도에게 특권이 있지요? 있잖아요? 특권이. 무슨 다른 거 더할 필요가 뭐 있겠습니까? 그러게 성경 봐도 그렇게 보면요, 그저 은혜가 막 옵니다. 자, 사도들이 보지도 못하고 봤다고 썼을까요? 고대로 그저 우리가 받아서 믿으면 깨끗하고 평안하고 만족하고 명랑하고 그저 그냥 은혜가 와요. 아무것도 없습니다.

그리고 여기에 사도 요한에게 계시를 보일 때에 사도 요한에게 쪼끄만 책을 주면서 이거 받아먹어라. 입엔 단데 배엔 쓰거든요. 그런데 세계만방에 다시 예언하라. 그러면서 지팡이 같은 갈대를 줬단 말이야. 주면서, 척량을 해라. 그러면 척량 받는 사람이 말할 권리가 있습니까? 예? 자막대기 좀 길게 맹글자고 그럴까요? 길게. 여보, 자막대기가 좀 짧소, 좀 길게 합시다. 그럴 권리가 있습니까? 척량을 받으면 이방에 밟히지 않을 것이요, 척량을 못 받으면 밟히리라, 그저 그거야요.

자, 사도들이 십자가를 증거하는 특권을 맡았으니 고대로 믿으면 죄사함 받는 거요, 고대로 안 믿으면 죄 사함 못 받는 거요. 자, 말세에 다시 예언자가 나오니 고대로 척량 받으면 환난 가운데 남는 거요, 안 받으면 환난이 올 때 죽는 거요. 그거에요. 간단한 문제에요. 그럼 다시 예언자라는 건 자, 그때 사도 요한이가 다시 예언자입니까, 그건 묵시를 봤습니까? 뭘 괜히 시끄럽게 그럴 것 뭐 있어요? 그겁니다.

그러니까 난 여러분 앞에 이 시간 단언적으로 말합니다. 자, 보시오. 동방에 다른 천사가 나타났는데 다른 천사의 역사는 사도 요한의 사명이라는 게 나타나지요? 그렇지요? 계시록 7장에 본다면 다른 천사가 살아계신 하나님의 인을 가지고 나왔다. 10장에 가 본다면 작은 책을 들었는데 사도 요한보고 그걸 받아먹고 다시 예언하라 그랬거든. 그걸 본다면 사도요한의 사명이란 말이야. 사도요한의 사명. 그러면 쪼끄만 책은 요한계시록이죠? 하나님의 인으로 봉한 책도 요한계시록이죠?

그러면 사도요한에게 다시 예언하라는 말을 하면서 척량을 해라 하는 특권을 말했거든요. 그러면 자, 은혜시대의 특권은 천국 열쇠를 누구에게 준다고 그랬어요? 베드로에게 줄 때 베드로에게만 줬소, 12사도가 다 있었소? 다 같지요. 왜? 대표지만 같아요. 여기 본다면 베드로만보고 그랬소, 다 그랬소? 예? 다란 말야. "너희"라고 그랬거든. 대표라고 해서 대표가 혼자되는 게 아니거든. 그때 대표는 베드로지마는 여기 부활해서 말하기를, 먼저는 베드로보고 천국 열쇠를 내가 네게다 주노라. 그리고선 그다음엔, 네가 뉘 죄든지 정하면 정하여지고 사하면 사하여지리라. 그리고선 부활하신 후에 다시 나타나서는 그때는 베드로에게만보고 그랬소, 일반보고 다 그랬소? 다 그랬어요. 그걸 본다면 천주교에서 신부만이 베드로 계통이란 건 말이 안 되잖아요? 말이 돼요? 그게. 예? 그렇소, 안 그렇소? 예? 자, 여기 보라우요. 여기 가만히 보세요. 이런 거 가지고 천주교인 만나면 좀 토의하세요. 자 봐요, 저희를 향하여 숨을 내쉬며 가라사대 성령을 받으라! 너희가, 너희가 그랬거든. 그때는 베드로만보고 그랬소, 그 사도보고 전체 다 그랬소? 그 어떻게 베드로만 속죄권이 있어 가지고, 그러면 저 천주교에서, 말이 됩니까? 그건 말이 안 되는 거요.

자, 누구든지 사도들이 증거한 고대로 나가 증거하면, 누구든지 믿으면 죄 사함을 받고, 안 믿으면 정죄를 받는 거라요. 그거야. 그러니까 사도 사명은 목적이 속죄지요? 속죄 목적 아니야요? 자, 누가복음 24장 보세요. 지금 여기서 변론 설교를 듣고 있는데요. 이거 여러분들, 내가 하는 설교는요, 대개 다 보면 전부 변론이야요. 그러니까 이거 지금 나가서 우리가 변론할 문제란 말이요, 앞으로. 변론할 문제야요. 자, 45절 봐요. 24장 45절, "이에 저희 마음을 열어 성경을 깨닫게 하시고, 또 이르시되 이같이 그리스도가 고난을 받고 제3일에 죽은 자 가운데서 살아날 것과 또 그의 이름으로 죄 사함을 얻게 하는 회개가 예루살렘으로부터 시작하여 모든 족속에게 전파될 것이 기록되었으니 너희는 이 모든 일의 증인이라" 뭘 받게 하는 일에 증인입니까? 예? 죄 사함 받게 하는 일에 증인이라.

그래서 이거 사명자의 특권의 진리를 바로 알아야 됩니다. 요즘 교회에서 이걸 잘 몰라요. 그래서 자꾸 혼선이 됩니다. 일단 사도에게 속죄의 십자가, 부활을 증거하는 특권을 맡겼어요. 그러면 그들이 증거한 고대로 우리가 일점 가감하지 말고 그대로 믿으면 누구든지 다 구원을 받는 거야요.

그리고 마지막에 다시 예언자에게 다시 예언의 특권을 맡겨놓으면 고대로 통과 되고 마는 거라요. 다시 예언. 자, 분명히 여기 속죄의 특권도 대표가 있소, 대표가 없소? 있단 말야. 여기 예언도 대표가 있죠? 대표가 있을 것을 말하지 않았습니까?

 이거 하나를 똑똑히 알아야 우리가 신앙의 노선이 혼선 안 됩니다. 그러면 보세요. 이건 큰 문제가 하나 들어가는데 오늘 저녁에 여러분 앞에 노골적으로 내 말하는 거요. 자, 그러면 말세에도 대표가 나올 거요, 안 나올 거요? 이건 십자가를 증거하기 위한 대표요, 다시 예언의 대표요? 예언의 대표거든. 반드시 나올 것을 말하지 않았어요? 십자가로 끝이라는 거요, 예언으로 끝이라는 거요? 나오는 데는 사도 요한보고 맡겼다. 그러면 사도요한이가 그때 된 게 아니라 사도 요한의 사명인데 동방에서 나오는 역사란 말이거든. '다른 천사는 동방에서 나온다'.

 그러면 하나님이 이 산에서 자, 난 그 생각도 못했던 일인데요, 봐요. 이건 부득불 나는 진리 문제 때문에 나는 노골적으로 말합니다. 나는 절대로 종말관을 연구 안 하던 사람이에요. 순~ 십자가밖에 모르는 사람이라, 십자가. 정말 십자가밖에 모르는 사람이에요. 내가 원 조금이라도 영웅심을 가지고 무슨 그저 연구해 봤다면 모르겠는데 난 그저 순수한 십자가 증거하는 사람이라요. 그래 빈민굴에 가서도 그저 너무 괴로운 가운데서 십자가 묵상하는 데 깊이 들어가 가지고 그저 밤새도록 십자가만 묵상하다가 아니, 음성이 들려오는데 그거란 말이요.

 종말의 비밀을 몽땅 다 네게 알려주기로 결재가 났으니 너는 사도요한과 성질이 꼭 같은 사람이라. 그래 찾아왔다 그래요. 아니 나보고 사도 요한과 같은 사람이라는 거요. 성질이 같다는 거라요, 나보고. 그러면서 너는 이제 기독교 종말의, 하여간 종말관의 비밀은 몽땅 다 너를 통하여 알려주기로 결재가 났다 그래요. 그러면서 말하기를, 네 말을, 이제 내가 네게다 이 말씀을 다 주는데, 새 시대 갈 사람은 순종할 것이고, 죽을 사람은 순종을 안 한다고 그래요. 그러니 억지로 갖다가 전하지 말고 또 누구를 무시하지 말라고 그래요. 천당 갈 사람은 절대 안 믿는답니다. 그러니 요거 믿지 않는다고 에잇 사단아 그러지 말라 그래요. 자, 공동묘지 갈 사람이 이거 믿을 필요가 있습니까? 그러니까 그러라고요. 안 믿으면 오, 알았습니다 그래요. 공동묘지 갈 사람이구려, 그러고 말아요. 그거 괜히 사단이라고 그러지 말라구요. 그러면 안 돼요. 아, 알았수다. 공동묘지 갈 양반이로구만. 안녕히 가십시오 그러고.

그러게 아, 그게 오지 않습니까? 절대에 무시하지 말랍니다 이거 반대한다고. 여러분 그렇게 하면 당신들 압력 받아요. 에이 가짜 목사다. 사단이! 그러지 말라구요, 안 믿어진대요. 안 믿어져요. 그러나 양심상 반대는 안 합니다 천당 갈 사람은. 반대하면 성신 훼방죄에 걸리면 지옥가요. 회개 안하면. 그러게 나 반대하던 사람은 매양 죽으면서 회개 하더래요. 징징 울면서.

그래서 하나님께서, 이제 앞으로 보시오. 이 복음은 절대에, 이렇게 돼 있어요, 앞으로요. 이제 요건 변화성도만이 척량을 받는데 그밖에 사람은 그저 두 가지 사람 나와요. 이제 절대에 요건 척량 받은 사람은 요건 누구냐 할 때에 말세 사명자다.

자, 그러면 보시오. 어떠한 대표에게 말씀이 분명히 나타나면 다시 뭘 연구해 볼 필요가 또 뭐 있습니까? 예? 자막대기 갖다가 늘쿨라고 연구할 필요가 있습니까? 요놈의 자막대기 어떻게 좀 늘켜 쓰노? 하고 연구할 필요가 뭐 있어요? 그와 같은 거야.

자, 그러면 보세요. 그러면 난 내가 지금 내가 분명히 나는요, 분명히 내 사명은 말씀 다시 예언의 사명이라는 걸 내가 확실히 증거하는 거요. 그다음에 가서 이 산에서 불 가운데서 하나님이 명령할 때에 나보고, 갓지파 후손 아무개야. 영도에서 갓지파 후손 아무개야 나보고 그래요. 그런 음성이 와요. 너 네 조상이나 똑똑히 알아라 그래요. 내 조상이 누굽니까? 하니까 갓지파로구나. 갓지파. 너 악비장군 후손이지? 악비가 갓지파란다. 너 대한민국의 단군 무시하지 마라. 너희 민족은 이스라엘, 우리 민족은요 이스라엘 피가 흘러왔다 그래요. 그렇게 알려옵디다. 너뿐이 아니라는 거요. 이스라엘 피가 흘러온 민족이라는 거요. 이 민족이. 이상하잖아요?

그러면서 야곱의 예언이 응하기 위해서 내 너를 찾아왔다 그래요. 야곱의 예언을 봐라 그래요. 그래서 창세기 49장 보니까 갓은 군대를 일으킨다 그랬어요. 군대, 군대. 군대를 일으킨다 그랬거든요. 그러면서 나보고 말하기를 앞으로 네가 수많은 군대를 일으키는 데는 이 진리를 가지고 군대를 일으킨다 그래요. 그래서 갓지파 후손이 마지막에 군대를 일으키는 사명이라는 것은 야곱의 예언이다.

그러더니 이 산에서 불 가운데서 음성이 나올 때에 갓지파 후손 아무개야! 너의 이름을 '뢰자'라 고쳐라, 그런단 말이요. 이상하지 않습니까? 그건 왜냐? 너 유성이란 이름을 쓰지 마라. 유리라는 건 뭐, 부닥치면 깨지길 잘하죠? 그러니까 절대 '뢰자'라고 쓰라는 거요. 그래 가지고서 너는 성전 지으면 이곳에 말씀 보내는, 이 성전으로 말씀 보내는 것으로써 세계를 통일하겠다. 널 대적하는 사람은 첫번에 내가 흑암을 부어줄 것이고, 그다음엔 멸망을 시키겠다. 그거야요. 그다음엔 이 산에서 새힘이 임할 때도 또 다시 갓지파 후손 아무개야, 너 네 입에 말씀을 줄 텐데 인제부터 네 입을 도구로 쓰겠다 또 그래요. 도구로, 도구로. 전부.

그저 여기 오신 여러분들에게 말합니다. 이거 작은 문제가 아니요, 자, 종말관의 진리에 대해서 다시 예언의 사명은 하나님이 내게 맡긴 줄 믿습니까? 그러면 여러분들 그저 하나님이 맡긴 거 당신들 뺏지 못해요. 예? 나 안 주고 왜 이목사 줬어? 그럴 권리가 없어요. 예? 박문수 목사 그럴 권리가 있어요? 예? 무슨 말할 권리가 없어요. 괜히. 아, 난 이 목사보다도 세밀하게 안다. 누가 그럽디까? 나보고 그런 말 안 왔어요. 누가 더 세밀히 안다고 그러지 않았어요.

얼마나 당신들이 권세가 많아서 다칠 권리가 있습니까? 나도 그렇게 못하는데요. 내가 만일 받은 말씀에서 조금이라도 가감한다면 나도 그걸 다치는 거 아니야요? 안 되지요. 그거 분명히 아셔야 됩니다. 그거 하나 분명히 여러분이 알아야 이번에 여러분에게 뭣이 올 겁니다. 틀림없어요, 괜히.

자, 여러분들 현 교파에서 이단소리가 무서워서 그거 우리가 말 못하겠소? 담대히 나가 말해야 돼요. 그래야 당신들이 주권이 있습니다. 그것이 박약하기 때문에 여러분들에게 지금 강한 역사가 안 임하는 거에요. 박약한 거요. 박약해요.

그러게 딱 그저 나가면 이 목사에게 이미 다시 예언의 특권을 맡겼으니 내게도 준다고 그렇게 나가야 돼요. 이 목사에게 준 것 내게도 준다 이렇게 말해야지, 이 목사는 이 목사요, 나는 나대로 받아보겠다면 준대요? 자, 난 나대로 받아보겠다면 하나님이 줄까요? 네가 무슨 권리가 있냐 이놈아. 자, 사도들이 증거하는 거 나 못 믿겠습니다. 주님 내게도 나타나서 나도 한 번 만져보고 내게도 또 좀 주세요. 그러면 될까요? 안 되는 거요. 그런 무질서가 어디 있습니까? 그걸 똑똑히 아시라고요. 그래야 여러분들에게 특권이 임합니다. 분명히 이 사람에게 이걸 맡긴 거야요.

그러니까 여러분들도 이 목사에게 맡긴 그것을 내게다 준다고 믿어야 돼요. 이 목사 대신 내가 나가는 사람이다. 이 목사 대신 내가 나가는 사람이다. 왜냐? 우리 은혜시대의 종들은 옛날 베드로 대신 나가는 사람들이죠? 사도 대신이지요? 그렇잖습니까? 왜? 성신권능을 받아가지고 예루살렘과 유대와 사마리아 땅 끝까지 내 증인이 되라는 건 베드로가 여기까지 왔습니까?

그러니까 은혜시대 종들도 사도들이 가르친 말씀에 가감하면 그건 바짝 마르고 마는 거라요. 내가 그걸 몰랐댔거든요. 사도가 준 교훈 고대로 안 하니까 성신역사 내리지 않더니 고대로 믿고 순종해 나가니까 막 내리더란 말이요. 내 확실히 체험했습니다. 은혜시대 복음도요.

이거를 분명히 알고 이미 다시 예언의 말씀의 특권은 이뢰자라는 사람에게로 왔어요. 왔으니까 여러분들 터치할 권리가 없습니다. 왜냐하면 보세요. 자 보세요. 또 이게 달라요. 예? 사도의 특권이 더 높아요. 이게 더 높은 거요? 예? 이게 더 높은 거야요. 왜? 이건 하나 보탠 거에요. 자 나부터도 과거에 십자가 증거할 땐 사도 계통이 됐지요? 그렇지요? 그렇잖소? 거기다 하나 더 보탠 거야. 그러니까 하나님의 종들은, 자 이날까지 하나님의 종들은 여기 오신 목사님들 다 사도의 계통이죠? 그렇잖소? 계통인 거기다가 하나 더 보태 놓는 거야요. 알아요? 그것이 하나님의 종들의 이마에다 인 맞는다는 거죠? 알겠습니까?

자, 원수한테 쓰러지면서 십자가 증거하던 종들이, 원수를 막 짓밟고 나가니 하나 더 준거 아닙니까? 이것을 분명히 아셔야 됩니다. 그렇기 때문에, 십자가 부활을 의심하고 있던 사람들에게 맡기는 것과, 인제 시련 단련 가운데서 마귀와 싸워 이긴 사람에게 맡긴 것과 달라요. 달라요. 이렇게 말하면, 저놈 봐라, 그러면 사도보다 높단 말이야? 원 저런 이단 봐라 저 놈. 그러지 말란 말요.

뭐 자 지금 이러죠? 사도시대까지 끝 다 났다는 거죠? 끝이 난거요, 시작한 거요? 시작한 거지 끝난 거요? 그게. 그래야 되거든요. 그때 그분들은 죄사함 받게 해 주라는 이 특권을 받은 거지, 재앙으로 땅을 치면서 막 그저 원수를 짓밟고 나가라는 특권 받은 사람 아니야요.

그래서 이 특권이 진행돼야 우리나라가 바로 섭니다. 특권 단체가 나와야 된단 말이요. 특권 단체. 알아요? 인제 대한민국의 국가 운명도 특권 단체에 의해 좌우되는 거야요.

그러니까 여러분들이 정말 따로 뭘 받겠다고 그러지 말라구요. 이미 왔어요. 예? 이미 이 강단에 왔어요. 왔으니까 여러분들은 그저 척량만 받으면 되는 거야, 뭐, 뭐. 자, 말씀이 세밀히 나타났으니 그대로 전하면 됐지 뭐. 수지맞소, 안 맞소? 뭘 괜히 시끄럽게 그럴 게 또 뭐 있냐 말이야. 괜히 얼마나 더 아는 것처럼 내가 말하지 않은 것을 딛다 말하기 때문에 압력 받고 올라가지 못하고. 그러고 댕기고. 그럴 필요가 없는 거라요 괜히.

우리는 자, 은혜시대는 그 사람이 죽어 천당 갈 정도로 전하면 되는 거지요? 환난 가운데는 그 사람이 살아서 새 시대 가도록 전하면 되잖소? 괜히 별특스럽게 뭘 자꾸 또 딴소리 하느냐 말이야. 자, 언제 3차전이 난다, 안 난다 그런 소리 할 필요가 뭐 있습니까? 그저 하나님 주권이지 뭐. 언제 전 삼년이 왔다 안 왔다 또 말할 건 뭐 있어. 또 이러지 마시오, 나가서. 아, 우리 목사님 저, 아마 인제부터 전 3년반 온 게야, 그 딴 말 하지 말라구요. 우리 전 3년 반이 왔다 안 왔다 그 말 전하는 게 우리 책임이 있소, 다시 예언하는 거요? 그거야 그거 무슨 말할 필요가 뭐 있습니까? 괜히.

누가 뭐 권세 받았다 안 받았다, 누가 뭐, 기도해 보니까 누구는 새까맣더라, 뭐 하얗더라, 어느 사람 어떻다, 그 따메 소리 할 건 또 뭐 있냐 말야 그거. 그거야 주님의 처분에 있지 뭐. 까만 사람도 희게 만들고 흰 사람 까맣게도 될 수가 있지. 괜히 여러 말 하지 마시고 순수하게 다시 예언의 특권을 받으시라 그거요.

하나님의 완전계약의 말씀이 빠짐없이 기록돼 있으니 그대로 순수하게 다시 예언하면 되는 거요. 자, 여러분들 이사야서 잠깐 읽어보니까 그렇게 돼 있어요, 그렇게 안 돼 있어요? 그렇게 돼 있잖아요? 뭐. 쉽지 뭐. 괜히 뭐 주석 쓸라고 할 거 뭐 있어? 주석은 써 뭘 해? 다시 예언인데.

자, 사도들이 십자가 부활을 증거하기 위하여 해석한 성경 외에는 몽땅 고대로 읽으면 되는 거야요. 다 이거 우리가 전할 말이야요. 이사야 1장 떡~ 펼쳐놓고 눈물 뚝뚝 흘리면서 말하면 되는 거야 뭐. 그런데 여러분이 지금 눈물이 부족해요. 하나님이 슬퍼하니 나도 슬퍼해야 진짜 하나님의 종이 아니야요. 하나님은 슬퍼하는데 눈이 말똥말똥해서 남의 흉만 본단 말이야. 하나님의 신이 슬퍼하니 나도 슬퍼하고, 하나님의 신이 강하면 나도 강해지고, 그렇게 되는 것밖에 없어요.

하나님은 완전계약의 말씀을 미리 말씀 다 해놓고 당신의 신을 보내서 다시 예언하게 할 때에 그저 우리 입을 좀 빌려 쓰는 것뿐이야요.

자, 일러봅시다. 입 좀 빌려서 썼다는 조건으로 왕권이 웬 말이요! 예? 수지맞소, 안 맞소? 그 입 좀 빌려 썼다는 셋가락이 대단하죠? 입은 누가 만들었소? 그런데 왜 맘대로 입을 놀려요? 왜 맘대로. 예? 왜 그렇게 말이 많아요? 그건 위법이 아니야요? 하나님께서 말씀 전하라고 쓰는 입인데 왜 제멋대로 자꾸 지껄여? 그건 월권이죠. 예? 월권이요. 그러니까 하나님이 특권을 안 주지요. 아, 안 되겠다. 월권하는 사람에게 특권 줍니까? 줘요? 예? 하나님이 우리 입을 딱 다시 예언하는 입술로 쓸라는데 왜 그렇게 말이 많아요? 지저분한 소리 하지 말라구요. 특권 못 받아요. 괜히 앉으면 그저 쓸 말 못쓸 말 지저분하게, 요렇게 조렇게.

그러므로 은혜시대에는 바울은 십자가 외에는 말하지 않기로 맹세했다. 내가 지혜로운 말, 공교로운 말 쓰지 않는다. 왜? 너희 믿음이 사람의 지혜에 있지 않고 권능에 있게 하기 위해서 그런다고 했어요. 수지맞지 않소? 바울은 예수 믿는다고 돌로 때려죽이던 사람이 십자가만 말 잘했다고 해서 왕이 됐단 말이야, 나 이거 참.

우리 하나님이 그렇게 힘들게 하라는 게 아니에요. 여러분 공산당 주먹으로 치라면 어떻게 하겠어요? 입에 권세만 받으면 말하는 대로 천사도 왔다 갔다 하고, 말하는 대로 하나님도 움직이고, 말하는 대로 재앙이 오고, 말하는 대로 권세 역사 막 내리고, 그런데 뭐. 그건 하나님이 우리 입을 들어 쓰는 거란 말야.

그러면 내 입을 하나님이 들어 써서 책자를 냈다면 여러분도 그대로 전하면 될 거 아니냐 말이에요. 왜 딴소리 할 거 뭐 있어요? 예? 여러분의 입도 따발총이 되고 나도 따발총이 됩시다. 따르륵 따르륵 증거하면 되잖아요? 조정은 누가 하고? 하나님이 하고. 그 뭐 그다지 복잡할 게 뭐 있냐 말이에요.

괜히, 없는 걱정, 없는 말, 특별히 하와처럼 또 여자 반에선 없는 말 너무 하지 마시오. 그 참 나 그거 좀 보면, 밥 먹고 정~ 할 소리 없으면 가만히 있으며 기도나 하지. 이해가 안 돼요. 아마 너무 말재간이 좋다보니까 그렇게 되긴 되겠지마는 그거 왜 그렇게 하시냐 그거요.

자, 일러 봅시다. 이제부터 새 출발은 다시 예언의 출발입니다. 꼭 같이 다시 예언 하자구요. 그러면 꼭 같이 권세 받아요. 내가 여기서 말하는 것이나 여러분 내려가서 말하는 것이나 꼭 같아야 되는 거에요. 그러면 여기 있는 권세 거기도 가고, 거기 있는 권세 여기도 오고 똑같은 거야요.

자, 여기 국문은 다 알죠? 예? 어디 국문 모르는 사람 손들어 봅시다. 예? 국문. 없지요? 국문 모르는 사람 손들어요. 국문. 월간지 볼 줄 모르는 사람요. 없지요? 그럼 말짱 다 다시 예언자 된단 말이야. 그렇잖아요? 그저 무슨 영계가 높고 얕은 건 관계없습니다. 누구든지 마음에 십자가 제단이 있어서, 누구든지 십자가 사랑에 불이 붙어서 남을 살려 보려는 사람이라면 입만 바로 놀리면 다 되는 거야 인젠.

입 바로 놀리라고 하나님이 월간지 내보내고 지금 책자 내보내는 거죠? 그렇잖아요? 그러니까 우리 중심 속에 십자가의 제단만 있으면 그저 다 되는 거요. 피곤해 할 것 없단 말요. 인제는요. 쫙 나갑니다. 그동안에는 나 하나부터도 다시 예언을 할 수 없는 인격이었댔어요. 그러니까 기른 것뿐이고, 인젠 다시 예언의 책자가 나오니까 말요. 나오는 대로 그대로 그저 하면 되는 거에요. 그렇게 하면 세계를 정복하는 거에요. 다른 거 없어요.

하나님께서 당신의 종을 쓸 적에 그렇게 막연하게 말이요, 하지 않는 신이에요. 절대에 하나님의 짐은 가볍습니다. 내 멍에를 메고 내게 배우라. 내 멍에는 무겁다고요, 가볍다고요? 예? 가벼운 거야요. 그렇게 하나님이 당신의 일을 갖다가 힘들게 복잡하게 하라는 게 아니야요. 머리 아프게. 아이구 골치가 아파서 이것도 못해 먹겠다. 아, 어드런 사모님들, 에이! 목사부인 되는 건 개팔자다. 내 따라가며 말릴 테야! 이거 사모님 자격 있어? 그거 말이 안 되거든요.

그리고 자, 인제 이 세상에 제일 권리가 있는 사람은 누구에요? 예? (청중: 변화성도) 변화성도밖에 모르네. 다시 예언하는 사람이지. 다시 예언해야 변화성도 되어 하늘로 올라가지 말이야. 바란다고 그렇게 될까? 다시 예언을 바로 해야죠.

자, 아무리 무식하고 입이 둔하고 인격이 못났더라도 성경 본문 고대로 다시 예언하면 구름타고 올라갑니다. 원, 새로 예언하라면 힘들지만 다시 하라는데 뭣이 힘드냐 말이야 대관절. 기록한 그대로 읽으라는데. 예? 새로 하라면 어떻게, 하겠소? 못해! 다시 하라는데 뭐 그까짓 거 뭐. 딱 기록한 그대로 읽고 하라는데 뭐. 뭣이 복잡합니까?

그래서 요즘 교회가 그걸 알아야 돼요. 다시 예언의 특권이라는 걸 누구에다 줬느냐? 이 사람이 받았습니다. 여러분도 꼭 주겠지요? 틀림없습니다. 이 사람이 그거 받은 거에요. 다시 예언요. 여기 와서 25일 동안에, 여보시오, 아니 그렇게 많이 배운다는 건 말이 안 되는 거요. 그건 다시 예언의 영이요, 다시 예언.

자, 일러 봐요, 가장 복되도다 백의민족이여. 모든 선지들이 꿈꾸던 예언이 백의민족의 입을 통하여 만방에 알려지니 복되도다 백의민족. 이거 분명히 알아야지요. 그래서 하나님께서 그겁니다. "빛나는 동방 땅 끝에 백의의 민족 중에서 놀라운 역사 나타나 온 세계 민족 깨우쳐 유물적 정책에 미혹지 않도록 일으켜 주도다. 진리의 용사들 발맞춰 나가 이기리." 보세요. 자, 발만 맞추면 되는 거죠? 발만 맞추면 된단 말이요. 자, 외로 갓! 바로 갓! 하면 딱딱 맞춰가면 되는 거야.

 자, 일러 봐요. 앞선 사람 빨리 가면 빨리 가고, 놀며 가면 놀며 가고, 넓게 디디면 넓게 딛고, 고대로 맞추면 되잖아요? 절대에 어려운 일이 아닙니다. 글쎄 나는 안 되겠어, 입이 둔해서. 이러지 말아요. 자, 다시 예언은 남 하는 대로 받아 하는 거지요? 벙어리 아니면 되지 않겠소? 벙어리. 암만 벙어리라도요, 자꾸 이제 그 월간지만 자꾸 전하면 다시 예언 하는 거야요. 그렇지요? 이거 분명히 아시라고요.

 그래서 네가 뉘 죄든지 정하면 정해지리라, 사하면 사해지리라 하는 건 예수님의 부활을 의심하고 자는 사람 찾아와서 만져 봐라 하면서 했고, 자, 말세에 진리를 하도 인간이 모르니 하나님의 신이 계룡산에 찾아와서 반 도토리 같은 이뢰자 입을 들어가지고 말한 것뿐이지. 그렇소, 안 그렇소? 예? 써라! 하면 입에서 나오는 거야. 내나 여러분이나 같아. 내가 뭣이 믿음이 좋소? 나는 지금 우리 새일중앙교회 집사들보다 제일 믿음이 없는 사람이라요. 믿음이 없어요. 어떤 때는 우리 안사람보다 못합니다. 또 우리 봉사원들만도 못해. 아니 봉사원들 "믿습니다" 합니다. 아니 저 백암동 교회 지을 때도 말이요, 나는 째째한 사람이라, 야, 돈 없다 야. 그저 기도실도 하지 말고 앞에 현관도 하지 말고 고것만 요렇게 딱 쌓아가지고 말이야, 고거 그냥 예배 보도록 해라. 그랬단 말이야. "아니요, 믿습니다" 합니다. 됐소, 안 됐소? 됐단 말이야. 전부 나보다 낫지 않습니까?

 아, 또 우리 집도 그래요. 야 그 돈 없다. 그거 그렇게 할 게 아니다. 그저 대강해라. "믿습니다. 하나님의 종의 집이 안 되나요?" 됐다 말야. 우리집 좋아졌소, 안 좋아졌소? 그러니까 이런 사람이야 이~, 그래도 들어 쓰는데 여러분들 '믿습니다' 하라구요.

졸장부 중에도 졸장부 이뢰자도 들어 쓰는데 여러분 대장부 아니요? 하하. 육신의 힘도 세니 대장부지, 믿음 좋으니 대장부지, 나는 사실 그런 사람이야요. 믿음이 없어요.

아, 그러게 새 힘 줄 적에 우리 하나님이 계룡산 바윗더미 옆에다 앉혀 놓고서 이놈아! 내리 깎는데, 너 하루 금식해라 그래요 나보고, 하루. 이 사람 그저 용케 계룡산 들어와서 두 번, 이틀 해 봤수다 그려.

아, 첫 번에 수도원 여기서 하는데 아, 수도생들이 그때 몇 사람 들어와선 말짱 금식한다고 밥을 줘야지. 아, 나도 금식 해야지, 별 수 있어요? 하루 하자. 아, 이맘때쯤 되니까 눈이 팽팽 돌면서 야단났단 말야 이거. 아 그래 시계를 놓고 암만 보니 이놈의 시계가 날래 돌아가야지요. 하하. 아 뭐 얼마나 바랬는지, 열두 시가 딱 되기에 냉큼 먹고 말았거든. 용치요? 얼마나 용소? 누구 용탄 말 한마디 해주구려. 아 이거 참. 자, 그렇게 해놓고서는 그래도 자꾸 나보고 책자를 쓰랍니다 그려. 새 노래도 나보고 받으라지. 40일 금식한 사람보고 받으라고 안 그러고 나보고 자꾸 받으랍니다 그려.

아 또 새 힘 올 때 그거야, 하루 하라는 거야. 아 그때는 더하게, 오후 너덧 시쯤 되니까 팽팽 돌지 않습니까? 이거 야단났단 말이야요. 막 배가 꾸불꾸불하더니 뭣이 막 쓸어 올라오고 탄내가 나고 이거 뭐 야단났단 말이야요. 자, 그러니 하루도 못하면 차마 이거 말세종이라 할 수가 있겠습니까? 그래서 그것도 또 억지로 하루 했습니다. 열두 시까지. 열두 시 바늘이 여기 와 딱 닿기에 옛다 됐다. 먹어 버리자. 자, 그러니 소위 새일수도원 원장이 금식 이틀 하는 거 그저 마지

못해 했수다 그려. 억지로. 그래도 나보고만 자꾸 쓰라는 게 이게 이상하잖아요? 아 금식기도를 갖다가 그저 40일씩 두 번, 세 번 한 사람보고 써라 안 그러고. 이상하지요? 자 그거 하나님 그런 하나님이야요. 절대 나는 우리 안사람만치 믿음이 없답니다. 없다 그래요. 우리 아버지 그래요, 너 안사람만 못하다. 사실 그렇거든요. 우리 안사람 믿습니다 하면 곧잘 하거든요. 그런데 우리는 그렇지가 않아요.

 그건 뭔지 압니까? 믿음도 제일 없고, 사랑도 없답니다 내가. 사랑이 없대요. 사랑도 없고 금식기도 제일 못하고 또 성경 본문도 잘 못 읽는 사람이야요. 읽으면 늘 빵점 맞아요, 안 맞아요? 한 자, 두 자는 늘 가감하거든. 자, 그렇지, 자 이거 뭐 그런데 하나님이 내게 한 번 딱~ 영도에서 이렇게 해놓고서는 날 통해서만 이렇게 하는 거 보면 하나님 한 번 딱 정해 놓으면 그 사람이 그 사명에 대해서 배반하기 전에는 그대로 쓰는 것 아니에요? 그렇잖아요? 참 고마워요.

 그러니까 그겁니다. 부활을 의심하는 사람을 찾아가서 부활을 증거하라고 손과 옆구리를 보여주면서 사죄의 특권을 맡겼어요. 요한계시록 보지도 않고 연구도 안 하고 이사야서 보지도 않았고, 저는 이사야서 불과 서너 번밖에 안 봤습니다. 그걸 말입니다. 그전에. 안 봤어요. 자, 제일 안 읽는 사람, 연구도 안 하는 사람, 꿈에도 나 알아보려고도 안 그랬댔어요 계시록은. 정말 알아보려고도 안 그랬댔어요. 알아보려면 골치만 아픈데 뭐. 그랬는데 그저 강권으로 갖다가 하나님이 이렇게 하는 거 아닙니까?

 자, 한국에서 요한계시록을 칫 때리고 내리 때리고 외우는 사람 있어요. 얼마나 잘 웁니까? 내리 때리고 칫 때리고. 뭐 그저 굉장합니다. 그런데 나는 알아보려고도 안 그랬다니까요, 정말요. 한 번도 내가 이사야서 연구해 본 일이 없어요. 그런데 이걸 갑자기 갖다가 하나님이, 자, 안 될 사람 누가 있어요? 여러분, 받아써라 하면서 두 번 세 번 불러주면 못 받아 쓸 사람이 누가 있냔 말이야요. 그러니까 나는 강권으로 된 것뿐이야요.

그러니까 여러 종님들이, 여기 학생, 정말 초등학생들도 말이요, 성경 많이 못 봤다고 낙심하지 말라고요. 되는 거에요. 되는 거에요. 안 되는 게 아니야요. 정말 내가 계시록과 선지서를 많이 안 봤습니다. 제일 많이 본 것은 요한복음이요, 사도의 서신이요, 4복음입니다. 그건 정말 내가 많이 봤지요. 그러나 절대 계시록과 선지서는 많이 안 봤습니다. 알아보려고도 안 그래 봤고. 그런데 갑자기 이렇게 강권으로 이렇게 하니 내 이렇게 된 겁니다.

그러니까 이건 뭐냐. 믿음도 없고 아무것도 못하는 사람이라도 하나님은 대표로 쓸 수 있다 이거요. 예? 알아요? 누가 날 들어 썼다고 해서 하나님 앞에 항의할 권리가 없어요. 예? 고아 중에 제일 고압니다. 아마 멸시 받았다면 나처럼 멸시 받은 사람이 없어요. 이건 낳는 시간부터 멸시 받은 사람인데요. 우리 아버지 세상 떠난 담에 낳아 가지고. 아버지 세상 뜨게 하고 뱃속 안에서 아버지 세상 떠나고 난 사람이 이게 천둥이오, 귀둥이오?

그러니깐 난 그거요. 절대 여러분들 다시 예언자 되라구요. 그저 다시 그대로 읽으면 되는 거야. 이렇게 해 보라고요, 역사가 있나 없나. 괜히 재간 부리려니까 역사가 없는 거란 말이야. 자, 누구든지 성경 본문 그대로 다시 예언하고자 하는 사람은 여호와의 신이 입을 써서 그때그때에 감추인 만나가 내려와요. 별말 없는데 일반의 영혼이 만족해지는 거라요. 소성하는 거라요. 웅변도 아니야요. 괜히 머리 싸

동일 필요도 없는 거에요.

 절대에 무거운 짐이 아닙니다. 아, 우리 저, 조권찰 같은 양반도 갓 믿지만 저 양반이 뭐 될 줄 알겠소? 그렇지요? 대부흥사가 될려는지 뭣이 될려는지. 우리 괜히 여기 봉사원들, 여러분들 함부로 보지 마시오. 그 양반들 뭣이 될 줄 알거 뭐 있냐 말이요. 그렇소, 안 그렇소?

 아, 그저 떡 가서 그저 월간지 책 들고서요, 그저 이대로 그저 읽는 정도래도 역사가 막 내릴 수가 있소, 없소? 뜨문뜨문 읽으면서 해 보라구. 막 역사 내리지.

 그저 이래요. 어드런 그저 요런 학생들도 이제 때가 되면, 그러게 월간지 책 이건 여러분들 많이 모아 둬야 됩니다. 이것 갖다 휴지 하지 말라구요. 요걸 본대로 꿰매 두라고요. 앞으로 써먹을 때가 있어요, 없어요? 그러면 그저 딱 꿰매 뒀다가, 아, 우리 교회 목회 좀 합시다. 아 그러지요, 갑시다. 월간지 책 다 모아 뒀다가 가지고 간단 말이야. 하하.

 자, 그다음엔 뭐뭐뭐뭐 그까짓 뭐. 한 이삼 년은 문제없지요? 그다음엔. 그럼 주님 오면 되지 뭐. 그저 인제 보시오. 자, 이런 학생인데, 지금 봐요. 쪼끄만 학생인데 이 사람 하나님이 그걸 정말 나와 같이 꼭 인정을 해요. 야, 너는 꼭 가는데 이뢰자와 꼭 같은 사람으로 인정한다. 인정한다. 가라! 그러면 얘가 떡 가서 월간지 보고 읽는데 아, 뭐 일반이 막 눈물이 쏟아지고 막 역사가 내린단 말야. 그러면 전도사 아니요? 전도사 종류가 따로 있어요? 부흥사 아니요? 그렇지 않을 것 같습니까? 그러니까 우리는 전체가 부흥사에요. 뭐 모조리 다 부흥사라고. 꼭같이 다시 예언하는데 꼭같이 역사가 있어요, 없어요? 그러니 다 부흥사지요? 계룡산 수도원은 부흥사 사태납니다 이제. 아

잠자는 거 깨우쳐주면 부흥사지 뭐. 부흥이란 다시 일쿠었단 말 아니요 뭐. 자, 한 사람을 일쿠었든 백 사람을 일쿠었든 일쿼 놓으면 부흥사지 뭐 다른 거 뭐 있어요?

요즘 서울에도 부흥사 사태납니다. 지금. 그저 가면 일어난다는 거야. 원 목사님들도 쩔쩔맨다나 또. 그렇다고 교만하지 말라구요. 절대에 주의 종들 무시하지 마시오. 그러면 당신네 안 됩니다. 목사는 목사요, 전도사는 전도사야. '뭐, 다시 예언이야 목사가 뭐 따로 있을 거 뭐 있노?' 그러지 말라구요. 그건 왜냐? 이미 일을 많이 한 사람이 계급장이 높아요.

자, 일러 봅시다. 졸병 녀석이 싸움 좀 잘 싸운다고 대장을 네까짓 게 뭐냐? 요놈의 새끼, 뭣이 어드래? 한 대 얻어맞지. 그래도 보시오. 목회 일을 몇십 년 본 사람이 낫겠소? 한 번도 안 본 사람이 낫겠소? 절대에 보시오, 내가 지내보니까요. 목회 일을 그래도 한 2, 30년간 보고 나니까 사람이 신이 들어요. 강단생활을요. 내가 19살부터 지금 57세니까 어떻게 됩니까? 내가 19살부터 강단생활 꼭 한 사람이라요, 제가. 그러면 몇 해죠? 이것이. 37년 됐죠? 38년째죠? 제가 꼭 19세부터 강단생활 한 사람입니다.

그런데 인제 목회 생활을 불과 2, 3년도 못한 사람들이 꺼뜰꺼뜰하면서 그러면, 저 사람들 철이 없나 저거. 저게 원 도무지 철이 있나 없나 말이야 저거. 말이 되는 거요? 안 됩니다.

그러니까 척량을 받더라도 계급은 계급이야요. 알아요? 자, 보시오. 장교도 두루마리 총 들었고, 저 졸병도 들었다면 자, 두루마리 총은 다 같지요? 같죠? 예? 다 같지요? 그러나 계급은 있지요? 계급은 있지요? 그와 같은 거야. 다시 예언은 꼭 같지만 계급은 있어요. 그걸 알아야 됩니다.

척량하는 사람과 받는 사람과는 계급이 있소, 없소? 먼저 받는 사람과 나중 받는 사람. 같이 척량을 받더라도 그 사람이 기도 많이 하고 정말 그럼 거기에 따라서 달라요. 보시오. 고거 하나만 아시라고요. 하나님 편에서 취급하기를.

그러게 절대 좀 목회를 많이 한 분들 절대 그분들에게 좀 물어보시오. 예? 어린 종들, 물어보라구요. 아이고, 목사님 이거 목회 이거 어떻게 됩니까 이거. 그렇기 때문에 우리가 같이 특권이 있지마는, 특권은 같이 있어요. 무기를 주며 싸우라는 특권은 꼭 같지마는 거기에 반드시 계급이 있다는 것만 아시고 그 계급을 바로 따라야 됩니다. 그렇지 않으면 주께서 노하십니다. 안 됩니다. 안 돼요. 그저 고거만 아시라고요. 그러나 특권만은 같아요. 같이 마귀를 때려 부수고 나가는 건 같다 이거요. 목사도 같아요. 다.

내가 바라는 건 그저 여기 그저 쪼끄만 학생이 나가서 한번 대부흥사가 되면 좋겠어요. 나가서 말하는데 그저 일반이 막 그저 일어난단 말이요. 그 얼마나 좋습니까?

그리고 정말 여기 계시록 22장 본다면 18절에 본다면 성령과 신부가 말하는데 듣고 가해도, 감해도 재앙이라는 건 여기는 종족까지 미치는 거라요. 알아요? 자, 보시오. 요한계시록 11:1절과 계시록 22:18절과 같습니까, 좀 다릅니까? 예? 같아요? 다르지요. 그건 종족까지 들어가는 거죠. 종족까지 다. 그건 구원 문제가 들어가는 거지요. 전부 다.

그러니까 대표적인 사람이 나타난다면 종들이 무장하는 것도 그 특권 아래 있는 거요. 환난 가운데 죽지 않고 새 시대 가는 것도 그 특권 아래 있는 거라 말이야요. 그 사람의 말을 안 들으면 종족이 못 된 단 말이야요. 다 죽고 말아요. 그래서 은혜시대나 꼭 같습니다. 은혜시대에도 사도의 증거를 듣고 같이 왕권 받은 사람도 있고, 그 증거를 받아가지고서 시민권 받은 사람이 있고, 이제 말세종에게도 다시 예언하지마는 다시 예언의 말씀을 듣고도 왕권 받는 사람이 있을 것이고 거기서 시민권이 또 있단 말이죠?

여기 오신 종님들은 시민권일까요, 왕권일까요? 예? 다시 예언의 말씀 받아가지고 왕권 다 되겠어? 그렇게 안 되면 안 됩니다. 꼭 같아요. 은혜시대에 사도의 특권이 있어가지고서 사도와 같이 왕권 받는 사람도 있고 또한 거기서 시민권만 받는 사람도 있고, 인제에 종말에도 꼭 같습니다. 그렇게 돼 있단 말이요.

하여튼 환난과 재앙 가운데서 죽지 않고 살아 새 시대 가는 진리만은 계룡산 강단에 특권이 임했습니다. 이걸 온 천하가 알 것입니다.

그래서 하나님이 새일수도원 성가를 줄 때에 "승리로다 새일수도 숨은 비밀 알려주는 하나님의 경륜이 이뤄지는 동방의 역사 세계 통일 위대한 역사일세 인간의 힘과 능은 당치 못할 새 일의 역사라" 보시오. 이게 통일이라는 거죠? 틀림없습니다. 새일수도원 강단에 다시 예언의 특권이 임했으니 이것을 세계 통일이라고 하나님 그러지 않았습니까? 자, 16장 부르셔요. 1967년 음력 그믐날 밤입니다. 하나님께서, 야! 인제부터 새일수도원 성가 받아써 가지고 불러라! 정말 줬는데요. 자, 이 가사를 가만히 보시라고요. 틀림없습니다.

그러니까 오늘 저녁에 다시 말하는 거요. 두어 마디만 말씀합니다. 여러분들 절대에 사명자를 무시하지 말라 이거에요. 한 번 그 사람에게 사명을 맡긴 다음에는 그 사람이 끝까지 순종만 하면 그저 기도를 많이 했든 못했든 간에 하여튼 그 사람을 들어 쓰는 법이야요. 알아요?

 절대 여기오신 종님들은 후퇴하지 마세요. 틀림없이 다시 예언의 말씀의 특권이 이 강단에 온 게 있으니까 이 특권을 다 받으시라 이거야요.

 47장 호소, '♪ 예언 권세'

완전히 아는 믿음
— 고전13:1~13 —

■ 기도: 예배할 수 있는 저희를 만들어 놓기 위하여 우리의 죄를 몽땅 아들에게 걸머지우신 하나님, 몽땅 걸머지고 죽기까지 순종하신 예수님. 여호와 이름, 주 예수 이름 권세 역사로써 우리가 온 세계를 정복할 것을 확신하옵나이다. 나를 이 단 위에 세우시고 내 입을 이 시간도 열어 주실진대는 주 예수 그리스도의 이름으로 말하겠사오니, 아버지여! 너무나 영계가 혼란하고 진리가 혼선된 이때에 우리는 호소의 정로를 바로 찾아서 온 세계를 정복할 수 있는 거룩한 왕권을 받는 단체가 이루어지도록 인도해 주시옵소서.

이 시간도 호소하는 저희들에게 조금이라도, 털끝만치라도 잘못된 것이 없도록 사상적으로나 양심적으로나 우리의 모든 움직이는 일에 있어서 하나님의 뜻 안에서 하나가 될 수 있는 저희 무리가 되도록 진리를 통하여 강하게 역사해 주시옵소서.

예수 이름으로 기도하옵나이다. 아멘.

고린도전서 13장 보겠습니다. 이번에는 우리가 호소를 올리는 데 있어서 그 영계 문제와, 아마 잘못된 노선으로 가지 않게 하는 그 방향으로 아마 우릴 인도하는 것 같습니다. 우리가 아무리 호소한다고 해도 그 호소에도 우리가 정말 그 정로가 있는데 그래서 이번에는 그때그때 그저 말씀 주시는 대로 보겠는데 이 시간은 고린도전서 13장입니다.

[성경 본문 봉독: 고전13:1~13]

부분적으로 아는 신앙, 온전히 아는 신앙 이렇게 말했습니다.
이 시간에 9절에 "우리가 부분적으로 알고 부분적으로 예언하니 온전한 것이 올 때는 부분적으로 하던 것이 폐하리라."
바울 자신도 말하기를 나는 부분적으로 예언한다 이렇게 말했습니다. 우리 이날까지는 기독교는 부분적으로 알아도 됩니다. 그래 이사야서를 알되 그저 사7:14, 9:1~2, 40:1~8, 42:1~8, 또 49:8상반절, 53장, 61:1, 그저 65:1 그 정도만 알아도 능히 우리는 돼요. 성경을 말이죠?
자, 이날까지 우리 기독교는 이사야서 그 이상은 더 몰랐단 말이야요. 자, 그게 부분적으로 안 겁니까, 다 안 겁니까? 부분적으로 안 거요. 미가서는 5:2, 스가랴서는 9:9, 11:12, 요엘서는 2:28, 그 정도 알았어요. 더 몰랐습니다. 그래서 바울도 말하기를 내가 지금 아는 건 부분적으로 안다. 그러나 앞으로 온전한 이제, "부분적으로 알고 부분적으로 예언하니 온전한 것이 올 때는 부분적으로 하던 것이 다 폐하리라." 그래서 이게 뭐냐 할 때에 성경을 맞춰 본다면 기독교도 부분적으로 아는 지식에서 온전히 아는 지식으로 발전해야 됩니다.
그래서 과학자는, 정말 인력거를 끌고 다니던 과학자가, 자, 인력거를 끌고 가는 과학자는 부분적으로 안 과학이죠? 예? 그렇소, 안 그렇소? 그건 부분적으로.

 또 정말 아, 물과 불을, 자동차의 시작이 그게 아닙니까? 한 사람이 이렇게 주전자에다 물을 끓이는데 그렇게 주전자 뚜껑이 확확 올라가는 그것을 보고서, 이게 힘이 있구나, 그걸 자꾸 생각하는 데서 자동차가 나왔단 말이야요. 결국. 물과 불의 힘이 이렇구나.

 그러니까 그, 아 그래, 새가 공중에 날아가는 걸 가만히 보다가 야 저놈이 난다? 난다? 그래서 새 대가리를 잘라서 달아 보고 날개를 달아 보고 이렇게 자꾸 연구하는 데서 이렇게 나왔단 말야. 이게 뭐냐 하면 뭣이나 부분적에서 완전한 것으로 들어가는 것이 발전이라 그 말입니다.

 그래서 인간 생활도 부분적으로 알던 그때의 육의 생활과, 자, 정신작용도 부분적에서 완전으로 들어갈 수 있고, 영적도 부분적에서 완전으로 들어갈 수가 있다 그 말이야요. 그래 오늘의 기독교가 그거야요. 과학자는 부분적에서 완전으로 지금 올라갔어요. 자, 과학자는 인젠 거반 완전히 들어갔소, 안 들어갔소? 과학으로는 이 별세계만 가면 다라고 그랬어요. 별세계. 그게 다라고. 그런데 기독교는 지금 부분적 지식에서 완전한 지식으로 올라가지 못하니까 기독교는 지금 이렇게 되는 거야요. 알아요?

 아, 인제 와서 말이요. 아, 신학자들이 인제 뭐 예수가 처녀 몸에 났느니 안 났느니 그건 참 부끄러운 수치거든요 사실은. 아니 예수 난 지가 1972년이 지나서 벌써 이렇게 됐는데 인제 와서 예수가 처녀 몸에 잉태했느니 안 했느니 이게 뭡니까? 이게. 이게. 이게 참 수치요, 수치 아니요? 예? 신학자들이. 그러게 기독교의 지식은 바울 사도가 아는 지식에서 줄었소, 더 늘었소? 더 줄었단 말이야요. 줄어 버렸어요. 아, 방언을 이단이라 그러는데 말할 건 뭐 있어요? 그러니 기독교는 사도 바울이가 알던 그 영계에서 줄어들었어요. 그러니까 기독교가 이렇게 짓밟히는 겁니다.

자, 우리 바울이 아는 정도에서 알면 됩니까, 더 알아야 됩니까? 그래 나는 이거요. 예? 또 다시 하는 말 같지만 내가 계룡산 수도원 할 적에, 나 그겁니다. 나는 바울이보다 더 아는 사람이야요. 이래 봬도. 예? 예끼, 교만하다고. 내 더 아는 이유를 말하는데. 자, 내가 바울보다 성경 더 압니까, 더 모릅니까? 예? 그럼 내가 믿음이 좋아 그렇소, 때가 그렇게 됐소? 때가 그렇게 됐지요. 때가. 때가.

아 그래서 계룡산 수도원 할 적에 보라요. 하나님께서 아니 하늘에서, 첫 번에 척 가니까요. 저 하늘에서 음성이 들려 내려와요. 내려올 적에, 너를 이산에 인도한 것은 수도원 짓고서 많은 종을 가르쳐라. 네가 이 산에서 많은 종을 가르치라는 거요. 자 이거? 그다음에 또 다시 음성이 또 들려오기를 너는 처자를 내게다 맡기고, 네 처자와 한국의 종들과 바꾸자 이거야. 네 처자는 내가 맡겠으니까 한국의 종들은 네가 맡아라 그거야. 네가 배워주라 그거야. 자 이거, 바꾸잡니다. 바꾸자고. 3시간 동안을 계속으로 하늘에서 음성이 내려옵니다. 이건 똑똑한 사실입니다. 꿈이 아니야요. 꿈이 아니야. 그래서 아니 그럼 작정을 했단 말이요. 바꾸자고. 그럼 하나님이 우리 처자를 꼭 맡겠소? 맡아주마 하는 거요. 그럼 한국의 종들을 내가 맡겠소. 다 들여보내시오. 내가 배워주겠으니까.

참, 그래서 1964년 9월 23일날 제가 작정을 했어요. 내 처자는 하나님이 맡고, 한국의 종들은 네가 맡아라. 네가 배워주라. 그 참 우스운 일이지요? 그런데 정말 그날 하나님께서 그 산을 일전 한 푼 없이 그

산을 맡았어요. 자, 남의 동네에, 타관객지에 기도하러 갔다 말이야 요. 예? 아니 돈 한 푼 없이, 일전 한 푼 없이 아니 그런 자리 400평을 맡는다는 게 그게 그게 그 우스운 일 아닙니까? 동전 한 푼 안 들이고 말이야. 그 좋은 자리를. 그저 하나님이 줬소, 내가 차지한 거요?

그래가지고서 그날 정말 이제 하늘에서 천불이 내릴 적에, 이건 여러분들 이거 분명히 알아요. 내가 이건요, 바울은 부분적으로 안 사람이요, 난 완전히 안 사람이야요. 그건 내 교만이 아닙니다.

하늘에서 천불이 내려와서 딱 산을 덮어 놓고 불 가운데 앉혀 놓고 너 오늘부터 수도원 짓고서 말세 종 배워주라는 거요. 세 가지 명령하는 거 아닙니까? 첫째로 침례를 줘라. 현 교회의 세례는 불법이다. 진노의 날에 인정 못한다는 거야. 은혜시대에는 내가 묵인했지마는 인정 못한다는 거야. 물로 세례를 줘라.

둘째로 성전을 네 손으로 지어라. 이건 네 손으로 지으라는 거야. 이번 대강당은 나보고 지으란 말 안 해요. 저, 손도 가 대지 말라고 그래요. 이건 다른 사람이 짓는다는 거요. 이건 네가 지어라.

내게다 맡겼으니 꼼짝 못해요 괜히. 내 말 안 들으면 괜히 하나님께서, 애애 이 자식아 내 너 이목사한테 맡겼다. 왜 이러니? 야, 구목사도 이 목사에게 맡겼다 왜 이러니? 그러게 우리 하나님 거짓말 안 합니다 괜히.

자, 우리 친아들이 그렇게 일하라면 일할까요? 안 합니다. 그런데 이 정말 우리 아들딸은 하나님이 맡고 한국의 종들은 내게 맡겼는데, 원 그렇게 일할 수가 있습니까? 세상에 원 정말 이거 기가 막히거든요. 일하지 말래도 뭐 그냥 합니다. 뭐 아니, 변소 짓는데 밤늦게, 밤두시까지 해요. 변소 짓는데. 똥구덩이가 뭐라고. 하하. 참 그거 이상하거든요. 아, 전기 등을 켜 놓고 해 댄단 말이요. 그러니 이것은 하나님이 시키는 것 아니겠어요?

그래 내가 정말 오늘 이시간에 이걸 말합니다. 부분적으로 아는 사명이 있고, 완전히 아는 사명이 있다 그거야요. 그래서 우린 또 그래요. 하나님이 하라면 죽어도 해야죠? 예? 해야죠. 그러니 단돈 2천 원을 놓고서 불 가운데서 나와서 그 수도원 공사를 2천 원을 놓고서 시작을 하니 그 사람의 심정이 얼마나 안타깝겠습니까? 하나님은 하라고 불 가운데 앉혀 놓고 내몰지, 돈은 없지, 고만 얼마나 혼이 났던지 벌벌벌벌 떨면서 말이요. 그 누가 보면 꼭 얼빠진 놈 같습니다. 얼마나 밤에 혼이 났던지 불 가운데서 말이요.

그 뭐 그 돌 수렁에서 그, 그러니 뭐 한 사람 누가 동정합니까? 와보고는 다 돌았다는 거지, 돌았다는 거지. 단단히 미쳤다는 거야. 지금 계룡산 마귀한테 홀렸다는 거야, 날보고. 그렇게 됐어요.

자 그러니 그걸 짓다가 내가 정말 쓰러졌는데 말이요. 분명히 이건 바울이가, 바울이란 양반이 나타나서 내가 죽었는데, 아주 죽진 않았지요. 흰옷 입은 양반이 나타나더니 쭉쭉쭉쭉 내 앞으로 와요. 누구요? 내가 바울이요. 바울이야요? 왜 오셨나요? 아니, 성전 짓다가 쓰러져서 못 일어나니 내가 생수 한 병 가지고 내려왔으니 이걸 먹고서 일어나서 말세 종을 잘 가르쳐 달라 그래요. 말세 종들을 몽땅 가르치라고 그래요. 내가 이걸 주니까 먹고서 말이요.

자, 그러면 바울 사도가 못 가르친 것 나보고 가르치라는 그 위임 받지 않았소? 그렇지요? 말세 종을 배워주라는 거야, 나보고. 그러면서 정말 그 생수 한 병을 내 입에다 기울여 주는데 아니 그, 병도 커요. 이만한데 그걸 다 넣었단 말이요. 다 넣고 나니 번쩍 눈을 뜨니까 내가 그만 기절해 쓰러졌댔는데 이렇게 됐단 말이요. 그때부터 내 몸이 이렇게 탄탄해져 가지고서 까딱없이 일을 해 나오지 않습니까?

자 그러면 바울 사도가 분명히 말세 종을 가르쳐 달라고 부탁하면서 쓰러져 있는 사람에게 생수 한 병을 갖다 먹이더라 그말이야요.

그럼 바울이가 못다 배워준 것 내가 배워줘야지요? 예? 여러분들 바울 사도가 이사야서 못다 푼 것 내가 풀 줄 믿습니까? 그럼 완전한 것이 왔지요? 죽어 천당이 완전이요, 살아 새 시대가 완전이요? 그래서 이게 그 말이야요. 나는 부분적으로 아나 앞으로 그때가 되면 완전한 것을 알리라. 부분적으로 알았단 말이야.

그래서 오늘의 기독교는 이제는 완전히 알아야 돼요. 이제 부분적으로 알아가지고서 기독교가 교회구실합니까? 예? 자, 지금 신학 박사들이 완전히 알았어요? 예? 초등 학문이야요. 안 됩니다. 박형용 박사도 나한테 와서 배워야 돼요. 그렇지요? 예?

원 저런, 아니 박사가 지게꾼한테 와 배워? 그러니 박사들이 나한테 배우러 잘 오겠소? 예? 잘 올까요? 대제사장이 예수한테 배우러 잘 올까요? 목수 예수한테.

자, 이 말이 이게 우스운 말이요, 합법적인 말이요? 박형용 박사는 천년왕국이 없다는데 말할 건 뭐 있어? 안 돼요.

하여간 미국에서 왔던 김왕조 박사 그 양반은요, 나한테 딱 와서 한 달 거쳐가서는요, 그냥 지금도 그걸 연구하고 있대요. 이게 참이냐 참이 아니냐. 그 뭐 인제 와선 더 바짝 이런답니다. 틀림없다 말이야. 그래가지고 여기, 저, 여기 왜, 김형철 목사라고 있잖아요? 저 일본도 댕기고 뭐 이렇게 댕기는 양반 있잖아요? 그 양반이 미국에 가서 시카고 가서 그 김왕조 목사님 집에 가서 있다가 김 왕조 목사가, 당신

이거 전하느냐? 난 이거 부분적으로 그저 그렇게 안다고. 당신 돼먹지 않았다 말야. 뭐하러 돌아다니느냐 말야. 이거 전하지 않으려면 돌아다니지 말라 말야. 이거 안 전할 바에야 뭐하러 돌아다니느냐. 이것이 정통이라고. 그래서 그 양반이 거기 가서 또 그 양반한테 배워가지곤, 편지 그렇게 왔어요. 열심히 하고 자기는 전하러 떠났다고.

자, 그러니 세계 박사들이 말짱 계룡산 수도원에 와 배우게 된다면 어떻게 돼요? 예? 자, 과학 문명의 선진 국가에서 제일 과학 문명이 뒤떨어진 대한민국에 성경 배우러 와야 됩니다. 자, 야벳의 장막에서 셈의 장막으로 들어와야지요? 안 들어오고 된대요?

우리가 적어도 새일중앙교회는요, 완전한 것을 배우는 중앙교회 아닙니까? 이거 지금 이렇게 봐요. 지금 말이요 이게 문젭니다. 은사 좀 받은 사람들이요, 아주 성경 수준이 얕고도 얕은 사람인데 그런데 이 양반들이 거기서 벗어나서 이 완전한 데 들어올 줄을 모른단 말이요. 이거 참 딱한 일이요, 딱한 일. 이게 안 된단 말이야요. 예? 그게 교만이죠? 예? 교만 아니요? 은사는 그렇지 않소? 예? 율법시대의 초등학문인 율법, 저, 몽학적 교훈으로 선 교회가 열매가 된 것이 우리 기독교 아닙니까?

그러면 구약 시대의 몽학적 교훈으로 섰던 그 교회가 완전히 이루어진 것이 신약 은혜 시대 교회라면, 구약 교회의 종말에 예언의 말씀으로써 다시 선 예루살렘 그 복구된 그 교회가 오늘에 열매가 되는 건데 또.

그러니까 여러분들은 인제는 예수 믿을라면요, 완전한 걸 알아야 됩니다. 예? 완전한 걸 알아야 돼요. 완전한 걸 몰라가지고 공산당한테 속게 됐고, 지금 이 세상 과학의 시대를 볼 때에 다 알아야지요? 예?

왜 이렇게 됐는지 알아야지요? 이거 어디 가야 분명히 압니까? 지금 이 사람이 어드런 것을 하나님께 받았다는 거 이걸 분명히 모르는 사람들 답답해요. 예?

그러게 이건 그렇습니다. 지금 저, 대전에서 온 김천보 목사님이 아마 또 이제 우리 교단에서 일 많이 할 겁니다. 그분이 또 그렇게 파고 달라붙어요. 그분의 집에 가면 그저 책이 그저 꽉 찼습니다. 여기 저 송목사님 집에 가면 또 책이 꽉 찼고요. 우리 또 부산 이목사님 집에 가면 그저 책이 꽉 찼습니다. 그러면 그저 박사들이 쓴 책이 꽉 찬 그 목사님들이 그것이 안 됐다, 이것이 완전하다고 따라 나오는 것 아닙니까? 예?

난 그래서 대전에서 오신 김천보 목사님처럼 겸손한 양반 처음 봤어요. 뭐 그 양반은 그러는데 뭐. 그저 이목사한테 배워야 된다는 거야. 그 양반도 뭐 정말 그, 아 그래가지고 두 분이 말이요, 사모님과 둘이 가서 그저 정말 그 수도생 중에도 제일 정말 겸손한 수도생이라. 예?

아니 내가 뭐라고 아니 내가 대전 거리 가면 마중 나오지, 또 갈 땐 차비 또 뭐, 하여간 그 뭐. 이목사 들가방이라도 들고 댕겨야만 된다는 거야. 하하. 가방이라도 들고 다녀야 된다는 거야. 그래야 받는다는 거야, 된다는 거야. 그건 뭐냐 할 때에 자기는 그거라는 거요. 예? 이건 분명히 하나님께서 이목사를 일으켜 쓰시는 거니 나 어찌 하나님을 경외하는 이상 이목사를 존경 안 할 수가 있겠느냐, 이렇게.

자, 그러면 봐요. 예? 완전한 것을 아는 지식이 대한민국에 나타났습니다. 그러면 이 나라가 이제 문명국가, 아주 세계에 제일 훌륭한 나라가 돼요, 안 돼요? 자, 과학적 지식의 발달은 인류 전멸을 가져올 수밖에 없게 됐고, 대한민국에서 나타난 지식은 인류 전멸이요? 전체 살려주는 거요? 우리나라는 적어도 인류 역사상 숨었던 하나님의 비밀이 대한민국에 지식으로 나타났는데, 아 이거 바보 같은 목사들이 그저 죽어라 하고 반대하니 이런! 그건 무식하다는 증거요, 유식하다는 증거요? 예? 난 무식하다 하는 광고판 내붙이는 거야, 그게. 나는 밥벌이 목사요 하는 광고하는 겁니다 그건.

무슨, 여보시오! 무슨 대학교 교수 종교과, 남의 서책 보지도 않고 남의 말, 여보, 그 서책 낸 것 보니 내 그랬어요. 무슨 사람들이 그렇게 수준이 얕은 사람들이 어디 있어? 적어도 사람이 서책을 내려면 합법적인 변론으로 책을 내야지, 남의 말이나 듣고 책을 내가지고 꼴이 됩니까 그거? 엿장수 말이나 듣고 책을 내면 됩니까? 예? 그 엿장수만도 못하지. 그렇소, 안 그렇소? 그러니 남 흉보는 사람의 말이나 듣고 책을 내면 그건 흉보는 사람의 제자가 아니야요? 그렇지요? 그 제자 아닙니까? 제자.

정말 난 그래요. 난 내가 아무리 무식하지만 난 그런 말 가지고 책자 안 내겠어요. 나는요, 내가 정말 달마다 책자를 내지만 나는요, 나는 정말, 그렇게 희미하게 말할 바엔 책자를 안 내야 돼요. 책자 하나 잘못내면 자기 위신 망칩니까, 안 망칩니까? 예? 망치잖아요? 그 책자를 어떻게 할테요?

자, 한국에다 뿌려놓고 그 책자 잘못냈다고 그렇게 되면 그런 망신이 어딨습니까? 함부로 내서 갖다 돌려요? 어떻게 할라고. 이제 이 사람이 완전히 일어나면 그 어떻게 할라고 그런 책자를 돌리죠? 야단났죠? 똥 싼 건 닦아 파헤치면 되지, 이건 닦아도 못 파헤치고 어떻게 합니까? 사실. 그 어떻게 할라고 책자를 함부로 내요? 말이 안 되는 거요.

 여러분들 그래서 이날까지는 부분적으로 아는 지식으로 기독교가 섰다면 인제는 완전히 아는 지식으로 돼야 공산당과 싸울 수가 있고 또 완전히 알아야 완전한 영계에 들어갑니다. 알아요? 자, 완전한 사랑은 부분적으로 아는 사람이 다 아는 거요? 자 봐요. 바울이가 완전한 사랑을 다 알았소? 우리가 더 압니까? 우리가 더 알아요.

 바울은 민족적 국경의 차별 없이 어느 민족이나 믿으면 다 함께 천당 간다는 비밀을 알았어. 우리는 몽땅 세계 인류가 하나같이 살아 새 시대 가는 비밀을 우리가 안 거란 말이야요. 그러면 바울이가 아는 비밀을 하나님이 더 분명히 말했소? 이뢰자가 아는 비밀을 하나님이 더 분명히 말했소? 예? 그거 알아야 되잖아요? 이 사람이 지금 안 비밀은요, 하나님이 제일 세밀히 변론했습니다. 제일 큰 문제거든. 죽어 천당이 더 큰 문젭니까, 살아 새 시대가 더 큰 문젭니까? 적어도 인간 종말에 마무리하는 비밀을 이 사람에게 알려줬는데요, 이거 좀 알아야 됩니다.

 자, 인간 종말에 하나님께서 마무리하는 비밀을 대한민국에 지게꾼한테 배워줬으니 이 나라가 복을 받아요, 안 받아요? 그러면 지게꾼들이 복 받을 통 났시요. 어디 지게들 잘 지십니까? 최장로 지게 잘 져요? 우리 조집사님도 잘 져요? 됐어 그럼.

 이거 분명히 알아야 돼요. 그래서 하나님께서 벌써 2,500년 전에 말씀할 때에 그렇게 말했거든요. 인간 마지막에 완전히 아는 역사는 동방에서 나온다고 그러지 않았소? 그랬지요? 동방 땅끝 사람에게 직접 입에다 말씀을 줘서 이걸로써 영원하고 영원하고 영원한 나라를 만드는데 열방 재물이 말짱 그 동방 사람에게 나타난 지식을 따라 들어오는데, 열방 재물이 동방으로 들어온다 그거요.

이건 이래요. 지금 이렇습니다. 지금 우리 기독교의 영계가 이렇게 돼 있어요. 괜히 중간 바람 맞은 사람이 말 안 들어요. 그게 뭐냐 할 것 같으면, 신학도 모르고 성경도 모르고 중간 바람 맞은 사람들이 있는데 그건 뭐냐? 환상 본다, 계시 본다, 입신 한다 따따따따 하는 사람들. 예? 그게 중간 바람입니다. 그건 왜냐? 우리가 환상 계시 그것이 바울이가 목적입니까? 바울이 십자가의 비밀을 바로 말하는 게 목적입니까? 그럼 그 사람들이 십자가의 비밀도 똑똑히 말 못하는 사람들이 그런 거 하고 있거든요, 사실은요. 요즘 교회가 십자가의 비밀을 분명히 햇빛같이 말합니까? 사실 어드런 요즘 교회는요, 십자가의 비밀 그것도 확연히 변론 못하는 거야요, 지금요. 그렇잖아요?

자, 십자가의 비밀을 말한다면 우리 새일교회만치 십자가의 비밀을 변론 분명히 다 못한단 말이야요. 그렇잖아요? 십자가의 비밀을 우리 아름다운 소식 월간지만치 변론한 데가 있습니까? 예? 얼마나 그 변론이 바로 됩니까?

그래서 바울 사도가 부분적으로 아는 그것으로 완전한 것을 알 때가 온다고 말한 그것이 그 때가 지금 왔다 이거에요. 알아요? 그때가 왔어요. 자, 인제 방언이 필요 있습니까? 입술에 말씀이 직접 임했으니 방언이 무슨 필요 있어요? 그래 나도 그전에 방언 많이 했거든. 방언 많이 했어요. 내가 방언 받은 것은 이 민족과 국가를 위해서 산에 가서 아흐레 기도하다가 아흐레 동안 꼭 내가 여섯 시간씩 정말 눈물 흘려 기도하다가 하늘에서 별이 열둘이 빛을 내려오면서 내 입에 방언이 나왔는데 방언 정말 많이 했습니다.

그런데 직접 입에 말씀이 오니까 방언하지 말라 그래요. 완전한 것이 왔는데 방언은 왜 하느냐? 방언은 잘못하면 마귀가 들어온답니다. 자, 무슨 말인지 모르고 얼럴럴럴… 무슨 말인지 모르고, 하는데 사단의 방언이, 안 된대요. 절대 방언을 끼고 마귀가 들어온대요.

그래 나도 지금 방언 좀 하잖아요? 하면 조금만 하면, 아이, 관둬, 관둬! 조금만 하면 안 된다 그래요. 하지 말라고. 방언가지고 안 된다 이거요. 완전한 것이 네 입에 변론으로 왔는데 방언은 왜 하느냐 그거야.

그리고 지금 성신의 기도 중에도 자, 우리 호소문 기도가 이게 완전한 기도요, 완전한 기도 아니요? 이것이 마지막에 완전한 기도야요 이것이. 성신의 완전한 기돕니다. 그래서 이 호소문 기도가 나온 다음엔 방언 기도 하지 말라는 거야. 이걸 자꾸 하라는 거야.

우리가 많이 수도원에 봐도 정말 어떤 부인들 와서 자꾸 산에 가 방언만 하는 사람 기어코 사단 받아가지고 내려오거든요. 방언 기도하다가. 그거 떼 줄려니 좀 애 먹어요. 안 돼요. 안 되거든요. 방언 기도 자꾸 하다간 마귀 받고 내려와서, 아이구 목사님 나 이 마귀가 들어왔으니 어떡해요. 그거 참. 안 돼요.

그래 인제는 기도도 완전한 기도가 왔어요. 자, 자고이래로 기독교에서 이런 합심단체의 완전한 기도한 때가 있었습니까? 그렇잖아요? 그렇지요? 예? 이게 완전한 기도야요. 여기 우리가 이 시간 통성기도할 것 같으면 이렇게 합심기도가 완전히 됩니까? 돼요? 안 되는 거야요.

그리고 이 합동찬송이 완전한 찬송이요? 새일성가가 완전한 찬송이요? 이 합동 찬송은 말짱 다 혼선이야요. 안 돼요. 안 됩니다. 그런데 우리 교회 어떤 분들은 심방 가서 '내 주를 가까이 하려함은' 그걸 한다 그래요. 이게 정신이 있소? 좋은 새일성가 두고서 심방 가서 '내 주를 가까이' 불러? 그게 뭐야? 그거. 말이 되는 거야? 말이 안 되는 거야.

자, 사람이 지은 노래가 완전합니까? 하늘로서 온 노래가 완전합니까? 작곡도 기독교의 찬송이 완전한 작곡이 아니고 지금 우리 부르는 새일성가 이게 아주 완전한 작곡이야요, 이거. 자, 부르도록새 힘이 나요, 안 나요? 그렇잖아요? 그거. 완전한 겁니다 이거. 하늘에서 오는 거요. 다요.

그러고 봐요, 조직신학, 조직신학 해야 완전한 조직신학은 자, 신학교에 완전히 있습니까? 완전한 조직신학이 계룡산 새일수도원에 나타난 거야요. 완전한 조직신학이. 이겁니다.

그래서 완전한 변론이라는 것이, 그래서 제 변론은 그거야요. 절대에 하나님께서 지금 이 사람에게 온 이것은 분명히 완전한 끝을 맺는 것입니다.

그래서 하나님께서 나를 이 계시록을 알게 하고, 몸을 신창조 시켜놓고, 이건 신창조 안 받아 가지고는 이걸 못한대요. 안 된대요. 육을 가진 사람으로는 안 된대요. 신창조 몸이 된 사람이라야 이거 된다고 그러거든요. 마지막 역사는.

어드래서 하나님께서 이 사람을 하늘 영양을 자꾸 먹이는지 압니까? 하늘 영양을 먹은 사람이 아니고는 이건 완전히 안 된대요. 안 된다 그래요. 인간의 밥이나 풍풍히 먹는 배 가지고는 안 된다 그래요. 여보, 그 정도면 알겠지요? 자, 밥을 풍풍히 먹는 배가 몸이 완전해질 거요? 하늘 영양을 먹어야지 완전해질거요? 예? 그러니까 암만 고등 요리를 부자가 먹어 보시오. 나만치 좋은 것 먹을까?

닉슨 대통령이 암만 잘 먹는다고 그래보시오. 나만치 못 먹지. 안 되는 거요. 난 김치 쪼가리에 그저 밥 한 숟갈 겨우 먹어도 내가 더 힘이 있지. 닉슨이가 힘이 있을까? 닉슨이 갖다 앉혀 놓고 마주 설교해 보라고. 나 하루 종일이라도 하고. 안 되는 거야.

뭣이나 완전이란 것이 여기 왔어요. 알아요? 예? 완전이란 건 전부 이 사람에게 왔습니다. 난 이렇게 믿어요. 여러분도 안 믿으면 못 받아요. 뭣이 완전이 완전이야? 이 목사 지나 내나 같지 뭐 에이고, 그래 봐요. 절대 못 받아요. 어디 최장로 그래 보라구. 뭐 이목사, 이목사 몸이나 내 몸이나 같지 뭐. 그러면 평생 가야 그놈의 신경통 낫지 않을 테니. 안 돼요. 그래요, 안 그래요?

분명히 내 몸에 완전한 것이 오고 있어요. 정말이야요. 예? 자, 밥을 한 그릇씩 먹고 강연을 하는 사람이 완전한 사람이요. 조금 먹고도 까딱없이 하는 사람이 완전한 사람이요? 그래서 완전은 부자가 완전한 게 아니고 가난뱅이처럼 먹어도 완전하게 돼요. 돈 없다고 낙심하지 말라구. 자, 부자가 망할 때 가난뱅이가 남아 새 시대 가니 완전한 것이 가난뱅이한테 옵니다.

그러니 이 거지굴에서 누더기 옷을 입고 거지, 거지한테 오지 않았소? 내가 계시록 받을 때가 거지야요 거지, 거지. 그런 거지가 어딨습니까? 지금은 조금 신사가 됐수다. 지금은 정말 제가 신삽니다. 자꾸 갖다 주면서 입으라는데 안 입으면 또 남 상 못 타게 하겠으니 입는 것 아니요? 내가 돈 주고 사 입는다면 이거 안 해 입어요. 그저 아무거나 주워 입고 다니지. 하하.

아니, 금반지도 또 하나 끼었습니다. 금반지. 어떤 연고인고 하니, 아니, 만날 산에 가 기도만 하던 이교도 가운데서 어떤 사람이 아니 예수 믿고 기념으로 하나 갖다 주니 이걸 안 끼면 또 그 사람 상을 못 받을테니 좀 끼고 다닙니다. 어느 날 또 벗어서 어디다 바칠는지 모르겠지만 요거 끼고 다닙니다. 나 흉보지 말라고. 내가 이거 돈이 있어 낀 것은 아니요. 아 이교도 가운데서 아주 지독한 이교도 하나가 회개하고 들어와 가지고 기념으로 하나 해 준다는 거요. 그래 내가 이걸 끼는 거요 지금요. 알아요? 이 계룡산 우상단지 달아날 증겁니다. 하하.

내 그래서 보통 교인이 해줬다면 나 안 끼어요. 이건 아주 이교도 중에도 아주 젊어서부터 그저 일생 동안 산에 가 기도만 하던 그런 아주 보살 할머니가 예수 믿고서 아니 너무 좋아서 이 기념으로 해주니 그거 안 끼면 우상이 달아나겠습니까? 그래서 끼고 다니는 거요. 정말 내가 요걸 기념으로 끼고 다녀요. 내가 여러분이 했다면 뭐 안 끼어요. 이건 보살 할머니가 참으로 진짜백이가 돼 가지고 이걸 줬으니 요걸 기념으로 껴야만 마귀들이 무서워한단 말이요. 요거 어느 날까지. 하나님이 끼고 다니라 그래요. 기도해 보니까. 마음에 자꾸.

그래서 전 그거야요. 지금 기독교에 완전이라는 것은 지금 이 강단에 온 거야요. 기왕 예수 믿을 바에는 서울 있는 양반들 여기 와서 같이 예수 믿읍시다. 여기 왔다 딴 교회로 가는 건 대학교 왔다 소학교로 가는 멍청이야요.

이제 두고 보세요. 그래서 분명히 바울 사도는 부분적으로 알기 때문에 이방과 유대가 차별이 없이 믿음으로만이 한 하나님의 이스라엘이 된다는 것. 자 일러 봐요. 사도 바울은 민족적 국경 차별 없이 예수 믿으면 꼭 같은 아브라함의 자손이요, 이스라엘이라는 비밀을 알고 변론한 사람이요, 자, 동방의 이뢰자는 이스라엘이 천지가 몽땅 불에 사르는 재앙이 와도 남아 새 시대 간다는 걸 알았어요. 원자탄이 빵빵 떨어져도 불 가운데서, 자, 그러면 옛날 하나님께서 이스라엘에게 이방이 망하고 이스라엘적인 새 시대 이루어진다는 건 분명히 여기 왔지요? 그러니까 바울 사도가 안 비밀이 더 높은 거요, 우리가 안 비밀이 더 높은 거요? 그건 초등학문이라면 이건 마지막이 아니냐 그말이야요, 그렇잖아요? 그러니까 사도 바울은….

지혜에 장성한 자가 되자
― 고전14:20~22 ―

여기 저 지혜에 장성한 사람에 대해서 잠깐 몇 말씀 말씀드리겠습니다. 지혜에 장성한 사람이 되라 그랬는데요. 우리가 신앙은 꼭 그렇습니다. 신앙은요, 지혜에 장성한 사람이 되어야 되는데. 같은 일을 해도 지혜에 장성한 사람이 되어야 한다. 지혜에 장성. 지혜의 장성에 대해서 잠깐 말하겠어요.

사람이 지혜를 받아도 장성한다 그말입니다. 이제 성경을 같이 알아도, 알아 가지고도 장성해요. 저도 이제 계시록 바로 안 지가 꼭 15년인데요. 정말 제가 확실히 바로 알기 시작한 것이 15년인데, 그 계시록을 바로 알아 가지고도요, 그 장성이 상당히 시일이 가더라 그거요.

제가 이 지혜 받은 지가 꼭 이 정말 15년입니다. 제가 지혜를 받은 사람이야요. 지혜를 받았는데요. 제가 그전에는 상당히 머리가 나빴던 사람인데 제가 빈민굴에서 정말 열 달 동안 십자가 묵상하다가 제가 지혜를 받은 사람인데요. 그런데 지혜를 받아 가지고서 꼭 15년을 자라니까 지금 와서 조금 사람이 좀 된 것 같은 생각이 좀 갑니다. 여러분이 날 어떻게 보는지 모르겠지만 내 자신은 좀 인정할 것 같은 생각이 나요. 계시록을 제가 1958년 3월 19일날 받아써 가지고 제가 언제부터 이것이 열렸느냐 할 것 같으면 3월달에 받아 가지고 4월달부터 열렸거든요. 제가요. 계시록 열린 지가.

 자, 암만 봐도 모르겠어요. 사람이란 건 뭘 받아야 알지 모르겠습디다. 계시록 해석을 받아써 가지고 내가 3월 19일날 받아써 가지고요, 한 달을 그걸 봤어요. 보고 또 보고. 이게 뭔지 모르겠어요. 무슨 말인지. 모르겠어요. 그러니 해석을 받아써 가지고도 모르니 어떻게 됩니까?

 주석을 보면 주석은 좀 생각이 나요. 그때는. 주석을 보면 주석은 그래도 생각이 좀 나는데 당최 이 계시록 받아쓴 것은 봐야 캄캄이야요. 하나도 무슨 뜻인지 모르겠어요. 어떻게 된 건지. 받아써 가지고도.

 그런데 그때에 정말 제가 애를 쓰다가 아슴푸릇하게 고만 잠이 들었는데 꿈을 꾸었는데요. 하늘에서 뇌성이 나는데 번개소리가 우레소리가 나요. 나더니 "스룹바벨이 네게 간다!" 하더니 이마팍을 작근 들어치거든요. 으악하고 그때 일어났는데 그때부터 열려지는 겁니다 성경이. 보면요. 그때부터 그저 척 보니까 아, 뭐 환하게 그것이 열려지거든요.

 은사도 그래요. 은사도 은혜시대에 은혜도 받아가지고 장성한 사람이 돼야 써먹지, 그러게 은혜 받아가지고서 이내 역사한다고 좋지 못합니다. 그러게 은혜 받은 사람들 이내 내다 세우지 말라구요. 내가 은혜 받은 사람이 내가 17세 중생 받아가지고 19세 때 설교를 곧잘 하던 사람이거든요. 그런데 그때 그만 자라지 못하고 망가진 사람이라요, 제가요. 그 은혜가. 장성한 다음에 써야지, 대뜸 그저 은혜 받았다고 대뜸 그사람 일하겠다 그러면 안 됩니다. 반드시 받아 가지고 장성해야 돼요.

나는 계시록을 환하게 깨달아진 지가 정말, 저는 은혜시대도 정말 그 받았던 사람이거든요. 바울서신이 환하게 열려서 정말 그 문제, 대지가 갈라지고….

그래 가지고서 이게 반드시 자라나 가지고야 그다음에 이게 바로 쓰게 되더라 그말이죠. 그러니까, 그래서 여러분들 받았다고 그시간 대뜸 역사가 있는 게 아니고 자라납니다. 자라나는데 성경 보면 전체가 환하게 짝이 맞는 그걸 받아 가지고도 약, 그게 어떻게 됩니까? 15년, 꼭 15년이 되니까 이제 와서 이것이 자리가 잡힌다 그거야. 잡혀요.

그럼 여러분들은, 그럼 우리도 받아 가지고서 15년이 또 있어야 되나? 그러지 마시오. 바울 사도도 편지 쓰는 건 자라나 가지고 썼소, 이내 다메섹 광야에서 예수 만나 가지고 받아 가지고 이내 썼소? 자라나 가지고야 노년에 썼거든, 노년에. 편지 쓰는 건요.

요한 사도도 본다면 은혜 받은 지 60년이 지나 가지고서 계시록 받았댔거든요. 그러니까 이건 자라나야지 자라나기 전에는 안 되는 거에요. 안 돼요. 적어도 대중을 지도하는 이런 지식의 사람이 되고 지혜의 사람 되려면 자라나야지요, 자라나지 않으면 절대로 안 됩니다. 따라가는 건 몰라요.

그래 내가 지금 유감으로 보는 건요, 지금 이 교계가요, 지혜로 자라난 사람이 많지 않다 그말이야요. 목사님들 가운데. 지혜로. 알아요? 그게 유감이라요. 지혜로 자라나 가지고서 그 사람이 딱 정말 지혜롭게 지도할 수 있는 그런 사람이 돼야 되는데 그것이 지금 큰 문제거든요.

그래 사도 바울이 지혜로는 장성한 사람이 되라 이렇게 말했습니다.

그래 내 이제 여러분에게 내 한 가지 말하니까, 우리 이번에는요, 이거 영계문제로 한 단체가 돼야 되는데, 나는 적어도 이것이 이 몸이 개조를 받고 제가 머리 수술 받은 지가 꼭 15년이야요. 머리를 완전히 수술 받고 또한 받아 가지고 15년 자라났어요. 15년 자라니까 이제 와서 내가 정말 전부 이것이 좀 바로 되는 것같이 생각이 납니다. 15년 만에 가서, 15세 대장부 같아요.

전부 자라요. 보시오. 스룹바벨 역사 받아 가지고 3년간 자라더니, 자라나요. 자라납니다. 쭉~ 올라가요. 그다음에는 또한, 이게 이래요. 짝을 맞추는 것 받아 가지고서 자라나 가지고서 그다음에 또 역사했고, 그다음에는 원리를 받아 가지고서 자라나 가지고 역사했고, 그담에는 내가 변론 받아 가지고서 지금 자라나는 거요. 변론 받은 지가 꼭 3년이거든요, 제가. 뢰자 영감 받아 가지고서 3년을 제가 변론이 자라난 사람이야요 변론이. 그래 변론도 3년을 자라니까, 변론의 영감을 받았는데 자라니까 요즘에 와서야 내가 변론에 대해서 이제 좀. 그래 3년.

하나님께서요, 나는 이렇게 봐요. 분명히 이 사람은, 나를 하나님이 길러줬는데요. 길렀는데, 이거 분명히 나를 길렀습니다. 종말관의 진리를 줘 가지고서 마귀와 전쟁을 하면서 전쟁하면서요 저를 길렀는데. 머리를 개조시키고 몸을 개조시키고 그래 가지고서 그다음에는 스룹바벨 역사 바로 줘가지고 길렀는데 이제 여러분들에게는, 예? 여기 지금 목사님들도 계시지만요, 목사님들도 그저 하여튼요, 이거 뭐 내 노골적으로 이야기합니다.

여러분들 여기 목사님이나 전도사님이나 집사님이나 할 것 없이 여러분들이 이 영계의 지도를 나한테 받아야 돼요. 안 받으면 안 됩니다. 안 받으면 여러분들 이거 못 받아요. 여러분들, 여기 지금 송목사님도 계시지만 송목사님도 나보다 노년이지마는 영계는 나한테 지도 받아야 됩니다. 알아요? 예? 받겠어요? 하하.

왜냐하면 육으로는 내가 송목사님보다 연소하지만 내가 영계 지혜로는 목사님보다 자라난 사람이야요. 하나님께서 길렀거든요. 그렇잖아요? 그러니 누구든지 이거 영계로는 나한테 지도 받아야 돼요. 뭐 내가 에헴 하고 뭐 나 따라오라는 건 아니요. 나를 길렀다 그거야요. 길렀어요.

그래서 바울 사도가 말하기를 지혜에는 장성한 사람이 되라. 바울 사도도 나도 어린애 일을 버렸다 그랬지요? 그랬지요? 버렸다고.

그러게 그 사도들이 편지서를, 그 십자가의 변론을 쓸 적에, 자, 순전히 바울 사도는 십자가 변론이죠? 십자가의 비밀 변론이죠? 그걸 쓸 적에 그 사람들 자라나 가지고 변론이 됐더란 말이야요. 자라나 가지고. 알아요? 예?

자, 십자가의 도를 변론 잘했어요, 못했어요? 잘했지. 그것이 그분들도 자라나 가지고 변론한 거야요. 그러니까 지금 말세관에 대해서 내게 변론 터진 것은 나를 15년간 길러 가지고서 지금 이렇게 하는 거에요. 나도 오늘도 이제도 내가 7월달 월간지를 내가 보며 내가 은혜를 많이 받았습니다.

만일 누구든지 이 사람 입술을 통하여 나온 변론 이것을 기독교 종말에 이건 마지막 변론인 줄만 알아야 됩니다. 알아요? 그러기에 여러분들이 그걸 볼 때에 아멘 아멘 하게 되는 영계가 돼야 여러분이 무장되는 영계지, 그걸 볼 때에 벙벙하다면 그건 아직 닫힌 사람이야요. 안 됩니다.

자, 대학생의 논문을 보고 소학생이 알 수 있습니까? 여러분들이 월간지 볼 때에 아멘 아멘 아멘 그저 척 깨달아진다면 여러분들이 수지맞는 사람이야요. 그건 즉 호박 잡았습니다. 자, 가만히 있다가 완전변론을 받게 됐으니 호박 잡았소, 안 잡았소? 호박이나 잡았을까? 그야말로 정말 최고 큰 보화덩어리를 잡았지요.

지금 이 사람이 이렇게 변론하는 거 이거 보통 신학에다 댈 줄 압니까? 이 마지막 인간 종말에 마지막 변론, 그래서 하나님이 나를 신창조를 시켜 가지고, 인간 두뇌는 안 돼요. 머리를 갖다 이렇게 신창조를 시켜 가지고서 그래 가지고 15년 기른 사람이야요, 나를 갖다가요. 알아요? 그런데 요즘 목사님들이 자, 은사도 맛보지 못한 양반들이 날 이단 삼단하니 그것 참, 뭐. 조그마한 아이들이 어른 보고서 야 이새끼! 그런다고 해서 그거 죽이겠어? 말 배우는 아이들이. 예? 어디 갔다가 여러분 뉘 집에 갔다가 저, 조그만 아이가 와서 '이놈아' 그러면서 때리면, 에이 요놈의 새끼! 이렇게 하겠습니까? 박 목사 그렇게 하겠어? 어디 갔다가, 와서 툭 갈기면서 조그마한 아이가 와서 '이놈아' 너 이름이 뭐가? 내 목사다. 감정 내겠습니까? 아, 그놈 참. 아, 잘못했수다. 왜 그래? 나보고 이놈아? 아, 그놈 참 그 담대하다. 허허 참. 그래야지. 이 죽일 놈의 새끼, 너 뉘 집 아들이가? 나보고 이놈? 요놈의 새끼! 그럴 수 있습니까? 말 배우는 아이라 그러는데. 철 몰라 그러는데.

그러니까 현 교회에서 이단이라 그러는 건 웃고 말아야 돼요. 하 하. 허허 하고 웃고 말아야지. 그걸 뭐라고 그러겠소? 너무 어리거든. 여보, 아니 지금 저 소위 대학교의 종교 연구과에서 제가 뭐라고 우리 새일교회 대해서 변론을 써 놔요? 그건 도무지, 그건, 중생도 맛보지 못한 것들이, 그거 뭐 도무지 그거. 웃고 말아야지 그거 참.
 그래 나는 지금 그래요. 목사님들이 월간지는 들지 않고 설교를 내쓴다고 꺼덕거리는 건 웃고 말아야 돼요. 원 저런 멍텅구리. 멍텅구리 목사 말야. 월간지 좀 대보라고! 어느 게 성신의 말이냐. 예? 그렇소, 안 그렇소? 월간지 갖다 놓고….

은혜로 된 인격

― 고전15:1~11 ―

여기 사도 바울께서 말씀하기를 10절에, "그러나 나의 나 된 것은 하나님의 은혜로 된 것이니 내게 주신 그의 은혜가 헛되지 아니하여 내가 모든 사도보다도 더 많이 수고를 하였으나…." 오늘 이 시간은 은혜로 된 인격이라는 데 대해 잠깐 말하겠습니다. 은혜로 된 인격이라.

나도 은혜로 됐기 때문에 남보다도 수고를 더 많이 했다 그거요. 우리 인격이 은혜로 되면 남보다 수고가 많아집니다. 남보다 수고가 많으면 또한 상급이 많아요. 그래서 우리 인격이라는 건 도덕으로 된 인격도 그렇게 수고를 많이 안 하게 됩니다. 자, 도덕으로 된 인격이 남에게 뭐 줄 수 있습니까?

그래 인격이라는 건 은혜로 된 인격이라야 어디가든지 남에게 은혜를 많이 끼쳐요. 우리 교역자가 도덕으로 된 교역자도 교회 부흥 못 시키고, 학자로 된 교역자도 은혜 못 끼치고, 정치로 된 교역자도 안 됩니다. 도덕이나 학적이나 정치보다도 은혜로 된 교역자라야 그 사람은 그저 정말 할 일이 많습니다. 쉴 새가 없습니다.

여러분들 한번 훌륭한 사람이 되고파요? 그럼 은혜 많이 받으세요.

그러니까 나는 이거야. 그 은혜 많이 받을까 봐 겁나죠? 은혜 많이 받으면 쉬지 못해요. 잠도 못자고, 낮에도 쉬지 못하고, 아, 어떤 사람은 은혜 받을까 봐 겁이 난다고 합니다. 겁이 난다고. 잠도 못 자고 천생 기도해야지요. 쉴 수 있습니까? 그렇잖아요?

그래 어떤 목사님 그래요. 에잇, 새일수도원 내가 가면 새일수도생 닮을까 봐 겁난다고. 아, 그거 뭐 금식하고 기도하고 호소하고 그거 뭐. 에이. 그렇게 될까 봐 겁난다고.

여러분 이뢰자같이 될까 봐 겁나죠? 예? 아, 남처럼 밤에 잠을 잘 잡니까? 쉬길합니까? 어드런 목사들은 정말. 정말 목사님들 나같이 될까 봐 겁납니다. 쉬지를 못해요. 바울같이 될까 봐 겁나죠? 매 제일 많이 맞고, 옥에 제일 많이 갔고, 밥도 많이 굶고, 욕 제일 많이 먹고, 겁나잖아요? 바울같이 되기가. 예?

자, 인간들한테 대접 받는 데는 도덕으로 된 인격이 낫소, 은혜로 된 인격이 낫소? 예? 도덕으로 된 인격이 돼야 에헴! 참 점잖은 양반이로군. 참 학자로군. 참 품행이 좋군. 그러나 은혜로 된 인격 보면 저 미치갱이라고, 미치갱이. 예? 자, 바울 사도도 미쳤다고, 안 미쳤다고? 미쳤다고!

여러분들 은혜로 된 인격 아니고는 이제 앞으로 못 삽니다. 못 살아요. 가만히 여기서 내려보면요, 은혜로 인격이 돼 가는 사람은 꼭 그저 풀대가 비를 맞아서 나불나불~ 자, 바짝 말랐던 풀이 단비를 맞으니까 나불나불~. 어드런 사람은 뭐 야단을 치는 것 같아도 야들야들한 맛이 없고 그저 그런 사람 있고, 어드런 사람은 그저 가만히 보면 안수를 해 봐도 그저 맛이 좋아요. 하나님의 것 잡아댕기는 맛이 좋아요. 어떤 사람은, 아 참 뭐 얼마나 얌전합니까? 뭐 고개하나 까딱 안 하고.

 부득불 은혜로 된 인격이라는 건 자유스러워져요. 제일 재미있는 생활은 은혜로 된 인격입니다. 제일 재미가 있어요. 잠이 들어도 은혜로 잠이 들고, 깨어나도 은혜로 깨어나고, 밥을 먹어도 은혜로 먹고, 전부 은혜로 말이요. 예? 여러분도 한번 그렇게 되고 싶습니까?

 그전엔 잠이 들어도 막 피곤해서 그만 그저 잠은 잘 안 들지 피곤하기는 하지 그랬거든. 깨 가지고 일어나 보세요. 깨어나 가지고도 몸이 피곤하고 정말, 깨나 가지고 이러~ 하고서 정말. 이거 뭐 은혜로 잠이 들면요, 착, 그저 드러누우면 뒤통수에 베개가 딱 닿으면 사르르 잠이 들어요. 얼마나 좋아요? 깜빡 깨면 깨나자마자 그저 뒤통수에서 베개가 잘 떨어집니다. 잘 떨어져요. 그전에는 뒤통수에 베개가 닿고도 잠이 들어야 말이죠. 적어도 그저 한 시간 걸려야 그저 잠이 들고.

 전 지금 꼭 은혜로 잤다 깨면요, 꼭 10분 동안에 실컷 자고 깨어납니다. 어떨 때는 책을 쓰다가 정~ 좀 쉬어야만 되겠는데 아, 재종을 친다 말야. 옛따 시계를 보니 5분이 있구나. 5분 동안 자 보자. 그렇게 하면 싹 잠이 들어요. 실컷 자고 깨나 보면 5분이 딱 됐단 말야. 그렇게 명랑하고 상쾌하고 좋아요. 자, 그것도 시간이 경제요, 경제 아니요? 잠드느라고 한 시간, 또 깨나느라고 한 시간. 그 시간이.

 은혜로 된 인격은 경제가 많아요. 은혜로 된 사람은 뭐 화장품 값도 많이 안 듭니다. 예? 그렇지요? 많이 들까요? 또 식료 값, 많이 안 들어요. 은혜로 된 사람은 돈이 많이 안 듭니다. 은혜로 된 사람이 옷 값이 많이 들까요? 정말 경제생활 한다니까요. 은혜로 된 인격 되면. 은혜로 된 인격은 옷을 잘 안 입어도 아름답습니다. 그래 부인네들도 보면요, 은혜 많이 받은 사람은 그저 간단히 입어도 떡 보면 천사 같아요. 그러나 그저 은혜로 못 된 사람은 아무리 잘 입어도 귀신단지 같아요. 귀신단지. 요물, 요물, 꼭 요물 같아요.

은혜로 된 인격은 얼굴에 회칠 안 해도 보기 좋은데, 그저 부인네들 은혜 못 받은 사람이 회칠을 하면 꼭 아주, 요즘 뭐 또 부인들 색칠할 때 무슨 눈썹에다 뭐 붙이는 거에요 또. 꼭 그저 새까맣게 무슨 저 아주 그, 꼴 보기 싫어요. 은혜로 된 사람은 눈을 척 보면 어글어글하게 그저 눈만 봐도 은혜가 되거든요. 새까맣게 안 붙여도 말이요.

그러니까 그저 은혜로만 되면 뭣이나 다 편리해요. 자, 예배당에 가 앉아도 은혜로 된 인격은 남보다도 그 시간을 귀하게 보냅니까, 안 보냅니까?

오늘 아침에도 와서 아니, 은혜로 된 인격은 척, 아침에 깨어나서 30분간 우리 호소했죠? 얼마나 30분이 귀합니까? 귀하잖아요? 30분간 요러~ 하고 있던 사람은 호소 안 했지요? 그 오늘 벌써 은혜로 된 인격한테 30분간 졌지요? 점점 손해죠.

자, 일을 해도 은혜로 하면 빨리해요, 빨리 못해요? 농사를 해도 은혜로 하면요, 그저 기분 좋으면서 둥실둥실하면서, 잘돼요. 우리 대강당 짓는 일도 은혜로 했기에 그렇지 억지로 한다면 그렇게 빨리 될까요? 안 되죠.

은혜로 되면 전부가 다 정말, 자, 은혜로 사는 사람은 뭣이나 헛 시간이 없고, 헛수고가 없고, 헛된 말이 없고, 헛된 생각이 없고, 말짱 다 은혜지. 은혜로 못 살면 괜히 이 생각 저 생각 헛된 생각이 나고, 은혜로 못 살면 괜히 말이 헛된 말이 많이 나와요. 하고 보면 헛된 말 또 했단 말야. 은혜로 된 인격이 되면 생각이 정말 뜻있는 것이 나고, 말을 해도 은혜로 말이 나오고, 발을 놀려도 은혜로 발을 놀리고, 손을 놀려도 은혜로 놀리고, 그렇게 되니 사도 바울이가 열매가 많지 않습니까?

　자, 제일 일 많이 한 사람이 누굽니까? 사도 바울이죠? 매 제일 많이 맞은 사람? 고생 제일 많이 한 사람? 많은 건 다 차지했지요? 매도 제일 많이 맞고, 옥에도 제일 많이 갔고, 악당도 제일 많이 만났고, 밥도 제일 많이 굶어 보고, 정말 교회도 제일 많이 세우고, 또 편지 쓰는 것도 제일 많이 썼고.

　오늘부터 좀 은혜로 된 인격 가지자고요. 예? 여보, 어떤 전도사가 갈 데가 없다고 할 일이 없다고 가만히 있으면 그 은혜로 된 사람이요? 은혜로 된 전도샵니까? 날 보고 와서, 목사님 나 어떻게 목회지 좀 하나 잡아주시오. 그런 사람은, 아니 뭘 목회 볼 데 하나 잡아달라고. 필요 없어!

　자, 은혜로만 된다면 오라는 데가 많아요, 안 많아요? 무슨 취직인가? 목회 볼 자리 하나 잡아달라고. 나 정말 갑갑해서 안 되겠다고. 그럼 심심해서 하겠다는 거야? 말이 안 돼요. 은혜로 된 사람은 자, 노방전도를 하던지 방문전도를 하던지 하여간 전도라도 합니까, 안 합니까? 어떻게 집에 가만히 있습니까? 자, 자동차 속에, 지금 발동 건 자동차가 가만히 있을 수가 있어요? 예? 벌써 가만히 있는 자체가 돼먹지 않았쟎냐 말이야. 예? 그렇소, 안 그렇소?

　그러니까 여러분이 은혜로 되란 말이요. 은혜로 되면 오라는 데가 많아. 그러니까 은혜로 됐느냐 안 됐느냐 이게 문제야요. 정말 우리가 농촌에서 똥장군을 지는 사람이라 하더라도 은혜로만 되면 그 사람은 돼요. 나 그전에 저 이북에 있을 적에 그 산에 오르내리면서 그 똥 짐지고, 거름 짐지고 오르내리고, 그 정말 강낭콩 옥수수 심어 먹던 거 생각이 다 나거든요. 비록 그런 생활을 하더라도 은혜로 된 생활을 할 때에 결국은 열매가 있더라 그말이야요.

자, 요시간에 은혜로 된 인격 한번 가지고 호소하겠습니다.

은혜의 선물
– 엡2:8~10 –

■ 기도: 기도하신 예수님이여, 속죄를 완성하시고 부활하셔서 약속의 신 성령을 보내서 역사하시되 우리는 다시 오시는 주님을 맞이할 때까지 남은 종으로서 역사할 수 있는 인격을 주기 위해서, 거룩한 맘 줍소서, 신령한 맘 줍소서, 담대한 맘 줍소서, 불타는 맘 줍소서 하는 이 성가를 부르게 하신 아버지여!

아버지께서 주고 싶어서 하는 그 일을 우리가 받을 자격은 십자가 의에 있사오니 어찌해서 우리가 죄가 있다 해서 거룩해지지 못할 수가 있사옵나이까? 죄가 있는 맘이라도 거룩해질 수 있고, 속화된 맘이라도 신령해질 수 있고, 비겁해진 맘이라도 담대해질 수가 있고, 아무리 남을 미워하던 마음이라도 사랑의 불길이 붙는 것은 십자가의 공로로, 주님의 의로 우리에게 올 것을 믿사옵나이다. 내려보내 주시옵소서.

오, 주여! 이것을 주고 싶어서 십자가에 죽으신 예수님이여, 이걸 주고 싶어서 대언기도하시는 예수님이여, 우리가 이 맘 받기가 소원이오니 어찌해서 이루어 안 질 수가 있겠사옵나이까? 즉각적으로 이시간 우리에게 마음이 거룩해지고, 신령해지고, 담대해지고, 불타는 맘이 생기는 것은 주님의 십자가 의로 말미암아 올 것을 믿사옵나이다. 강하게 내려보내 주시옵소서!

오늘도 호소 제사를 올릴 저희들이 위에서부터 오는 것이 없다면 말만 호소가 되고 소리만 나고 실제는 외식이 될까 봐 더 심히 두렵습니다. 거룩한 성령이여! 예수 이름으로 내가 이 강단에 섰사오니 예수님의 이름으로 강하게 역사해서 한 사람도 외식하는 일이 없이 어린아이가, 젖 떼는 아이가 어머니 젖을 사모하듯이 이렇게 좀 불타는 맘이 생겨서 오늘은 정말 꼭 받아야만 되겠사옵나이다.

내 맘을 내 맘대로 못하는 것이 이미 타락한 인간이 아닙니까? 우리 맘을 우리 맘대로 못하지마는 예수님은 십자가 의로써 우리 맘을 맘대로 할 수가 있사오니 오, 주여! 당신의 의가 우리를 완전케 할 줄 믿사오니 강하게 역사해 주시옵소서.

예수 이름으로 기도하옵나이다. 아멘.

에베소 2장에서 몇 절 봅시다. [성경 본문 봉독]

하나님께서 은혜로 우리를 구원해 주는 데는 선물인데, 행위에서 나지 않고, 오직 우리가 행함으로 되지 않고 선물을 받으므로 되게 한 것은 스스로 자랑하지 못하게 하려함이니라 이렇게 말했습니다.

하나님께서 우리의 행위로써 선물을 받는 것이 아니고 믿음으로만 이 받게 한 것은 누구든지 스스로 자랑 못하게 할라고 해서 그렇게 한 것이다 그 말씀입니다.

왜냐 할 때에 사람이 다 자기가 해서 됐다고 자랑하면 하나님께 영광이 안 되고 또는 한 단체를 이룰 수가 없어요. 여기 오신 분들이 다 내가 행해 됐다 이러면 하나님을 정말, 영화롭게 하겠다는 맘도 안 생길 것이고 또는 단체가 안 됩니다. 저마다 자기가 잘해서 됐다 그러면 옥신각신하고 있단 말이야요. 그래서 사람은 창조를 받을 때에 벌써 도저히 사람으로는 행할 수 없는 사람으로 난 피조를 받았다고 봐요. 그렇게 봐야 맞습니다.

왜냐? 아담·하와를 하나님이 낼 적에 완전하게 내지 않았다는 증거가 확실합니까, 확실치 않습니까? 예? 확실하잖아요? 아담·하와를 하나님이 죄를 짓게 한 것은 아니겠지마는 사람을 낼 때에 피조물이 된 사람은 마귀에게 미혹 받을 수밖에 없는 그런 불완전한 사람으로, 불완전한 피조물이라 그거요. 동물보다 조금 나은 것은 생령이라 그것입니다. 생령. 생령이라는 건 영의 한 분자를 탔다 그말이죠. 우리 몸이 하나님 형상대로 지음 받았고 생령을 받았지마는 이 생령이란 영이, 이것이 하나님이 주신 선물을 받을 수 있는 그릇이지 그것이 스스로 행할 수 있는 영은 아니다 그말이야. 한 생령이라. 하나님이 주는 것을 받을 수 있는 그릇은 됐다 그말이에요.

동물은 정말, 능력을 못 받고 지혜를 못 받고 무슨 권세, 믿음을 받을 수 없는 그건 생령이 아니니까, 그러나 우리 사람은 즉 받을 수 있는 그릇으로 타고난 것이 생령이라 그말입니다. 여러분들 지금 생령이요, 죽은 영이요? 영까지 죽었지마는 다시 그 영을 살릴 때에 예수님의 은혜로 살렸다 그말입니다.

그러니까 하나님이 불어넣어서 생령 된 사람보다도 예수 의로 산 영이 더 받을 자격이 있다 그말입니다. 그건 왜냐 할 때에 그저 생령이라는 것은 자기가 해야 될 책임이 있는 생령이요, 중생 받은 영은 얼마든지 받을 수 있는 특권을 받은 영이라 그말이야요. 왜냐하면 자기가 자기가 아니고 십자가 의로 우리가 살았으니까 내가 아니고 예수의 것이란 말이요. 그러니까 우리가 얼마든지 받을 수 있는 특권이 있다 그말입니다. 알겠습니까? 예?

자, 예를 든다면 어떤 사람이, 우리가 이제 죽게 됐는데 우릴 살려줬다면 그다음엔 다른 사람보다도 특히 그사람에게 더 책임을 질 맘이 있겠소, 없겠소? 예? 그렇잖아요? 저 사람은 내가 살린 사람인데 내가 끝까지 봐 주겠다.

여러분이 물건을 갖다 내 해라고 사 논다면 그건 반드시 내가 책임을 지겠다는 것은 샀기 때문에, 그러니까 하나님 아들 예수님께서 거룩한 피로 우릴 샀단 말이야. 샀어요. 자, 돈 주고 산 게 더 귀해요, 피로 산 게 더 귀해요? 그러니 요건 내 해다 이거야. 내 해니까 얼마든지 예수님은 우리에게 줘야 할 책임이 있다 그거야.

그래서 전부 행함으로 되게 한 것이 아니고, 은혜로써 되게 만들어서 선물을 받아 가지고서 자, 선물을 받았으므로 거룩해지고, 신령해지고, 담대해지고, 사랑스러워지고, 그것이 예수의 은혜로 왔다 그말입니다. 예? 어디, 선물들 다 받았소? 예? 받았어요? 다?

난 아직 못다 받았는데요. 받을라고 그러는데요 지금. 다 받았다면 그만두고 가시오. 가라요. 얼마든지 예수 이름으로 받을 특권이 있어요, 우리는요. 중생만 받는 정도가 아닙니다. 중생을 받았다는 조건에서 우리가 얼마든지 받을 특권이 있습니다. 우리가 중생을 못 받았다면 모르겠지만 중생을 받았기 때문에 얼마든지 더 받을 특권이 있다 그말이야.

자, 예수님이 우리를 살려줬으니 예수님께 있는 것은 전부 내 해라 이거요. 만일 내가 스스로 살았다면? 그러나 하나님께서 맨 첫 번 사람을 낼 땐 생기를 불어넣어서 생령이 되게 했지 하나님이 우리 대신 죽어서 우릴 낸 건 아니란 말이에요. 저 산도 맹길었고, 동물도 맹길었고, 다 창조했단 말이야요. 그러게 그건 한 피조물이야요. 조물주와 피조물과는 좀 다릅니다.

그러나 우린 조물주와 피조물과의 관계보다도 예수님의 은혜로 예수의 피로써 우리가 산 백성으로서 다 죽었던 우리가 예수님의 의로운 행동으로, 의로 말미암아 우리가 살았으니 우리는 얼마든지 하나님 앞에 받을 특권은 예수의 의로 살았기 때문에 받을 특권이 있다 그말입니다. 그래서 전부 선물로 되게 돼 있지 우리 행함으로 되게는 안 돼 있다 그말이야요.

여기 저, 배 장로님, 배 장로 있어? 댕기며 전도 많이 했다고 이번에 은혜 줄 줄 알아요? 그렇게 생각지 마시오. 내가 이번에 지방 가서 전도 많이 했으니 이번에 은혜 주려니 그러지 말라구요. 그렇게 맘 먹으면 못 받아. 내가 아무리 전도를 많이 했다 하더라도 나는 항상 부족하니 이 시간 십자가 의로 받는다고 믿어야지, 나는 남보다 전도 많이 했으니 받을 거야, 이러면 못 받아요. 알아요? 그렇소, 안 그렇소? 나는 남보다도 금식기도를 많이 했으니까 받겠지. 하여간 나라는 게 들어가면 못 받습니다. 암만 제가 뭐 많이 했더라도 '내가'하면 못 받아요. 못 받고 그저 예수의 의로 받는다고 믿으면 그저 받게 돼 있어요. 알아요?

그런데 은혜 받는 사람들이, 나 요런 경우를 근래 봤단 말이야요. 내가 열심이 있다, 내가 잘 믿는다, 내가 기도 많이 한다, 그러면 안 됩니다. 내가 열심이 있고 내가 정말 일 많이 했다는 조건으로 받는 것은 아니야요. 상급은 내가 행함으로 받을 수가 있겠지마는 받는 것만은 상급을 받아도 하나님을 자랑하게 돼 있어요. 이 상급을 내가 한 게 아니라 하나님 은혜로 받았다고 이렇게 되게 돼 있다 그말이야요. 상급을 받아도. 그렇소, 안 그렇소? 상급 받아도, 흥 봐라, 내가 잘해 받았다 그게 아니란 말이야요.

자, 일러 봐요. 죽을 내 영이 살아서 예수의 은혜로 중생 받아 가지고 예수의 의로 능력 받고, 지혜 받고, 권세 받고, 자 내가 일해가지고 또 상급 받았으니 아이고~ 주여! 웬일입니까? 선물도 고맙건마는 상급이 웬일입니까? 할렐루야! 상급을 받고도 항상 감사해서 영광 돌리고, 왕권을 받고도 그저 만왕의 왕께 너무 감사해서, 아이구~ 지옥 갈 내가 왕이라는 게 웬말이요! 내가 교역자가 돼 가지고도 이렇게도 실수도 많았댔는데 아이구~ 내게 왕권이 웬말입니까? 그래서 항상 왕권을 받아가지고도 만왕의 왕께 감사 찬송을 올리게 맹글어 놨습니다. 그래야지, 다 자기가 잘해서 왕 됐다고 꺼뜰거려도 그것도 야단이야요. 그렇소, 안 그렇소? 예? 그거 분명히 아시오.

그래 나는 꼭 은혜를 받을려면 케케 망신하게 맹글어 놓고, 망신을 하고도 그래도 울며 기도하면, 너는 망신했지만 나는 망신 안 하겠다 옜다 받아라. 알아요? 너는 넘어졌지마는 나는 넘어 안 진다. 일어나라. 너는 내 것이 아니냐? 예? 여러분 내가 낳은 아이가 따라오다 넘어지면 이놈 새끼 거기서 죽어라 그러겠습니까? 예? 그렇잖아요? 전부 그렇게 돼 있어요.

이것이 복음인데, 그런데 내가 잘못된 것이 뭐냐 할 것 같으면 이걸 믿으면서도 내 마음에 인간성, 죄악성이 싹 죽어지는 선물이 있는 줄 몰랐다 그말이야요. 예? 알아요? 내 마음에 죄가 송두리째 싹 빠져 버리고, 죽어 버리게 만드는 선물이 있다는 걸 믿지 않았다 그말이야요.

그것 때문에 내가 영계가 못 올라가고 있었습니다. 여러분들, 맘 가운데 인간성, 죄악성이 싹 죽어 버리는 선물이 있는 줄 믿습니까? 예?

여기 본문에 있어요. 봐요. 자, 여기 보시오. 10절에 뭐랬어요? 우리는 그의 만드신 바라, 그랬지요? 예? 그리스도 예수 안에서, 어떻게 해요? 선한 일을 위하여 지음을 받은 자니 이 일은 하나님이 전에 예비하사 우리로 그 가운데서 행하게 하심이라, 보시오.

그럼 선한 일을 위하여 지음 받은 사람이 마음으로 죄 짓겠습니까? 예? 하나님이 우리를 선한 일을 위하여 지음 받을 적에 맘에 죄질 맘이 있는데 억지로 안 짓게 만들까요? 그렇다면 옛날 모세 때 사람이나 율법시대 사람이나 같은 게 아니냐 말이야요. 예? 그래요, 안 그래요? 예? 마음으로 죄질 맘이 있는데 도덕적으로 억지로 죄를 안 짓는다면 그건 지음 받은 게 아니란 말야. 그건 옛사람이 그냥 있는 거야. 옛날에도 그건 세상 사람도 그렇습니다.

자, 세상 도덕도 사람 앞에 보이려고 행할 수가 있습니까, 없습니까? 예? 얼마든지 있는 거에요. 세상 도덕을 주장하는 이방 종교들 보시오. 일생 동안 장가 안 가고 뻣뻣 늙어서 중이 되는 거, 얼마나 거룩합니까? 자, 일생 동안 장가도 안 가고서 생불이 돼 보겠다고 깨끗이 지내는 사람들 도덕적으로 볼 때 그 사람들 절개가 있소, 없소? 예? 얼마나 훌륭해요. 그 사람들이 보시오. 중들이 도둑질합니까? 도둑질해요? 예? 그러니까 그 불교도 본다면 그렇게 나간단 말이야요. 그러나 그 중심 성결은 없다 그말이죠. 맘에는 죄가 자꾸 생기는데 억지로 그놈을 피해 볼라고 산에 가서 목탁을 두드리면서 도를 닦는 거라 이 말이야요.

그러니까 그거는, 만일 우리 기독교인들이 마음으로 자꾸 죄질 맘이 생기는데 억지로 참고 댕긴다면 그것이 안 됐다 그거야. 그것이 안 됐다 그거야. 그것이 안 됐다. 내가 그러니 과거에 그렇게 믿을 때는 아무 교통이 없더란 말이야요. 아예 내 마음이 죄와 상관이 없이 아예 죄질 마음도 안 생기게 만들어 준다는 그 선물을 내가 받으려고 애 쓰니까 되더라 그말이요. 예? 어디 그 선물들 다 받았소? 누가 아무리 뭐래도 마음에 불만도 없고, 불평도 없고, 죄의 맘이 생기지도 않아요. 늘 맘이 기쁘고 평안하고 깨끗해요.

다 받았소, 못다 받았소? 예? 예? 원, 저렇게. 아니 못 받다니 오늘 아침에 받아보시오. 분명히 줘요. 있습니다. 없는 게 아니야요. 그걸 믿지 않으니까 안 주더라. 그래 선물도 믿어야 주지 안 줘요. 자, 믿음으로 받는 선물을 믿지 않아도 준다면 천하 사람 다 줘야지. 믿지 않아도 그 선물 준다면 다 줘버려야지요? 그렇잖아요? 그렇소, 안 그렇소? 만일 이걸 믿지 않아도 준다면 천하 사람 다 줘 버려야 돼. 다. 안 돼. 요건 꼭 믿어야만, 조금도 의심 없이 믿어야만 받게 돼 있다 그거야. 믿어야만. 믿어야만. 조는 사람 주겠다고 성경에 안 그랬습니다. 그러니까 정신 차리시오! 당신들.

나는 이렇게 봐요. 율법의 법과 믿음의 법과는 믿음의 법이 더 까다롭습니다. 율법의 법이라는 건 사람에게 나타나게, 사람 보이는 데 죄 안 지면 되는 거요. 행동으로 죄 안 지면 되는 거요 사람에게. 그러나 믿음의 법은 마음에 털끝만치도 의심이 있으면 못 받게 돼 있어요. 알아요? 요만 쪽도, 털끝만치도.

또 믿음의 법이라는 건 성경 글자 그대로, 하나님이 주마 한 약속 고대로 믿어야지, 조금이라도 가감되게 믿으면 암만 믿어야 소용없어요. 안 돼요.

계약서 고대로 도장 딱 찍어야지, 하나님의 계약서에다 갖다가 한 자라도 빼고, 만일 그렇잖아요? 어떤 사람이 계약서를 써 놨는데, 주겠다는 계약선데 거기다 갖다 내 맘대로 글자 몇 자를 갖다 뭉개뜨리고서 도장 찍으면 그 계약서 쓴 양반이 인정할까요? 안 되죠. 안 돼요.

여러분들 계약서를 딱, 우리 지금 계약서를 받았단 말이요. 자, 네가 할 수 없으나 내가 해 주겠다. 해 주되 무조건이 아니고 십자가 의로 해 주겠다. 딱~ 계약서를 우리에게 줬단 말이요.

그러면 조금이라도 나라는 게 있으면 빵점이란 말야. 자, 예수 이름으로 주겠다는데 나라는 게 있으니까 빵점이요, 빵점 아니요? 예? 빵점이야. 예이 이놈아, 예수 이름으로 주겠다고 그랬지, 이놈아 이놈아 왜, 너 나라는 게 안 된다 이거야. 율법에는 나라는 게 있어도 되지만 은혜엔 나라는 게 안 된다 이거야.

내 생각도 있어도 안 돼요, 믿음엔요. 내 생각. 요 생각 조 생각 하면 빵점입니다. 또 요 말 조 말 해도 빵점이야요. 다 빵점이야요. 그러지 말고 꼭 믿음으로 줄 줄 믿을 때에 요 생각 조 생각 하지 말고, 요말 조말 하지 말고, 나라는 것도 잊어먹고, 그저 아까도 어저께도 말했지만 어린아이가 젖 뗄 때에 어머니 젖만 사모하듯이 요렇게 믿어질 적에 그때 가서 탁 이뤄지는 거요.

호소성가 부르면서도 이 생각 저 생각, 오늘 아침에도 '♪ 거룩한 맘 줍소서' 해야 하는데, '♪ 거룩한 맘 줍소서' 빵점이야. 빵점이야. 계약서에 맞질 않아요. 왜? 간절해야 주겠다고 그랬소, 미지근해도 주겠다고 그랬소? 자, 깨야 주겠다고 그랬소, 졸아도 주겠다고 그랬소? 예? 의심이 없어야 주겠다고 그랬소? 의심한대도 주겠다고 그랬소? 예?

그러니까 이것이 말요. 이 믿음의 법에 이게 들어맞으면 그저 즉발 받게 돼 있어요. 여러분이 받지 못한 것은 그 믿음의 법에 맞질 않기 땜에 못 받는 거야요. 그 믿음의 의의 계약서와 맞질 않아요. 그래 못 받는 거야요. 내 그걸 발견했다니깐요. 아하, 이게 이렇구나!

아이, 지금 중심 성결 완전히 못 받았어요? 그러면 계약서와 맞지 않았기에 그렇지, 틀림없이 이 믿음이 그렇습니다. 전부 선물로 되는 데 내 도덕적인 행위로 되는 게 아니고 선물로 되는 데는 첫째 문제가 내 중심 사상 문제란 말이야요. 그걸 봐요.

그래서 자, 누구든지 자기를 자랑치 못하게 할라고 해서 선물로 준다. 선물은 뭐냐 할 때에 그리스도 안에서. 자기 안이요, 그리스도 안이요? 교회 안이요, 그리스도 안이요? 예수 안에서 선한 일을 위하여 지음을 받은 자니, 선한 일을 위하여. 그러면 나라는 게 있으면 됩니까? 안 돼요. 나라는 게 있으면 백날 가야 그꼴입니다. 안 됩니다. 그리스도 안에서. 나라는 게 없어요. 싹 들어가요. 나는 없애요. 그리스도 안에 들어가서 거기서 선한 일을 위하여 지음을 받은 자니 이 일은 하나님이 전에 예비하사 우리로 그 가운데서, 그 가운데서, 행해도 내가 해요, 그 가운데서 행해요? 그 가운데서, 예수 안에서 행하게 하려 함이라 그말이야.

율법의 도덕적인 행위보다도 이게 더 어려운 거야요 사실은요. 믿음의 선물 받는 데 들어가는 것이. 도덕적인 행위야 그거 뭐 나도 과거에 믿기 전에도요, 도덕적행위는 곧잘 하던 사람이요. 나 한 번 도덕적인 행위로 동네 사람들한테 고얀 놈 소리 한 번도 안 들어봤습니다. 그게 어려운 게 아니고 이게 어렵더라 말이야. 믿음의 선물, 믿음으로, 선물로 받는 것.

자, 오늘 아침에 몽땅 받아 보자고요. 나라는 게 있으면 안 돼요. 나라는 게 있으면 안 됩니다. '내가' 하는 게 있으면 이건 빵점입니다. 안 됩니다. 고만 이, 호소할 때도 나라는 거 잊어먹어야 돼요. 그래 김익두 목사님 말이 있거든요. 절대 병자 안수할 때도요, 병자를 고치겠다는 그 맘만 들어가서 옆에 사람 무슨 소리 안 들리면 그저 팍팍 다 일어난대요. 그런데 고만 이, 병자를 불쌍히 여기는 맘이 그 벌써 요만 쪽도 거기 이렇게 안 되면 안 된대요. 꼭 그사람이 나으리라고 믿어지는 그 마음이 생길 적에 옆에 사람이 무슨 소리해도 귀에 안 들린답니다 그때는. 그때는 그저 가서 일으키면 팍팍 다 일어나고 만대요. 병자들이 뭐 막 일어난답니다. 뭐. 자, 그렇게 됐거든요. 믿음이라는 게. 털끝만치라도 벌써 딴 것이 들어가면 그건 빵점입니다. 안 돼요.

자, 죄 중에 제일 큰 죄는, 믿음으로 되는 법에서 요만치라도 의심했다는 것, 나라는 게 있다는 것, 이건 큰 대적이라 그말이야요. 예수의 은혜로 되는 것인데 나라는 게 있다는 것은 큰 대적입니다. 십자가의 원수입니다. 안 됩니다.

지금 이 사람이 은혜 좀 받는 건요, 그것 때문에 내가 받아요. 누가 아무 소리해도 난 탄하지 않습니다. 나는 죄인인데 뭐! 나는 뭐 이단 소리 들어야 마땅해! 내가 과거에 이미 죽었던 놈인데, 뭐! 내 개인 공격에 대해선 아무 탄하지 않아요, 저는요. 탄하지 않아요. 자, 내가 아무리 이단 소리 들어도 주님이 역사하면 되지요? 예? 내가 망신했더라도 주님이 역사하면 되지요? 내가 똥칠했더라도 주님이 나 거룩하게 해서 쓰면 되지요? 그렇게 저는 생각을 해요.

내가 사실, 뭐 마음으로 내가, 정말 나는 내 마음을 죄의 생각도 안 나게 맹글어 놓고도 교만할까 봐 해서 날 자꾸 치더란 말이요. 맘으로 죄를 안 짓고, 마음으로 깨끗하게 아주 뭐 저야말로 정말 죄와 상관이 없는 맘이죠. 그래도 자꾸 날 때려요. 교만하지 못하게 할라고. 혹여나 나라는 게 있을까 해서.

그러다 놓으니까 지금 이 나라는 건 고만, 정말, 잘못하면 맘이 깨끗해져도 '나'가 있거든요. 그게 맘에는 죄가 없어도 '나'가 또 있더란 말이에요. 사람은 그래요. 그래 여러분들 그거 분명히 아시라고요. 끝까지 올라가는 게 나라는 게 있으면 안 됩니다. 맘이 성결해가지고도 영적으로 나라는 게 있어도 안 된대요. 안 돼요. 안 돼요.

내가 만일 갖다가 지금, 에헴! 내가 교단장이다 하는 맘 있어보시오. 빵점입니다. 내가 교단장이야. 교단장의 말 안 듣고? 에헴! 이러면 벌써 빵점이야. 이, 내 맘 가운데 나는 교단장이다, 나는 목사다, 나는 뭐다 하는 그 맘이 없어야 돼요. 그래야 은혜가 와요. 내가 목사다 에헴 그러면 안 됩니다.

내가 목사가 된 거요, 은혜로 되는 거요? 예? 내가 목사인데 아, 목사를 무시하고? 목사를 푸대접하고? 내가 전도사인데 위신상! 내가 전도사인데 위신상 에헴! 안 됩니다. 절대 전도사가 됐든, 목사가 됐든, 뭣이 됐든 간에 그 생각은 잊어먹고, 고만 그, 나는 은혜로 된 나니 이 시간도 은혜로야 된다 할 때에 내가 목사 위신이 떨어졌고 전도사 위신이 떨어졌고 망신했다 하더라도 은혜로 된다는 것 믿고 냅다 밀고 나갈 적에 하나님 기뻐하더라 그말이야요. 내가 이렇게 망신을 했으니, 전도사로서 망신했으니 무슨 면목으로 나설꼬.

자, 내가 위신이 떨어졌으니 인제는 후퇴하고 말겠습니다. 최 장로, 나는 장로로서 위신이 떨어졌으니 나는 후퇴하고 말겠습니다. 우리 교회서도 날 알아 안 줍니다. 사표 내겠습니다. 하하. 그러면 안 돼요. 그러면 빵점이야. 그래서 우리가 성직을 맡아 논다면 자꾸 누가 안 알아줍니다. 개똥으로도 안 알아요. 그때는 아, 감사합니다 그래야지. 내가 장로인데 날 안 알아주고? 그랬다간 빵점입니다. 내가 부인회 회장인데 날 안 알아주고 에헴~. 그러면 안 돼요.

정말 어린아이가 어머니 젖 사모하듯이 그저 예수 의밖에 없다는 것, 이것이 그렇게 뼈저리게 생각이나요. 그러니까 그냥 은혜가 자꾸 와요. 됐다는 거야. 됐다는 거야. 그렇게 맹글어 놓습니다.

자, 그저 하여간 이러지 말라고요. 아무개는, 아무 목사는 아마 이번에 받을 거야. 왜? 그 목사는 뭐 온당하고, 태도라든가 그 다 범절이 됐단 말야. 그러나 아무 목사 저까짓 게 저게 어떻게 받아? 그러지 말라구요. 안 돼요. 그렇게 사람 판단하면 안 됩니다. 예? 그렇게 남 판단하지 말라구요. 최 장로 저것이 뭐 받을까? 그랬다간 나도 빵점이야. 우리 최 장로가 제일 잘 듣고 있거든요. 지금. 나 최 장로 얘기하면 최 장로 흉본다고. 최 장로 위신 떨어진다고. 위신 떨어져야지. 하하. 정말이요. 위신 떨어져야 돼요. 최 장로 위신 다 떨어지고 똥같이 되고 지렁이같이 돼 가지고서 받아야 쓰지. 위신 높아져 받았다면 최 장로 때문에 우리 교단 망해요. 안 돼요. 하하. 안 됩니다.

내가 위신이 다 떨어져 가지고서 이렇게 됐기에 우리 교단이 유지되지요, 내가 위신 높아져 받았다면 내가 날 자꾸 섬기라는 것 땜에 큰일 나요. 큰일 나요, 안 나요? 내가 신이라 그러면서.

위신이 깨깨 떨어져 가지고서 이렇게 해 놓으니까 그저 납작하게 돼 가지고 그저 조그만 아이 앞에 가서도 네가 나보다 낫다 이렇게 맘이 가지요. 그전 같으면, 이럽니다 내가. 안 그래요? 내가 지금 보통 은혜를 받고 있습니까? 기독교 역사상 있던 일이요, 없던 일이요? 정말 그야말로 신과 같이 존대 받을 수 있는 일이거든요, 사실은요. 그렇잖아요?

그러게 그저 하나님의 종도요, 은혜로 됐다는 것만 믿어지고, 예수님만 자랑하게 맹글기 위해서 그저 영계가 올라가면 더 강한 마귀 갖다 붙입니다. 그러게 항상 마귀와 싸울 때에 내 힘으로는 안 된다고 깨닫게 되지, 내 힘으로 된다면 안 됩니다. 군대마귀와 싸울 시절에도 은혜로 됐고, 대장 마귀와 싸울 때도 은혜로 이겼고, 용과 싸울 때도 은혜로 이겼고, 그겁니다. 예?

그래서 우리 자, 일러 봅시다. 오늘 아침부터는 나라는 것은 싹 없어지고, 주님만 자랑할 수 있는 거룩을 받고, 지혜를 받고, 능력을 받고, 권세를 받자 그말입니다. 예? 소원입니까? 돼 봅시다. 어디.

괜히 우리 하나님 우리 주님의 계약서에 조금이라도 가감되면 오늘 아침도 못 받아요! 안 돼요, 괜히. 자, 날 자랑하게 할라고 한다고요, 못하게 한다고요? 은혜로 된다고요, 행위로 된다고요? 자, 그럼 새일교단 안에서 지음 받는다는 거요, 그리스도 안에서 받는다는 거요? 이거 분명히 아시고 이 시간 우리 호소하겠습니다.

감사한 맘으로 받아야지. 이러~ 하고 , 나는 할 수 없어요. 빵점이야, 빵점이야. 간절해야 준다고 그랬지 그러면 준다고 그랬어? 예? 빵점이죠? 안 돼요. 안 돼, 안 돼요. 간절해야 준다고 그랬지, 어디 그런. 줬던 것도 가져가겠다 야! 그만둬라. 말이 되는 거야? 여보 선물 주는데 졸면서 받는 사람이 어딨어? 빵점 또 맞는다. 빵점 맞지 말라구요. 간절한 맘으로 받는 거야. 막 요래야 돼요. 너무 감사해서 아이고! 아이고! 아이고! 다시요. (53장 성가) .

■ 기도: 우리 영이 살았고, 우리 몸까지도 그리스도 안에서 예수의 몸과 같은 형체가 이뤄질 것을 믿습니다.

나를 이 강단에 예수님의 의로 세우신 아버지여. 나라는 것이 조금이라도 나타날 수가 어디 있겠사옵나이까? 그리스도 안에서 지음을 받고, 그리스도 안에서 행한다 했사오니 오, 주여! 어찌해서 나라는 것이 남을 수 있으며 나타날 수 있겠습니까? 당신만 이 강단에 나타나시고, 당신만을 자랑할 수 있는 이런 일이 이 성회에 나타나 주시옵소서. 주여! 우리를 지금 교파에서 이단이라고 하고 있습니다. 하나님만 자랑하고 예수님만 자랑하는, 여호와 이름과 주 예수의 이름이 이마에 쓰여지는 종으로서 나타날 수 있는 저희들이 되도록 강하게 역사해 주시옵소서. 예수 이름으로 기도하옵나이다. 아멘.

이제 제 2부로 들어가겠습니다.

그래서 우리는 그겁니다. 언제나 하나님께서는 나라는 것을 없어지게, 암만 하나님의 종이 은혜 받았다 하더라도 그 나라는 거, 이놈을 없어지게 하는 그것을 목적 둬요. 전부가, 그러게 여러분들 인제 싸워 이길라면요, 우리 은혜로 된다는 것, 요즘 너무 이 교회가요, 목사님들이 은혜는 다 떠나가지고 얼마나 자기만 옳다는 그것 때문에 교회가 망하는 거라요. 교만 그것 때문에 망하는 거요. 우리 새일교단이 앞으로 발전하려면요, 우리 새일교단만 제일이라는 그거보다도 은혜로 된다는 것, 은혜로만이 다 우리가 성결하게 된다는 것, 은혜로 우리가 변화성도 될 수 있다는 것, 그 절대에 십자가 의로 된다는 여기에 강해야 됩니다.

벌써 남의 허물을 말할 적에 그건 십자가 의를 떠났거든요. 그렇잖아요? 이 다음에 가서 누가 무슨 말하면 그러라요. 여보, 당신 십자가 믿소, 당신 교파를 믿소? 이 양반들이 이거 도무지. 어디, 십자가 믿는 사람이 남의 말 하느냐 말야. 당신들은 장로교 믿는 사람이지, 십자가 믿는 사람이 아니라고. 내가 볼 때에. 왜 그렇게 남의 말들 잘하고 남의 흉 잘 보느냐 말야. 당신은 장로교 믿는 사람이지 십자가 믿는 사람이냐? 왜 십자가 믿는 사람 이단이라고 그러냐 말야. 당신들 장로교 믿으니까 장로교 교인이나 되라고 그러시요. 십자가는 관계없다고.

십자가 믿는 사람이 십자가 믿는 사람을 이단이라 할 수 있습니까? 예? 할 수 있어요? 요즘 이 교회가 고만 말짱 에베소 교회처럼 처음 사랑을 떠났다 말야. 그러니까 그 지랄들이 났거든요, 지금. 은혜라고는 냄새도 없이 다 없어지고서는 지금 바짝 말라가지고서, 바리새 교인처럼 말야. 그렇게 됐거든요.

그래 언제나 우리가 기독교, 우리가 지금 여호와 새일교단이 승리할 것은 은혜로 우리가 영도 살고, 은혜로만이 우리 몸까지 완전해진다는 것 그걸 알아야 됩니다.

그래서 촛대교회가 되는 것은 힘으로 능으로 안 되고 여호와의 신으로 된다 그랬지요? 그러니까 뭐냐 할 때에 나는 이렇게 봐요. 지금 내가 받은 것은 순 바울 사도의 계통입니다 제가요. 우리 새일수도원은 바울 사도의 계통이야요. 바울 사도의 계통인 동시에 이 사도 요한의 지금 역사인데요, 역사인데.

그저 이 사람에 대한 건요, 그저 이렇게 여러분들 알아야 무장이 됩니다. 하나님 보증 설 일이고 하나님께서 나를 교만치 않게 하기 위해서 모략 했다고, 하나님께서요. 내가 너무 지금 놀라운 은혜를 받은 사람이거든요. 만일 하나님이 날 교만치 않게 하는 모략이 아니라면 내 영계 이렇게 올라올 수 없어요. 그렇소, 안 그렇소? 예?

　내가 너무 그전부터 도덕이 높은 사람이요. 도덕, 도덕. 제가요. 전 뭐 도덕군자입니다. 제가 아이적부터 아무리 그래도 좀 교만했댔어요. 도덕적으로 합당치 않으면 그저 인간으로 보지도 않고요, 절대로 그건 뭐 목사로 보지도 않았습니다 저는요.

　그러니까 날 아예 중심을 깨끗하게 만들어가지고서 교만할까 봐 아예 자꾸 절 짓밟게 맹글어 놓는 거라요. 그래 놓으니까 이제 와서는 정말 한 사람도 무시하지 않고, 그저 정말 아무리 그 사람이 정말 부족이 있다 하더라도 나는 정말, 그전엔 우리 굉장했어요 거. 하도 도덕적으로 흠이 없는 사람이니깐요, 웬만한 사람은 인간으로 보지도 않고요, 저까짓 게 신자야? 저것이 목사야? 이렇게 봤댔습니다. 제가요.

　아이적부터 저는 도덕의 사람으로 났던 사람이야요. 자, 댓 살 나서, 너 여기서 집 봐라 하면 거기서 꼭 집 보는 아이가 있습니까? 예? 절 이렇게 모범적 아이라고 동네에 소문났댔습니다 제가요. 아이적부터. 하여간 대여섯 살 나서도 꼭 그저 놀지 않고 일만 합니다. 일곱 살 나서 내가 볏 짚신을 삼았는데 동네 아이들이 그걸 신고 갔댔습니다. 그러니까 저런 애 저건 이상한 아이라는 거요. 장난해도 일만하지 못된 장난을 안 해요. 새끼를 꼬든지 그렇지 않으면 볏 짚신을 삼든지 그렇지 않으면 저 뭐 하여간 그러거든요. 그러니까 정말 뭐 그러게 재는 저건, 우리 어머니가 그렇게 봤댔거든요. 저놈은 그저 일이나 해 먹을 놈이다 저녀석. 저놈 그저. 하하. 너 뭘 해 먹겠냐? 나 일해 먹겠어요. 그래 일이나 해 먹어라 이놈의 새끼 하하. 정말 그랬거든요.

그러게 뭐 저는요, 이웃집에 정말 품앗이를 하더라도요, 하여간 내 집에 일할 때보다 남의 집 일하러 가면 일 더 합니다. 쉬지 않고. 왜? 양심이 그거란 말이요. 내 집 일하러 가면 자꾸만 내가 쉬자 그래요. 그래도 남의 일하러 가면 쉬자는 말 않고 자꾸만 일을 해요. 아니 좀 쉬라고. 아니 어떻게 쉬어요. 합시다. 합시다.

전 꼭 정말 그런 사람이야요. 전 절대로 일 안 하고는 밥을 안 먹던 사람입니다. 암만 추운 겨울이라도 가서 나무 한 짐 해 오고야 밥 먹고 정말 눈이 정 깊어지면 그다음엔 새끼라도 꼬고 그다음엔 볏 짚신이라도 삼으면서 그다음엔 책을 보게 돼 있지, 절대로 전 천상 노는 법이 없어요. 양심상 놀 수 없다 이거야. 그런 사람이거든요. 그러다 보니까 그만 웬만한 사람은 전 그저 가짜로만 보는 사람이 됐댔어요 제가요. 지금은 그렇질 않습니다 제가.

저를 언제부터 망신시키냐 할 것같으면요, 저, 십자가 앞에서 3시간 울고 불고 나서부터요. 십자가 앞에다 딱~ 갖다 놓고서 따져요. 너 한 것 뭐냐 이거야. 난 너를 위해 이렇게 죽었다. 그때부터 망신시키는데 20년간 망신시킵디다 자꾸 그담엔. 내가 그건 정말 이건 순~ 교역자에게 정말, 그건 모략이라요. 예? 그렇게 하면서부터 영계가 올라갔거든요, 제가요. 전 그래서 그걸 감사해요. 그렇게 맹글어 놔요. 교역자한테 무시를 당하게 맹글어 놔요. 그저 되게 짓밟히게 맹글어 놓거든요. 그때부터 짓밟히면서부터 영계가 올라갔는데 20년간 올라갔거든요. 내 고려 신학에 들어갈 때부터 짓밟혔는데.

내 고려신학에 들어가기 전에 시험 치러 갈라고 산에 갔다가 정말 십자가 앞에서 우리 주님이 십자가에 죽는 모양으로 나타났는데 못 자국은 찢어지는 소리가 들리고, 핏방울이 떨어지는 소리가 들리고, 뼈가 우두둑 우두둑, 그저 애~쓰는 광경이 나타나더니 나보고 아무개야 난 너를 위해 이렇게 죽었다. 너 한 것 뭐냐?

그 이상해요. 고려신학에 들어갈라고 시험 칠라고 할 때에 몸이 너무 약해졌어요. 개척전도 하다가. 그래서 뭐 어찌 몸이 땀만 나고 정신이 정말 왔다 갔다 할 판국으로 이렇게 됐는데 산에 가서 기도하다가 그 지경을 만났는데 그래 가지고 고려신학에 들어가서부터 짓밟히는데 말이요. 꼭 20년간 제가 짓밟혔습니다. 날 수로 꼭 20년이야요 제가요. 참 억울하게 짓밟히게 맹글어 놔요.

그러니까 그 십자가는 동역자에게 짓밟히는 게 십자가더라 이거요. 자, 십자가는 제자한테 팔리는 게 십자가지요? 가룟 유다한테. 대제사장한테 짓밟히는 게 십자가지요? 전부 성직자가 짓밟은 게 십자가죠? 그렇잖아요? 예? 그렇소, 안 그렇소? 아니, 사랑하는 아니 예수님이 아니 제자한테 팔려가는 꼴이 그게 무슨 꼴입니까? 그게 십자가 아닙니까? 십자가 아니야요? 하나님의 아들이 대제사장한테 정죄를 받고, 하나님의 아들이 아니 성직자에게 정죄를 받고, 그게 십자가거든요.

그래 난 그래서 자 이거 그때부터 꼭 20년간 정말 이건 하나님이 다 보증 설 일인데 전부 짓밟히게 맹글어 놔요. 내가 지금 여기서 아버지여! 아버지여! 고함을 지르는 건 내 그만한 맘에 담대한 마음이 있기 때문에 아버지여! 고함을 지르는 거야. 아버지여! 내리시오!

그러니까 여러분들, 그저 그거 하나 분명히 아시오. 우리 새일교단이 분명히 승리합니다. 이게 바울의 계통이요, 이게 사도 계통인데, 그러니까 이건 다른 교파한테 기껏 짓밟혀 가지고 일어나야 그 교파를 혁명을 일으켜요. 다른 교파에서 기껏 짓밟아 놓은 다음에 우리가 역사 일어나면 그 교파에서 알맹이는 다 우리한테로 와요, 안 와요? 이거 알고 보니 우리 교파가 가짜로구나 이거. 그렇게 되고 마는 거요. 그래요, 안 그래요? 그래서 이렇게 된답니다.

자, 딛다 그 교권주의자들이 감리교고 장로교고 성결교고 뭐 할 것 없이 그 짓밟아 놨는데 아, 우리 교단이 역사가 일어나서 막 일어나면 그 안에서 참된 성도는 말짱 따라와요, 안 따라와요? 야 이게 정말 진짜는 저기가 진짜고 이게 다 가짜로구나. 그러면 자연적 혁명이 되고 만다는 거요. 그렇게 할라고 해서 하나님 이렇게 하는 것입니다. 이 모략입니다.

우리 교단같이 교리가 밝고, 우리 교단같이 말씀이 밝고, 우리 교단같이 순 십자가 중심이요, 우리 교단같이 순 정말 말씀 중심이 어디 있습니까? 그렇잖아요? 그렇잖아요? 그렇소, 안 그렇소? 우리 교단같이 말씀이 밝은 교단이 어디 있어요? 우리 교단같이 정말 또 단합이 된 교단이 어디 있습니까? 자, 우리 교단에서 옥신각신 싸웁니까? 싸워요?

또 우리 교단같이 동전 일전 한 푼 쓰지 않고 교회 서는 데 어디 있습니까? 말짱 돈 가지고 그러는데 우리 돈 한 푼 씁니까? 말짱 자진해서 일어나는 거지. 이게 얼마나 건전한 교단입니까? 남은 선교사를 보내고 돈을 보내고 그 뭐 또 교역자를 보내고. 이건 말짱 그 자진해서 일어나는 것이거든. 이게 무서운 거야. 팔십여 교회가 동전 한 푼 전도비 없이 생겼다는 게 이것이 무서운 거요, 무섭지 않은 거요?

또 여기 지금 방문대 댕기는데 누가 동전 한 푼 줍니까? 말짱 자작 나가 댕기지요 예? 아 우리 저 장로교 있던 배 장로 말이요, 누가 전도비 한 푼 줍디까? 자진해서 댕기면서 그저 그저 4개월간 그냥 댕기면서 그냥 외쳤는데.

 또 우리 성산에 봉사원들 보시오. 돈 한 푼 누가 줍니까? 그래도 그저 이태, 삼년, 오륙년 그냥 때려 족이거든요. 그냥. 그냥. 그거 무섭지 않습니까? 그거 참, 나 그랬어요. 이게 분명히 아버지 역사에요. 현실 교회 청년들이 어느 청년들이 그러겠습니까? 그, 말이 됩니까? 내가 돈이 있나요? 내가 무슨 돈이, 돈을 내가 안 줘요, 못 줘요.

 그래 이것이 이게 진짜거든요. 진짜요, 진짜 아니요? 진짜배기죠. 진짜. 정말 진짜배기는 다 우리 여호와 새일교단에 모인다고 봐요. 진짜배기들이야요. 청년들이 뭐 진짜배기야요. 그거 어느 청년이 와서 더운데 와서 여보, 밤에 전기등을 켜들고서 막 때려 족이면서 하겠어요? 대강당 터 닦다 거기서 쓰러져 죽어도 우린 좋다는데 뭐 어떻게 되는 거요? 하하. 뭐, 가 보시오. 터 닦은 거 가 보시오. 그저 며칠 내에 싹 닦아 놓거든요. 그 사람들이.

 이거 누가 시키는 게 아니거든요. 전부 자동적이라요. 자동적. 그러게 이것이 옳은 역사요, 옳은 역사 아니요? 어느 교회 청년들이 그렇게 밤잠 못자고 와 작업을 하고, 밤잠 못자고 기도하고, 또 금식을 하면서 작업을 하고 말야. 예? 열매를 보면 나무를 알잖아요?

 그 금식하면서 작업하는 게 기막히잖아요, 금식 하면서. 그걸 내가 금식을, 또 이렇게 말한답디다. 먹이지도 않고 일을 시켜서 말짱 머리털이 빠진다고 그런다고. 그저 지금 그저 이 젊은 사람들이 나한테 미쳐가지고서 홀려가지고서 그런 줄 안단 말이요. 다 홀려서 야단들이요? 나한테. 예?

 아, 내가 저 한 교회 가 목회하는데 아니 저, 추수감사가 한 교회에서 80가마씩 하니까 현 교회 목사들이 와서 말짱 댕기며 조사를 했습니다. 어떻게 돼서 연보를 냈느냐? 아, 우리야 은혜 받고 감사해서 냈수다. 뭐 어떻단 말이요? 나 별 걸 다 봤어요. 이웃교회 그 침례교 목사들이 와서 은근히 자꾸 조사하더래요. 어떻게 해서 연보를 그렇게 냈느냐고? 무슨 맘으로 냈냐고? 아, 나는 너무 정말 은혜가 감사하고요, 십자가로 은혜를 받고나니 너무 감사해서 내가 자진해 냈지, 난 뭐 아무것도 아니라고. 그러냐고. 그럼 그렇지 뭐 어떻단 말이요? 나 별 사람들 봤어요. 무슨 그저 사기꾼 행동을 해서 쌀가마니나 뽑아 낸 줄 그렇게 알았던 모양이야요. 그게 아니야요.

그러니까 분명히 이것이 마지막 역사입니다. 틀림없습니다. 나는 내가 나 자신을 보는 것보다도, 나 자신도 그렇겠지마는 그 열매를 봐서 그렇게 봐요 저는. 그럴 수가 없거든요. 아니 서울에서 그, 틀림없이 이게 무슨 역사에요. 역사입니다. 이 틀림없이 역사입니다.

자, 한두 사람이 아니고 이 진리가 들어가고 은혜 받은 사람은 다 꼭 하나같으니 그게 역사요, 역사 아니요? 꼭 하나같거든요. 여자고 남자고 모두 다 희생적이거든요. 결사적이거든요. 그러니까 그게 틀림없지 않습니까? 그것도 원, 한두 사람이나 그렇다면 모르겠지마는 전체가 다 그런데요, 사람들이.

분명히 이건 뭐 우리 여호와 새일교단이 세계 통일합니다. 이거 누가 당하지 못합니다. 이건 벌써 시작이 벌써 정말 옳게 되거든요 지금요. 그렇잖아요? 정말 순전히 은혜로 되는 것입니다.

그래서 저 교파에서 야단하도록새 우린 유리한 거요. 저 사람들 우리 위해 일해주는 겁니다. 광고 붙이는 거야. 우린 가짜 교파요, 우린 삯군들이요, 우린 아부파들이요, 우리는 교만한 사람들이요, 그 자꾸 갖다 광고 붙여. 광고 안 붙여도 다 알텐데 자꾸 광고 붙이는 거요 자꾸. 그다지 광고 안 하면 뭐 가짜인 줄 누가 몰라서? 하나님 다 아는데 뭐. 왜 자꾸 광고를 해?

틀림없습니다. 열매를 봐 나무를 알라 그랬습니다. 청년들이 그렇게 될 수가 있습니까? 그런데 오히려 부인들 가운데서 말썽 일으키는 사람들이 있거든요. 이건 와서 무슨 말썽 일으키는 사람들 있어요. 남자들 보다도요. 괜히 그저 그저 남편들 그저 괜히 그저 무시하고 그저 괜히 그저 뭐 그저 집을 떠나서 괜히 그저 왔다 갔다하는 그거. 그것 참.

여자들은 가만히 집안일 잘하고 작은 일에 충성하다가 하늘로 올라가시오. 괜히 여자들이 앞장서 볼라고 그런다는 건요, 이건 나사가 넘는 거라요. 여자들이 앞장설라니까 이게, 암탉이 울면 됩니까? 그거. 정말이야요. 여자반에서, 미안한 말이지만 말썽 일으키는 사람 많아요. 괜히 남자보다 앞서서 뭘 할라고 그러고서 출렁대거든. 그러니까 자꾸 사단이 들어가는 것 아니야요? 말이 안 돼요. 여자가 무슨 대표가 됩니까? 여자가 뭐이기에? 예? 나 여자 대표 됐다는 성경은 보질 못했네요. 말이 안 돼요.

여자는 언제나 남자를 들어 쓰는 일에 잠잠히 받들라는 것이 여자지, 여자가 나서서 자기가 이렇게 할라면요, 이건 언제나 사단이가 들어와서 자, 누가 에덴동산을, 여자가 앞설라다 망쳤지요? 선악과를 따먹어도 남자가 먼저 따먹어야지. 자기가 먼저 따먹어? 그렇소, 안 그렇소? 예? 남자 허락 없이 따먹어? 그거 무슨 버르쟁이야? 버르쟁이가. 그렇소, 안 그렇소? 따먹으려면 남자한테 가서 허가를 받아야 되지. 하하.

자, 여보, 당신이 하나님께 계명을 받을 적에 선악과 따먹으면 정녕 죽는다고 받았다지요? 그런데 뱀이 와서 이거 따먹어도 죽지않는다고 합디다. 저거 따 먹는 게 좋겠소, 나쁘겠소? 좀 기도해 봅시다 그래야지. 그저 홀딱 집어 쳐먹고서? 하하. 그거. 그렇게 하지마요. 그건 안 돼요.

그래서 난 봐요. 정말 이 남자반에서 그 하는 거 보면요, 정말 그 청년들이 기가 막혀요. 기가 막힌다니깐요. 가만히 작업하는 거 봐도 그래요. 그저 그 남자반에서는 바싹~ 하는데 여자반에서는 저 개탕에 가서 세수하느라고. 요놈의 꼴들 참 보기 싫어요. 뭐 누구 보라고 닦는 거야 대관절. 작업이나 하고 닦지. 그거 참. 남 작업하는데 개탕에 가서 이마빼기 닦느라고, 뭘 닦느라고? 그게 양심 보따립니까? 말이 안 되는 거요. 말썽들 그렇게 일으키거든요. 말이 안 됩니다.

그래서 난 이렇게 알아요. 우리 교단은 틀림없이 이게 마지막 역사가 틀림없다 그말이야요. 그런데 우리가 지금 이번 기회에 하나 뜻이 있는 것은, 참 이게 틀림없이 하나님 역사인데 이, 선구자 될 사람들이 나타나야 됩니다. 선구자 될 사람이 나타나야 돼요. 선구자가 나타나는 데는 그야말로 이것은 정말 나라는 것이 몽땅 다 없어지고 정말 여호와 이름만 예수 이름만 이마에 붙은 사람들이 딱 나타나요. 여호와 이름, 예수 이름, 자기 이름이 없어요. 그 사람들이 나타나야 되거든요. 꼭 본다면 자기 이름이 나타나면 안 됩니다. 여호와 이름과 예수 이름만이 이마에 나타나야지, 자기가 나타나면 안 된단 말이죠. 안 됩니다.

나도 지금 우리 새일중앙교회에 장로를 세워볼라고 고르고 있거든요. 가만히. 하나 장로감이 안 되겠어요. 안 돼요. 안 됩니다. 장로가 될 수 있습니까? 안 돼요. 그 사람들 장로 냈단 안 되겠어요. 지금 저는 장로감을 고르고 있거든요. 이거 300명 되는 교인이 장로가 없어 야단났단 말이에요. 그랬더니 어떤분들은 장로 안 준다고 불평하는 거요. 자기 장로 안 준다고. 그게 안 됐다 그거야. 도저히 안 됩니다. 장로가 장로 다워야 장로가 되는 거지, 오히려 평교인만도 못한데 무슨 장로입니까? 말이 돼요? 장로는 뭣이나 앞서야지요? 예? 앞서야지요? 뭣이나 모범이 돼야 장로가 되는데 오히려 여느 다른 사람한테 지도를 받게 된다면 그게 무슨 장로냐? 그런 사람 장로 내놓으면 이거 교회가 망친다. 그러니까 부득불 장로감이 하늘에서 결정될 때까지는 부득불 이 교회는 장로를 낼 수 없다 그거야, 나는요.

지금 제가 꼭 장로 땜에 정말 많이 돌아보거든요. 이거 누가 장로가 될라나? 기다리고 있습니다. 300명 교인 가운데 장로가 없다는 건 일하기 곤란하거든요, 사실은. 적어도 새일중앙교회에 장로가 되려면 그야말로 모범적이 돼야 되는데 모범. 그렇지 않겠습니까? 새일중앙교회 장로 잘못나면 큰일 납니까, 안 납니까? 큰일 난단 말이에요.

난 그래요. 그저 그러니까 우리가 적어도 이게 마지막 역사인데 종말의 역사야요. 이게 적어도 구름타고 하늘로 올라가는 역사인데 이, 선구자가 나오려면 이건 구름 타고 올라갈 수 있는 사람이 돼야 나올 것이 아니냐 그말이야요.

자, 구름 타고 올라가는 거 '나'라는 게 남아가지고 올라갑니까? 뼈 골 속에, 뇌 속에, 온 몸에 예수가 꽉 차야지. 나라는 게 남아가지고는 안 됩니다. 핏방울까지라도 예수의 피로 꽉 차야지. 지금 여기에 자꾸 내리는 게 뭔지 압니까? 꼭 예수같이 만들라는 역사야요. 여기 내려오는 게. 그 틀림없습니다. 이게 예수같이 만드는 역사에요.

예언의 말씀을 지켜야 할 때는 왔다
- 계1:3 -

인간론, 요한1서 강의 또 변화성도의 교리, 조직신학, 선지서 강의, 계시록 강의 이렇게 배우게 돼 있습니다.

그래서 오늘 이 시간에 서론적인 말씀을 드리겠는데요.

우리 기독교의 큰 문제는 말씀을 지키는 문제인데요. 지키면 여러분의 가정이 몽땅 다 자손만대 복을 받는 거요, 못 지키면 버림을 당하는 거요. 지키면 승리하는 거요, 못 지키면 지는 거요. 그래 그것이 우리 앞에 지금 당한 문제입니다. 그때가 왔어요. 여기는 때가 가까움이라 그랬지만 지금은 때가 왔습니다. 분명히 계시록의 말씀의 때가 예언을 지켜야 할 때가 가까왔다 그랬지만 오늘은 왔습니다.

그래서 계시록을 보면 붉은 세력이 나오는 것을 마지막 때라 그랬고, 붉은 세력의 표를 받으면 영원히 죽는 거요, 안 받으면 영원히 산다. 그것이 계시록인데요. 그래서 요때가 분명히 금년 1972년도 부터는 분명히 요때가 계시록의 말씀을 지켜야 할 때가 왔습니다. 이거 안 지키면 다 죽을 때가 왔습니다.

지금 뭐 평화통일, 평화통일 그러지마는 평화통일이 사실은 기독교인에게는요, 큰 문제가 되는 것입니다. 왜냐? 유엔군과 미군이 와서 총을 들고 대포를 걸고 진지를 막아줘서 붉은 세력이 감히 들어오지 못할 때는 우리 편안했죠? 예? 그러면 그사람들이 싸우지 않고 마음대로 왔다 갔다 한다고 한다면 그때 가선 누가 큰 문제냐 할 것 같으면 기독교인이 문제라 그말이에요. 기독교인도 되는대로 믿는 사람은 문제가 아닙니다. 되는대로 말이요. 그 사상을 지키지 못하고 그저 바람 불어 가는 대로 믿는 사람은 그게 별 문제가 없겠지마는 그래도 양심대로 사상을 지키고 말씀을 지키려는 종이 된다면 우리에게는 큰 문제가 오는 것입니다.

자, 지키면 복이 있다는 건, 지키려면 좀 어려운 일이 있다는 거요, 없다는 거요? 예? 그저 평안히, 말씀 지키려 해도 고생이 없고, 핍박이 없고, 시험이 없이 이렇게 해도 복이 있다면 다 복 받지 뭐.

예언의 말씀을 지키는 사람을 교회에서도 환영하고, 사회서도 환영하고, 정부서도 환영하고, 복도 받고 하면 얼마나 좋아요? 그렇죠? 수지맞소, 안 맞소? 아, 예언의 말씀을 지키려면 교회서도 환영하고, 사회서도 환영하고, 정부서도 환영을 하고, 또 하나님도 복 주고 하면 그렇게 한다면 누구든지 다 복 받아요, 못 받아요? 다 받지.

그러나 인제는 예언의 말씀을 지키려면 교회서도 반대하고, 사회서도 반대하고, 정부서도 반대하고, 그때가 와요. 야단났지요? 예? 앞으로 협상국가, 협상사회, 협상교회가 될 때 '협상하면 죽는다' 그러면 다 반대요, 반대 아니요? 예? 야단났지요? 그때가 옵니다.

그것이 이제 오는 난국이라. 때가 가까웠다는 건 요때라요. 사도 요한은 때가 가까왔다고 했는데 우린 왔으니 큰일이지요? 소망이요, 절망이요? 무슨 소망? 천당 갈 소망, 새 시대 갈 소망?

참! 어떻게 이렇게 좋은 때를 타고 났소? 세상에! 나고파서 나왔소, 낳다 보니까 요때 났소? 낳다 보니까 요때 태어났지요? 그럼 요때 우리는 예언의 말씀 지켜 복 받을라고 예정한 사람이지요? 또 나도 저 몽고나 거기 나지 않고 또 대한민국에 났다는 게 또 다행이라요. 또 대한민국에 났다 해도 계룡산 수도원에 왔다는 게 또 다행이요. 그러다 보니까 복은 우리가 받았수다 그려. 하하. 그러나 또 계룡산 왔다고 다 되는 것은 아니요. 괜히.

그래서 뭐냐 할 때에 듣고 지켜야 할 때가 왔어요. 이때에 정말 듣고 지켜야 할 때가 왔습니다. 듣고 사상을 지킬 때가 왔고, 듣고 양심을 지킬 때가 왔고, 듣고 우리는 지킬 때가 왔습니다. 이제 하여간 이번에요. 그저 우리 계룡산 수도원에 지금 나타난 예언의 말씀 요거 듣고 지키는 사람은 절대 수지맞습니다.

이날까지는 듣고 지키려는 사람을 이모저모로 까불어 봤지만 인제 까불어 볼 때는 지났습니다. 무조건 줍니다. 여러분 인제는 듣고 지키다 시련 받던 사람들 한꺼번에 줘 버릴라고. 알아요? 그때가 왔어요. 그런데 이 복음 받고 시련도 안 받고 처음 온 양반 더 수지맞게 됐수다. 우리 먼저 온 사람은 정말 시련 많이 받았수다.

분명히 그때가 왔습니다. 듣고 지킬 때가 왔어요. 그러니까 뭐냐 할 때 우리는 이겁니다. 분명히 말씀을 지켜야 할 때가 왔습니다. 하여간 이번에 말씀만 지켜 놓으면요, 그 사람의 자손은 영원히 죽지 않고 그저 영원히 영원히 새 시대를 거쳐 무궁세계를 가고 마니 이런 이거 수지맞소, 안 맞소? 참~ 수지맞는 거요. 난 그거야요.

보세요, 이거 뭐 우리가 나부터도 자 보시오. 지금 공산당은 레닌막스주의, 레닌막스주의를 지키기 위해서 대가리를 도끼 삼아 쓰고 달라붙는데 우리는 계시록의 말씀 지키기 위해서, 그렇지 않소? 지금 공산당은 레닌막스주의 그걸 지키죠? 예? 그걸 지키기 위해서 머리를 싸매고 달라붙어요, 안 달라붙어요? 더러운 자식들. 레닌막스가 뭐이기에. 아이고 참. 자, 그럼 누가 이길 것 같애요? 레닌막스주의를 지키기 위해 싸우는 사람이 이길 것 같소? 예수 믿는 사람이 계시록의 예언의 말씀을 지키는 사람이 싸워서 이길 것 같소? 지금 레닌막스주의가 나온 것은 계시록대로 지금 심판하려고 그게 지금 나오는 거요.

그러게 난 이렇게 알아요. 이제 공산당을 만나면요, 먼저 처음 만나서 '동무 안녕하슈?' 척 그래요. '어? 어디서 왔소?' '동무 수고 많이 하십니다' '지금 무슨 일로 왔습니까?' '예, 저는 기독교 목사입니다.' '그래요?' 그러면서 또 말을 해요. 나는 그럼 척 첫 번에 말해요. 이 공산주의가 참으로 열심이 대단히 좋다고, 척 그래요. 참 정말 대단히 단체가 잘 됐다고 떡~ 그러면서, 그럼 좋아할 것 아닙니까?

그다음에 계시록을 딱 펼쳐 들고 나는 그래요. 나는 동무를 만난 것은 말야 레닌막스주의보다 더 좋은 걸 좀 대 줄라고 내가 만났는데, 어떻게 레닌막스주의보다 더 좋은걸 알고파요, 알고프지 않아요? 더 좋은 게 어딨어? 그럼 말이야. 내 말 들어 봐. 이 보라구. 이것은 1900여 년 전에 계시가 나타난 말씀인데 여기 당신이 여기 있어, 여보. 여기 있잖아? 맞아, 안 맞아? 아, 거기 있어? 당신네 요롷게 하는 대로 다 있어. 다 있어? 그럼 기분 좋다고 그러겠지요? 그담엔 내가 딱 대 줘요. 당신 망한다는 말 여기 있잖냐 말이야.

이건 내 말이 아니야. 나는 참 당신을 사랑하는데 당신 이거 내 말이 아니고 요롷단 말이야. 그러니까 내가 동무를 아끼는 맘으로 정말 눈물겨운 심정으로 내 이 말 한다고. 속지 말라구. 그러면서 눈물을 다르륵~ 흘리면서, 아무개 동무 당신도 좀 진보하십시오.

 자, 일러 봐요. 봉건주의에서 자본주의로, 자본주의에서 사회주의로, 사회주의에서 공산주의로, 공산주의에서 말세복음으로 진보하시오! 그럼 삽니다. 딱 그래요. 예? 알아요? 그렇게 말하며 자, 당신네 말이야, 공산주의가 이렇게 됐다면 더 진보하는 말씀이 있어. 그걸 믿으란 말야. 그런식으로 하다가 말 안 들으면 그때는 한번 쉬익~ 하면 능력이 싹 나가서 한번 본때를 보여요. 하나님이 없어? 맛 좀 보겠냐? 그때는 능력을 피워야지, 권세 피워야지. 바울이가 바예수 눈을 멀게 맹길듯이 한번.

 그러니까 무장 갖추어야 되는 거야. 그날이 올 것 같애요, 안 올 것 같애요? 공산당 만나 전도할 날이 와요, 안 와요? 그러니까 당신들이 바로 알아야 된단 말이야요. 알아요? 그때가 왔단 말이야. 청년들이 이거 모르면 꼼짝 못하고 지는 거야요. 이건 안 돼요. 요때가 왔어요. 부지런히 무장해 놨다가 그날이 올 테니.

 이때는 난 그러게 난 이거요. 정말 평화통일 가져오려면 우리 예언의 말씀으로야 평화통일 가져오는 거야. 자, 예언의 말씀대로 재앙으로 땅을 치고, 예언의 말씀대로 베옷을 입고 눈물 흘리면서 전도하면서 북진하면 평화통일이 있다는 거요. 왜 제 민족끼리 가슴에 총을 대고 싸워? 그건 어리석은 일이죠? 그래서 이제도 제가 정말 설교 하나를 쓰고 나왔습니다. 「북방을 이기는 의의 통치」라는 제목으로 딱 설교가 하나 나옵니다. 북방을 이기는 의의 통치라. 딱 나와요.

 그러니까 우리는 공산당을 만나든지 누구를 만나든지 눈물 흘리면서 예언의 말씀을 증거할 책임이 우리에게 있다 이거야. 예? 알아요? 자, 예언의 말씀을 바로 증거하던 종은 재림의 주를 맞이해서 들림 받게 되고, 그 말씀을 듣고 따라오는 무리는 공산당이고 자본주의고 누구든지 다 따라만 오면 새 시대 가는 거야. 그렇죠? 그렇잖아요? 어떻게 예언의 말씀을 증거하려고 왔습니까? 자, 지키고 새 시대 가려고 왔습니까? 예? 증거해야죠. 내가 지키는 동시에 증거해야죠.

그럼 요때는 분명히 계시록의 예언의 말씀을 분명히 바로 듣고 지켜야 할 때가 왔습니다. 이것이 아니고는 가정을 유지할 수가 없고, 이것이 아니고는 교회를 유지할 수가 없고, 이것이 아니고는 국가를 유지할 수가 없어요. 알아요? 고때가 왔어요. 요때가 무슨 때냐 할 때에 천당 갈 때가 아니야요. 예언의 말씀을 지켜서 복 받을 때야요.

흙으로 돌아가기를 원하십니까? 땅에서 나와 복 받기를 원하십니까? 자, 첫째 아담은 말씀을 지키지 못하므로 받았던 축복을 빼앗겼고, 우리는 지킴으로써 다시 찾는 거란 말야. 그것이 이사야서요, 그것이 모든 소선지 글입니다.

그래서 하나님께서는 제일 중대한 문제를 어디다가 뒀냐 할 것 같으면 죽어 천당에 둔 것이 아니고, 말씀을 지켜서 축복이라는 제목을 목적 두고서 이사야서를 말했고, 모든 소선지를 말했고, 계시록을 말한 것입니다. 하나님께서 세상에 사람을 낼 때 죽어 천당 가라고 낸 것이 아니야요. 말씀 지켜 복 받으라고 낸 거야요. 그러므로 간교한 뱀, 옛 뱀, 붉은 용, 마귀 그 세력을 개방시킨 겁니다. 지금.

그래서, 그러면 그 8·15에 대성회에서 예언의 말씀을 눈물 흘리며 증거하는 대중이 일어나야 돼요. 일어나지 않고는 앞으로 큰일 납니다. 알아요? 자, 듣고 지켜 복 받으려면 바로 증거하는 사람이 나와야 돼요, 안 나와야 돼요? 그러면 계시록을 듣고 지킬 만하게 바로 증거하는 데가 어드메 나타났습니까? 이건 누가 부인 못하는 거야요. 이 사람에게 나타난 거야요.

어드래서 공산당과 싸우다가 사형장 받고 월남한 이 사람에게, 이북에서 공산당한테 쫓겨나온, 빈민굴에 들어가서, 빈민굴도 또한 화재를 만나서 정말 거지가 된 그 굴에 들어가서 이북 피난민 붙들고 울며 기도하다가 거기에서 이게 나타났습니다. 마땅하지요? 거기가.

억울하게 고향을 떠나서, 억울하게 정든 산천을 떠나서, 억울하게 토지를 뺏기고 재산을 뺏기고 문전 거지 돼서 월남해 가지고 또 화재를 만나 가지고 또 거지가 됐단 말야. 이런 사람들이 울고 있는, 고아 과부가 울고 있는 그 짬에 들어가서 제가 같이 울다가 계시록 해석을 받은 거야. 제가요. 이북 피난민 굴에서 제가 그때 거지 대장이 됐댔습니다. 거지 대장. 알아요? 마땅해요. 그래 거기 나타나는 게 마땅합니다.

그래 그때에 하나님께서 저보고 말씀하기를 "너를 통하여 세계를 정복할 군대를 일으키겠고, 너를 통하여 새 시대 들어가 복 받을 사람을 내가 한데다 모으겠으니 누구든지 새 시대 가서 지상 축복 받을 사람은 아멘으로 받을 것이고, 망할 사람은 안 받을 것이니 너 이 말씀 요대로 전하지, 절대 인간 수단 부리지 마라. 그리고 말씀에서 잘못됐다고 무시하지 마라. 그 사람들은 몰라서 그런 거지, 한 사람도 무시하지 말고 너는 이 말씀을 전해라"고 그랬어요.

난 그때 그저 즉시 그때 되는 줄 알았더니 그게 아니야요. 이 말씀을 받아가지고 15년간 자라보니까 요때야요. 알아요? 그때는 난 그저 그때가 그저 6·25 동란 지나서 그저 고때 1958년 고때가 지킬 땐 줄 알았더니 15년 후 요때야요. 15년을 길렀어요. 15년을 말씀 가지고 자라나고 보니까 오늘에 와서 남이 듣고 지킬 수 있게끔 내가 증거할 수가 있게 됐어요.

 이 말씀을 주시고 나를 신창조 시키면서 절대 너는 죽지 않고 살아서 이 말씀을 밤낮 증거하다가 재림의 주를 맞이할 변화성도를 일으키는 사람이 될 것이니 너는 신창조 받아라! 해서 내가 정말 신창조 받고서 이 말씀을 가지고 마귀와 싸우면서 15년 자란 사람입니다.

 이런 사람 하나가 나타났다는 것이 한국 교회 망치는 게 아니야. 날 지금 제일 미운 물건으로 알지요? 그렇죠? 거짓 선지는 미워하겠죠? 왜? 빵점 나니까 미워하지요. 지금 이 사람 미워하는 사람 많습니다. 거짓선지는 미워해요. 참선지는 반가워하고요. 알아요? 정말 거짓 선지는 정말 제일 아주 미워합니다. 저를.

 자, 여기 와서 잘 들으면 거짓선지한테 속을까요? 예? 안 속아요. 속을 턱이 있나요? 그러니까 계룡산 가지 말라구 그러는 거죠. 가면 큰 일 난다는 거죠. 두고 보세요, 괜히. 예언의 말씀 지켜야 할 때에 자, 계룡산 수도원에 와서 말씀 무장이 필요합니까, 필요치 않습니까? 그런데 왜 못 가게 막죠? 말이 안 되는 거요.

 지금은 이래요. 어딜 가나 여러분들은 예언의 말씀을 지킬 수 있게끔 가르치는 교회 가야 정말 여러분이 발전하게 돼 있지요, 그렇지 않고는 망가집니다. 안 돼요. 인제는 예언의 말씀을 지켜 복 받을 수 있게 증거하는 교회라야 역사가 내리고 또 그 교회 나가야 발전하고 그 교회라야 앞으로 남은 교회가 되고 또 그 교회 나가는 사람이라야 가정도 복을 받고 그 교회 나가는 청년 남녀라야 사람구실하지, 그렇지 않고는 사람구실 못하고 마는 거요. 그렇잖아요?

 좀 똑똑한 청년 되라구요. 지금 공산당 공산 청년은 지금 자기네가 똑똑하다 그러지요? 뭐 이북에 공산 청년 남녀는 정말 어디 가면 변론 하나 좌좍 합니다. 그러나 공산 청년이 우리 새일수도원 수도생 앞에 쩔쩔매게 돼요. 벌벌 깁니다. 깨깨 회개합니다.

 난 그래서 이 맘에 난 이렇게 생각해요. 하여간 우리가 이제 북진만 하게 되는 날이 온다면 이북에 동포는 그저 3분의 2 가량은 다 우리 따라오리라 그거요. 알아요? 예? 그러면 뭐 자동 북진통일 평화통일이 됩니까, 안 됩니까?

 그렇게 하면 빨갱이들은 다 쫓겨서 모스크바로 가던가 북빙양으로 가던지 맘대로 가란 말이야. 제발 총만 대고 쏘지 않는다면 뭐 넉넉히 북진하면서 이 복음 전해 승리합니다. 틀림없이 승리하게 돼 있어요. 그러면 서로 총 대고 싸우지 말라는 조약을 정말 하느냐? 그게 정말 난 하면 좋겠어. 정말 총질만 안 한다는 정말 불가침 조약을 딱 맺어 가지고 제발 총만 안 대고 쏜다면 단박 우리는 이 말씀 가지고 북진하면서 단박 이북에 공산당 회개시킬 수 있어요. 어디 최교복 전도사 몇 사람이나 회개시킬 생각이요? 예? 한 10만 명 잡구요, 나원 그렇게는 못하더라도. 아이 좀 많이 낳자구요. 고쟁이 전도사 되지 말고 고쟁이 목사 되지 말라고. 아이 좀 많이 낳으라고. 알아요?

 자, 세상에 났다가 복 받을 사람을 많이 낳으면 왕이 되고, 못 낳으면 고쟁이 신부와 결혼식을 하겠대요? 여보, 여기 총각들 고쟁이와 결혼식 하겠소? 예? 하겠어요? 안 하죠? 그러니까 새 시대 가 복 받을 사람을 많이 낳아야 예수가 결혼식을 하자 그러지, 그렇지 않은 사람은 안 해요.

 평생 예수 믿어야, 이거 뭐, 예언의 말씀이 뭔지 알지도 못하고, 그저 뭐 그 무용지물이야요. 자, 어떤 목사가 예언의 말씀 지켜 복 받을 수 있게 증거 못한다면 그 목사 무용지물이요, 유용지물이요? 그럼 그 목사는 진짜 '나무 목(木)' 자, '죽을 사(死)' 자 입니다. 먹일 게 있어야 먹이지? 그렇잖아요? 지금 예언의 말씀을 지켜서 복 받게 하는 목사 아니라면 먹일 게 뭐 있습니까? 여보, 새 시대 갈 때가 왔는데 죽어 천당 가라면 그게 먹이는 거요, 죽이는 거요? 안 되는 거요. 그저 눈 딱 감고 미련한 체하고 무장 단단히 하시라고. 한 번 뽐내 보라고. 예? 좀 해 두라고요. 한때 써먹게.

 난 지금 저 이북에 북진할 때가 올까 봐 겁나요. 들어갈 사람이 있어야지. 큰일이오, 큰일 아니오? 정말 남북이 맘대로 왕래한다면 큰일 난단 말야. 큰일 났거든. 빨갱이는 막 내려오는데 우린 들어갈 사람이 있어야지. 뭐 가지고서, 예? 자, 남북이 맘대로 왕래한다면 빨갱이는 좋은 기회 만났다고 막 쓸어 내려옵니까, 안 내려옵니까? 우린 뭐 가지고 들어가요?

 빨리빨리 무장하라구. 취직자리 없다고 잠만 자지 말고 무장하라구! 분명히 그때가 왔습니다. 남북이 맘대로 다닌다면 북으로 들어가면서 얼마든지 공산당 회개시킬 수 있는 단체가 나와야 돼요. 알아요? 아버지 하나님이 역사해요. 역사한단 말야. 왜? 백의민족은 하나님이 택한 민족이야. 이걸 분명히 알란 말이야요.

 여러분들 그렇잖아요? 돈벌이 할 데 없고 놀게 됐으니 기회 만났소, 안 만났소? 무슨 기회 만났소? 무장할 기회 만났지. 아이고 뭐 식비가 있어야죠? 금식하지! 저기 저 우리 교회 나오는 저, 보시오. 지금 금식하는데 내일 모레 마치는데 까딱없어! 금식하지. 예? 지금 여기 40일 금식 네 번 한 전도사 모래 짐을 지는데 모래 짐을 져야 힘이 더 난답니다. 무슨 사람이 그래? 40일 금식 네 번째 하면서 모래 짐을 져야 힘이 난다는 거야. 식비가 없어서 무장 못한다는 말은 새빨간 거짓말이야. 그렇죠? 아, 금식하면서 기도하지.

하여튼 무장하라구요. 무장하면 사는 거요. 예? 그저 척척 그저 나가서 그저 예언의 말씀으로 탁탁 가서 그저 공산당을 회개시킬 수 있는 그런 사람들이 나와야 돼요. 그래야 이 민족 삽니다. 자, 하나님은 북한 동포에게 전도할 문을 열어 줄라고 기회를 벼르고 있는데 전도할 사람이 없으니 큰일 났소, 안 났소? 예? 우리 사는 길은 이거밖에 없어요. 때가 이렇게 왔습니다.

그거 분명히 아시고 정말 뭐 우리 새일중앙교회에서 방학식에 오겠다는 양반들 많더니 어떻게 덜 왔단 말야. 그럴 수가 있냔 말이야. 난 그저 우리 새일중앙교회부터 몽땅 다 무장하면 좋겠는데. 아니 또 데리고 오지 혼자 왔어? 박 권사님, 예? 좀 있다요? 언제요. 4월께쯤 가서요? 안 돼요, 안 돼. 단단히 무장해야 되는 거요. 아, 방학식이 좀 좋소? 사명자들 그날 올라가 데려오지 까짓 놈의 것.

하여튼 그저 지금 이때에 청년 남녀들 꼭 계시록 가지고 무장 받아야 됩니다. 무장 안 해가지고는 도무지 사람구실 못한다니까. 어디 가서 할 말이 있어야지. 사람이 똑똑하면 어디 가서 말 한마디 똑똑히 해야지요? 예?

완전하신 하나님 말씀을 지키는 데 있습니다. 알아요? 어떻게 하와가 또 되겠소? 이 양반들. 예? 아담이가 되겠소? 이제 아담 돼 봐라, 다시 국물이나 있나? 말씀 못 지켰기 때문에 이 꼴 되지 않았소? 자, 한 번 지내봤으면 무던하지, 아직 정신 못 차리고? 예? 말씀 못 지켰기 때문에 자, 세상이 이 꼴 됐어, 안 됐어? 말씀 못 지켰기 때문에 예루살렘이 망했어, 안 망했어? 인제 와서 또 못 지키면 이거 사람 아니야요. 당나귀 소만도 못하단 말이야.

자, 누구든지 말씀을 지키면 말씀대로 능력을 받고, 말씀대로 지혜를 받고, 말씀대로 권세를 받고, 말씀대로 세계 통일의 왕권을 받습니다. 하나님은 말씀대로 복을 줄 책임이 있고, 우리는 말씀대로 복 받을 책임이 있습니다. 알겠어요? 주겠다고 하고선 안 줬단 봐라, 혼내주지. 하하. 누가 주겠다고 그랬어 먼저? 그럼 줄 줄 믿는 사람한테 쩔쩔매요, 안 매요? 쩔쩔매지. '믿습니다' 해야지, 쩔쩔매게. 그저 우리 하나님 그저 말씀대로 믿습니다 하고 달라붙으면 쩔쩔매요. 억지가 아니고 좋아서. 여호와여! 그러면, 와? 와? 와? 안 줬단 정말 하나님 절대로 뭐, 됩니까? 안 되거든. 쩔쩔맵니다.

자, 마귀는 예언을 지키는 종 앞에 쩔쩔매면서 도망을 가고, 하나님은 쩔쩔매면서 구원해 주고, 역사해 주고, 새 시대 보내고, 왕권 주고. 그러다 보니까 누가 제일 복 있는 사람이야요?

요거 똑똑히 알아요. 그러게 말씀을 지킴으로만이 우리 사람 짓 하는 거지, 말씀 못 지키면 사람 짓 못합니다. 이마나 번듯하다고 잘난 줄 압니까? 예? 아무리 이마가 좁아도 말씀만 지키면 왕 되는 거야. 난 참 이마가 좁죠? 그래도 얌전하거든. 이마는 좁아도. 이마만 번듯해 가지구, 뻔들뻔들하면서 말야. 안 돼요.

말씀 지키시라구요. 완전한 지식의 사람이 됩니다. 지혜의 사람이 됩니다. 능력의 사람이 됩니다. 권세의 사람이 됩니다. 4년 대통령이 아니요, 세세 대통령 됩니다.

그러니까 하여간 그렇게 아시고 하여간 정말, 복 있는 사람이 되는 데는 다른 거 없습니다. 이번에 하여간 첫 시간만 잘 들어보세요. 이번에 아마 내가 볼 때는요, 하여튼…

증인 권세와 교회 통일
— 계11:3~6 —

오늘 이 시간은 증인 권세와 교회 통일에 대해서 잠깐 말씀드리겠습니다. 증인 권세와 교회 통일이라.

지금 이 교회가 이대로 주님을 맞이할 것이 아니고, 하여튼 무슨 변동이 일어나서 변동이 일어나 가지고야 우리 주님을 맞이한다는 것은 틀림없습니다. 지금 기독교가 정말 너무나 혼란한 이때에 이거 어떻게 해야 주님 재림하기 전에 각 교회에 있는 종들이 하나가 돼 가지고서 끝을 바로 맺을 것이냐 하는 이것은 누구나 다 정말 신앙 양심이 살았고 사상이 산 사람이라면 그거 하나를 큰 문제로 생각합니다.

우리가 기독교라 할 것 같으면 십자가를 믿는 그 신앙, 예수님이 분명히 도성인신 했다는 것, 성신으로 잉태했다는 것, 이거 안 믿는 것은 기독교가 아니니까, 예수님의 동정녀 잉태설 안 믿으면 그건 벌써 적그리스도니까 그건, 예수 그리스도가 분명히 도성인신 했다는 것 안 믿으면 그건 적그리스도니까 우리 기독교가 아니고, 하여튼 어느 교파나 예수 그리스도는 도성인신 했다. 인간의 즉, 피를 빌어서 난 몸이 아니고 성령으로 말미암아 물과 피가 임해서 이루어진 몸이다. 또 그 몸은 분명히 우리 인간 죄를 걸머진 어린 양이다. 또 그는 한 번 죽음으로써 영원한 속죄와 구원을 완성했다. 그는 부활했다. 그는 과연 승천할 때에 성신 권능을 보내겠다는 말씀대로 성신 권능을 보냈다. 이것을 안 믿는다면 그건 기독교가 아닙니다.

지금 뭐 무슨 알미니안주의니 뭐 예정론이니 무슨 뭐 무슨 뭐 여러 가지 신학설이 많지만, 그래 그것을 안 믿는 것은 적그리스도니까 그건 우리와 다른 반대파니까 말이요.

그러나 기독교라는 간판을 붙인 교회에서 누구나 다 이것은 다 믿는데 인제 큰 문제가 뭐냐 하면 종말관이라 그말입니다. 이게 큰 문제야요. 인제 뭐 예수가 처녀 몸에 났느니 안 났느니, 뭐, 예수가 뭐 십자가에 죽었느니 안 죽었느니, 부활했느니 그건 뭐 이제는 그건 다시 우리 기독교에서 논란할 필요도 없고, 인제 와서 문제라 하면 인간 종말이 어떻게 될 것이냐? 이것이 제일 복잡합니다.

그건 다 각각 달라요, 안 달라요? 다 다르지요? 심지어 한 장로교 안에도, 한 감리교 안에도, 한 성결교 안에도 그 목사, 목사끼리 말짱 다릅니다. 전부 달라요, 다. 또 그걸 원칙으로 알아요. 원칙, 원칙으로. 이제 예수만 바로 믿는다면 그건 원칙이다 이렇게 보고 있습니다. 그러나 그건 원칙이란 건 말이 안 됩니다.

그러니까 지금 교회가 서기는 기독교라 할 것 같으면 다 예수의 피로 선 교회입니다. 감리교나 장로교나 성결교나 침례교나 할 것 없이 다 예수의 피로 선 교회야요. 다. 그런데 인제 이 끝을 어떻게 맺을 것이냐 하는 문제는 너무나 복잡합니다. 뭐 심지어 우리 수도원을 거친 사람 가운데서도 나와 맞지 않아서 이렇게 저렇게 말하는 사람도 있는데요. 말할 거 뭐 있어요? 나한테 귀가 못이 박히고 닳도록 닳도록 듣고 듣고 가서도 또 딴소리하는 사람도 있는데요. 그러니 뭐 이거 뭐, 사실은 뭐, 큰 문제거든요. 그러니 뭐 오늘 기독교의 종말관에 대해서 이거 저마다 다 주관이 다르다는 것을 정말 뭐라고 말할 수가 없습니다.

그러면 이것이 어떻게 될 것이냐 이거에요. 큰 문제 아니에요? 뭣이 문제냐 할 때에 첫째가 하나님이 인정해야 된다 그말이야요. 하나님이. 자, 종말의 진리가 다르다는 증거는 하나님이 증거해서…. 예수의 피로만이 죄 사해주는 건 통일됐어, 통일 안 됐어? 통일됐거든요. 또 만일 어떤 사람은 아니, 죄를 회개 안 해도 용서해 주고, 어떤 사람은 회개해야 용서해 준다면 그건, 만일 조금이라도 죄를 십자가가 용납한다면 십자가는 무효란 말이야요.

자, 죄를 위하여 죽은 십자가를 믿는 기독교가 죄를 용납한다면 십자가 무효 아닙니까? 예수 괜히 죽었죠? 그렇소, 안 그렇소? 예? 아, 죄 때문에 아들을 죽인 하나님께서 죄를 용납, 묵인해 둔다면 아들 괜히 죽였지? 죄를 묵인할 바에야 그렇잖아요? 조그만 죄를 묵인하면 큰 죄도, 자 뭐 좀 과격한 말이지만 쪼끄만 해도 똥이요 커도 똥이란 말야. 그러니까 쬐끄만 죄를 묵인한다면 큰 죄도 묵인해야 된단 말이에요. 그러니까 만일 하나님께서 죄를 묵인하고 만다면 아들 괜히 죽였단 말야.

또 예수님께서, 인간의 죄를 위해 죽으신 예수님께서 만일 우리 죄를 어물어물하고 만다면 그 십자가는 괜히 죽었단 말야. 그렇소, 안 그렇소? 예? 그렇지요? 그렇잖아요? 경우가. 죄를 어물어물하고 마는 예수 같으면 괜히 죽었잖아요? 이건 죄가, 조금도 죄는 조금~도 용납할 수가 없기 때문에 하나님도 그 죄 값을 아들에게 걸머지웠고, 예수님도 조금~도 용납할 수가 없기 때문에 십자가에서 죽기까지 순종하지 않았냐 그말이야요.

　그러니까 일단 이겁니다. 죄 하나 없애자고 해서 아들을 죽인 하나님께서 여러분의 마음 가운데 죄를 품고 앉아서 가만히, 일러 봐요. 사람이 죄 없는 사람이 어디 있대? 믿으면 되지. 그러면서 죄를 그냥 가슴에 떡~ 품고 앉아서, '♪믿으면~' 한다면, 하나님이 '고얀 놈의 자식, 야 이놈아 죄 때문에 내 아들 죽였는데 죄를 그냥 둘 줄 아니? 회개하라 자식아' 그, 마음에다 죄를 품고 앉아서 '♪믿으면 하겠~네' 믿긴 너 뭘 믿니? 네가. 야 이놈의 자식아. 죄 때문에 내가 내 아들 죽였는데 죄를 그냥 품고 앉아서 믿으면? 회개하라 자식아! 그럴 거 아니야요. 예? 그렇지요?

　자, 죄 때문에 아들을 죽이신 하나님은 죄가 암만 많아도 회개하면 싹 없애 버린단 말이죠. 그걸 그냥 두고서 '♪믿으면~' 원, 저놈의 자식, 참. 그건 말이 안 되죠? 예? 그건 말이 안 돼요. 아, 죄 때문에 아들 죽이신 하나님이 죄를 묵인한다면 아들 괜히 죽이지 않았어요? 그건 말이 안 되는 거요.

　그러니까 일단 죄라는 것을 조금도 용납할 수 없다는 것이 십자가입니다. 자, 누구든지 죄를 조금도 용납할 수 없다는 데서 회개하면 하애집니다. 싹. 며칠이나 하애야 하애집니까? 즉각, 번개 같죠.

　자, 그건 인제 통일됐거든요. 그건 통일입니다. 이뢰자란 사람은 맘에 털끝만치라도 없이 회개해야만 사해주고, 여러분은 어물어물한다면 그건 하나님, 말이 안 돼요. 이뢰자란 사람은 맘에 요만한 죄가 있어도 때려서 회개시켜서 다 회개해야만 아니 역사하고, 여러분은 죄가 있어도 어물어물해 준다면 그 무슨 하나님이요? 그거, 그, 말이 안 되잖아요? 예? 그렇지요? 어드런 사람은 진실해야 은혜 주고, 어드런 사람은 거짓말 뻥뻥뻥해도 그래도 된다고 그런다면 그건 뭡니까? 그건 말이 안 돼요. 그건 말이 안 됩니다. 일단 죄를 위하여 아들 죽이신 하나님께서는….

회개하면 싹 없애 버린다 말이죠. 그냥 두고서 밤낮 예수 믿어야 그 꼴이야요. 십자가와는 관계가 없습니다. 자, 이 봐요. 죄를 위하여 죽은 예수를 믿는다는 사람이 죄를 끼고 다니면서 믿는다 그러면 예수님과는 하등 관계가 없어요. 죄를 위해 죽은 예수가 죄를 용납하겠습니까? 그건 말이 안 됩니다. 그러니까 암만 예배당에 댕겨도 죄를 그냥 끼고 댕기면서 그런 사람은 예수님이 받질 않아요. 안 받습니다. 안 받아요. 죄를 위해 죽은 예수님께서 죄를 회개치 않고 묵인해 두고 받아준다면 그 십자가 무효 아닙니까?

그러니까 요만한 죄라도 마음 가운데 가지고 그냥 있는 사람은 받지를 않습니다. 절대로 안 받습니다. 그건 내가 지내 본 체험입니다. 안 받아요, 안 받아요. 무효에요, 무효입니다. 왜? 공의의 십자가니까 무효에요. 무효에요. 무효입니다. 그건 절대적인 통일입니다. 죄 하나 없애자는 것으로 통일이야요. 알아요?

그러면 인제에 일단 은혜가 오는 것은, 성신의 은사가 오는 것은 성신의 은혜를 받아가지고도 요만치라도 죄가 있으면 성신 역사 안 합니다. 그 사람이 완전히 회개할 때까지는 성신 역사 안 하게 돼 있어요. 마귀 역사지. 안 합니다.

거짓부리 뻥뻥하면서 뭐 환상 계시 봐 보시오. 말짱 그게 마귀 환상 계시지, 그게 성신의 환상 계시인 줄 압니까? 아니 죄를 갖다 거짓부리 뻥뻥하는 사람에게 성신이 계시 보여주면 성신도 거짓부리 신 아니오? 그렇소, 안 그렇소? 예? 그건 말이 안 된단 말야. 거짓부리하고 돌아다니는 사람에게 성신이 역사해서 환상 계시 보인다면 성신도 거짓부리 신이지. 그렇잖아요? 말이 안 돼요. 절대 그건 말이 안 됩니다. 그건 말이 안 돼요.

그러니까 일단 이거 봐요, 각 사람의 마음에 죄를 없애는 법은 십자가 피로 세계 통일입니다. 그렇지요? 세계 통일이야요. 그렇다면 자, 종말관의 말씀도 통일이 있지요? 너는 이렇게 해석해도 내 권세 주마, 너는 이렇게 해도, 그건 또 말이 안 된단 말이야요. 말이 안 돼요. 그러니까 뭐냐 할 때에 죄를 없애는 것은 십자가다. 죄를 많이 졌다고 해서 용서 안 하는 것이 아니고 많이 지었든, 적게 지었든 죄를 없애는 것은 십자가다. 죄를 조금도 용납 못하는 게 십자가다. 알겠어요? 자, 십자가는 죄를 용납할 수도 없고, 죄를 싹 없애는 십자가라요. 십자가는. 송두리째 싹 없애는 십자가야.

괜히 이런 사람한테 속지 말라구요. 그저 거짓부리 뻥뻥하고 돌아다니면서 여기저기서 이말 저말 하면서 은혜 받았다고 뭐 그러는 거, 그거 마귀입니다. 십자가 믿는 사람이 어떻게 여기저기 가서 이말 저말 합니까? 말이 되는 거요? 그거 말이 됩니까? 예? 말이 돼요? 그거? 그건 말이 안 되는 거요. 날 위해 죽은 십자가 믿는 사람이 어떻게 여기 가서 이 말, 저기 가서 저 말하고 돌아다녀요? 그건 말이 안 돼요. 그건 말짱 가짜들이요. 말이 안 돼요. 그건 말이 안 됩니다. 절대로. 그건 괜히 정말.

그러니까 십자가의 피는 죄를 완전히 없앤다는 것으로 통일된 거야요. 예나 지금이나 그건 세계 통일입니다. 그렇다면 인제 종말에도, 말씀에도 바로 통일이 되겠지요? 통일. 그러니까 보세요. 그러니까 지금 뭐냐 할 때에 하늘에서, 봐요, 하늘에서 인정을 해야 된다 그말이야요. 하늘에서.

 자, 예수님의 십자가를 하늘에서 인정합니까, 안 합니까? 예? 인정했지요? 그러니까 그 피로 죄가 완전히 없어진다는 건 통일이야요. 그저 하늘에서 인정하기를 예수의 십자가를 믿으면 죄가 암만 많아도 싹 그 죄를 없앤다는 건 벌써 위에서 딱 결정 난 거란 말이야요. 그러니까 그저 그건 뭐 그저 싹 없애게 돼 있습니다.

 그러면 인제 종말관에 있어서 인제는 그렇잖아요? 자, 종말에 십자가의 피로 죄 사해 없앤다는 것으로 심판합니까, 말씀으로 심판합니까? 만일 갖다가 죄 사해준다는 걸로 심판을 어떻게 합니까? 여보, 죄 사해준다는 것으로 심판할 수 있습니까? 어떻게? 그건 말이 안 되잖아요?

 그러니까 이날까진 죄 하나 없앤다는 법으로써 하나님이 그저, 덮어놓고 죄를 없애자는 십자가니까 그저 누구든지 그저 죄가 많든 적든 깨끗이 회개하면 싹 없애고서 그저 다시 기억도 안 해요. '에이 이놈의 자식, 저 강도 놈의 새끼' 그러지 않아요. '에이 저 기생년' 그러지 않아요. '에이 저놈의 새끼는 사기꾼'

 싹 잊어먹고 말아요, 하나님. 싹 없애버려요. 싹 없앴는데 뭐. 자, 똥이 묻었든 흙칠을 했든 빨면 다 그만이죠? 똥 묻었던 옷이라고 똥내가 또 납디까? 예? 빨면 그만이지 뭐. 그건 그런 거요. 관계없어요. 그건 절대 통일입니다. 하늘에서 절대 십자가의 영원한 속죄를 받으셨기 때문에 무조건 십자가를 믿으면 절실히 회개할 때 싹 없앤다는 것은 하늘에서 그건 딱 결정진 거야. 하나님께서.

 그러나 지금은 종말관에 있어서 어느 목사의 종말관으로써 세계 통일하겠다는 결정을 지었을까요, 못 지었을까요? 예? 어디, 누구, 어느 목사 주석으로? 예? 어떻게요? 어느 목사 주석으로 세계 통일 새 시대 이루겠다고 결정지었어요? (여호와새일교단이요.) 그러니까 당신들 미치지 않았소? 하하.

 나는요, 나는 조금이라도 성경을 내가 연구했다든지, 일점 글자 한 자라도 내가 썼다면 난 이거 수도원 원장 노릇 안 하겠습니다. 안 해요, 안 해요, 안 합니다. 그 내가 연구해서 가르치다가 심판 날에 어떻게 할라고 내가 연구해 가르치냐 말야. 내가 연구해 가르치면 하나님이 인정하겠대요? 하겠대요? 그거 말이 안 되거든요.

 나 오늘이라도 월간지를 내든지 하여간 여기 학과, 무슨 책을 내든지 하나 내가 연구해 낸다면 난 절대 안 하는 사람이야요. 교만, 교만이 아니야요? 네가 뭐이기에 연구해서 책자를 내느냐 말야. 하나님 말씀에 대해서.

 세상 과학책이나 철학책이라면 모르겠지마는 하나님의 말씀을 네가 짓게 연구해 책을 내? 원, 벼락 맞아 죽을 놈의 새끼! 말이 되는 거요? 그렇소, 안 그렇소? 어떻게 할라고 연구해서 책자를 내는 거요? 그거 잘못 내놓으면 회개해야 돼요, 안 해야 돼요? 예? 그 어떻게 두려워서 내놓습니까? 연구해 가지고. 그건 말이 안 돼요. 그 참 담대한 사람들이야요. 어떻게 하자고 하나님 말씀을 자기가 연구해서 이렇게 내고 저렇게 책자를 내요? 어떡할라고? 그 어떡할라고? 큰 책임인데요.

 내가 첫 번에 요한계시록 말세 비밀이란 책자를 출판할 적에 받아써 가지고는 그다음에는 토를 갖다가 그저 되는대로 그저 참 그저 가감하고 이렇게 해서 떡 출판을 하니까 밤에 막 음성이 내려오더니, 이놈의 새끼, 단박 뜯어고치라는 거요. 너 그거 무슨 책이기에 네가 맘대로 토를 가감해? 또 부록이라고 떡~ 또 갖다가 거기다가 몇 자 써 댔단 말이요. 부록? 부록? 네가 뭐이기에 그거 붙이냐 말야. 이놈의 자식, 단박 너 처음에 내가 불러준 고대로 일점이라도 글자 가감 없이 그대로 출판하래요. 그러지 않으면 치겠다는 거요. 그러니 벌벌벌벌 떨리는 겁니다. 하, 이, 야단났거든. 그래서 그다음엔 아니 큰일 났거든, 그 책이 어디 있는지 알 수가 있어야지. 그래서 밤에 밤새도록 정말 책상을 뒤지고 이제 밤잠을 안 자고 말이요. 그렇지 않겠습니까? 떨리는데. 그러니까 마침 거기 있더란 말야. 노트. 갖다 놓고 대조해 보니까 아니나 달라? 토 한 자 잘못됐다는 거야. 그래서 그다음엔 그저 그대로 그때 불러준 그대로 해서 제가 출판을 해 내놨댔습니다. 그렇게 내놨던 거요. 그래서 이 말세 비밀이란 책이 나온 겁니다.

그러나 말세 비밀 강해란 책이 이게 나올 적에 그건 하나님이 인정할 수 없다고 그래요. 그건 첫 번 강해라는 게 나올 적에 내가 연구한 거 그저 이렇게 저렇게 고쳐 보고 생각하면서 어떤 대학 교수가 또 더러 또 뭐 국제 정세 같은 거 써 넣기도 하고 이래가지고 냈댔는데, 그건 취소하라고 그래요. 못쓴다는 거요. 못쓴다. 못쓴다. 너 이번에 요한계시록 직접 새일수도원 강단에서 내가 네 입을 통하여 낸 고걸 쓰지, 절대 첫 번에 너 강해한 건 못쓴다는 거요. 인정할 수 없다는 겁니다. 강해는. 그래 그건 다시 출판하지 말라 그래요. 어떤 사람은 자꾸 그걸 또 출판하라고 그러거든요. 남의 속은 알지도 못하고 또 출판하라고. 그땐 그 저, 안 되거든요.

그리고 지금 여기에 지금 뭐 요한계시록 강의, 선지서 강의 이거 말짱 하나 정말 내 마음대로 그거 낸 책입니까? 전 지금 여기 책자 하나 내가 책임 안 지게 돼 있습니다. 지금도요, 저 책임을 못 지게 돼 있어요. 제가요.

 자, 위에서 써라! 했는데, 쓰다가 그만둬라! 하면 한마디 못 쓰니 그거 내가 하는 겁니까? 내가 하는 거야요? 안 됩니다. 지금 월간지도 그래요. 써라! 해야 말이 나오지, 그만둬라! 하면, 한 자 못 쓰는 거요. 못 씁니다. 그거 내가 하는 게 아니야요. 한~자 못 쓰게 돼 있습니다. 못 쓰게 돼 있어요. 못 써요, 못 써요. 못 쓰게 돼 있어요. 그런데 거기다 갖다가 그저 그 혹 그저 그 사투리 같은 건 신성이가 더러 고친다고, 난 그건 뭐 사투리 같은 건 고친다면 뭐 사투리는 고쳐도 된다. 그러나 뭐 하나님이 무슨 사투리가 있대?

 뭐 정말입니다. 그러니까 난 그거야요. 위에서 써라 해서, 자, 써라 하면 입에서 말이 나왔으니 그거 내가 책임져야 돼요, 하나님이 책임져야 돼요? 써라 해야 말이 나오지, 써라 하는 말 안하면 한마디 안 나오는 그게 내가 하는 겁니까? 써라! 해야 나와요. 써라! 해야 나와요.

 만일 난 그러기 땜에요. 지금 나는 우리 수도원에서 우리 교단에서 말이요, 한 자라도 난 그겁니다. 나는 글자 한 자라도 내가 내 맘대로 써서 한다면 나는 새일교단도 다 폐지할라고 그래요. 폐지할라고 그래요. 다 해산시킬라고 그래요. 나는 안 할라 그럽니다. 그 어떡할라고 내가 교단을 맹길어? 벼락 맞아 죽을라구? 큰일이오, 큰일 아니오? 예? 교리도 그거 내가 냈소? 대중 앞에서 위에서 쓰라고 해서 쓴거요? 예? 교리 받아쓸 적에도 그저 내가 썼소? 대중 앞에서 교리 받아쓰라고 위에서 명령해서 쓴 겁니까?

 난 그래서 담대한 거요. 지금 담대한 거요. 하나님이 그러거든요. 지금 이럽니다. 지금 제게 이렇게 말해요. 내가 네 입을 통해서 하나님 말씀 변론 다 하고서는 꽝꽝꽝꽝 하고 말겠다고 그래요. 밤중~ 쯤 되면 이따마큼 그래요. 한 번씩 드문드문. 그것도 잘못됐다고? 내가 네 입을 통하여 하나님 말씀 변론하리만큼 하고서는 세상 때려 부수 겠다 그래요.

만일 내가 연구해서 월간지를 낸다면 나는 월간지 다 폐지하겠습니다. 그 무슨 짓이라고 하고 있겠습니까? 그렇잖아요? 필요 있어요? 필요 있습니까?

이사람 저사람 그저 목사한테 따다가 할 바에야, 따다 그저 뭐 저 복음 신보에서 하듯이 남의 설교하는 데 가서 그저 뒤에 앉아서 적어다가, 그 무슨 짓이라고 하고 있어? 그거. 그 가치가 있소, 없소? 그 무슨 짓이라고 그걸 하고 있어요? 할 일 없으면 들어가 잠자지, 그거 무슨 짓이라고, 그렇잖아요? 그 필요 없잖아요? 신문의 거나 따다가 좀 박아 넣고, 또 남 그저 노회하면 노회하는 광고나 갖다 붙여 놓고, 그거 무슨 주의 일입니까? 그거 주의 일이라 할 수 있습니까? 남 광고 잘해줬다고 주의 일일까요? 난 그런 거 안 해요, 안 해요. 안 합니다. 그 무슨 짓이라고 하고 있어요?

나 오늘 수도원에도 그래요. 수도원에도 하나도 책자 하나라도 내가 맘대로 써서 한다면 난 그만 두겠어요. 그 떨려서 어떻게. 이 다음에 그 심판대 앞에 가서 어떻게 책임질라고 책자를 마음대로 내서 가르쳐요?

나는 말짱 하나님이 맹세 세웠어요. 맹세. 맹세. 맹세 세웠어요. 맹세. 1960년 3월 1일날부터 나갈 때에, 너 부산서 내가 네게 입술을 통하여 직접 기록하라고 준 거 고대로만 전하면 넌 책임 없다. 바로 1960년 2월 9일날 아침에 맹세 세웠어요, 하나님. 요대로만 전하면 너 책임 없다는 거야. 내가 책임 있지. 내가 불러 썼는데 너 책임

있느냐?

그다음엔 내 입술에 말씀이 임할 때에 그때 또 하나님이 보증섰습니다. 자, 내가 인제는 네 입술을 쓸텐데 책임 없다는 거야. 너 그저 내가 네 입을 쓰겠으니까 책자를 내라. 맹세 세웠어요. 사59:21과 같이, 사28:11과 같이 내가 네 입술을 쓰겠는데 너 조금이라도 네 입을 네 맘대로 못할테니까 내가 책자를 내겠다. 예~, 믿습니다.

그러니까 나는 담대합니다. 담대해요. 지금도 저 그래서 담대합니다. 담대해요. 담대해요. 만일 내가 이렇게 저렇게 연구했다면 나는 내 양심에요, 내 양심에 절대로 나는 이 사업 그만둡니다. 안 해요. 그 기껏 하다가 심판 받을 짓을 하고 있어요? 그렇소, 안 그렇소? 예? 그러다 어떡할라고 수많은 사람 데려다 놓고 배워주냐 말야. 말이 되는 거요? 어떻게 할라고, 어떻게 할라고. 어떻게 할라고. 말이 안 되거든요.

자, 우리 여기 지금 그렇지 않습니까? 여기 우리 호소성가 부르는 것도 사람이 지어서 부른다면 이렇게 역사가 내릴까요? 내릴까요? 안 내립니다. 왜 내려. 안 내립니다. 안 내리게 돼 있어요. 이건 지금 하나님이 쓰라니깐 그저 부르면 하나님 쩔쩔매지 별 수가 없어요. '이대로 부르라고 해서 부릅니다. 믿습니다.' 그저 호소할 때 도장 딱 찍고서 호소하라구요.

그러니까 난 그래서, 지금 이 교파에선 우리 수도원 망하기를 그저, 정말 가뭄에 비 오기 기다리듯 기다리고 있습니다. 정말이요. 그렇소, 안 그렇소? 정말 가뭄에 비 기다리듯 기다려요, 지금. 그러나 난 그거요. 수도원이 망하면 하나님 망하지. 우리 하나님 망할까? 난 그래요. 만일 교파에서 방해한다고 해서 이게 안 된다면?

일곱 해 동안 기껏 입방아 찧었지요. 기껏 해 보니 점점 더 잘됩니다. 이젠 야단났지? 어떡하노 이젠. 그러니까 발악을 해요. 발악. 발악. 발악을 해요. 아니 현 장로가 방해한다고 해서 못하는 하나님, 그러면 현장로를 믿지 하나님을 믿어요? 그렇잖아요? 예? 그렇지요? 현장로 방해한다고 안 되는, 역사 못하는 하나님이라면 현장로가 낫잖아요? 그건 말이 안 돼요. 그 탁명환이 그 사람이 이거 방해해서 이거 새일교단 안 된다면 탁명환이한테 지는 하나님 믿어 뭘 해? 실컷 거짓부리 해 보라 그래 실컷. 어디. 나중 꼴이 어떻게 되나?

나 원. 그러기에 나는 원, 그저 넉넉히 이길 수 있습니다요. 하나님께서 상급 줄라고 그런 사람들 들어 쓰고 있으니 넉넉히 이기죠.

전 그저 이 수도원 시작할 때부터 그저 교파에서 자꾸 나 욕만 하면 그저 자꾸 은혜가 내리는데 원 그런 재미가 어디 있냐 말야 세상에. 자꾸 욕하면 점점 하나님 은혜를 더 주니 말야. 누가 당해? 누가.

난 그러기 때문에 난 이거 하지, 그 무슨 짓이라고 해서 내가 뭐 여기 뭐 밥통을 달았소? 월간지 내가 무슨 일전 한 푼 내가 월간지대 쓰는 게 있소? 내가 무슨 여기 뭐 수도한다고 해서 여기서 밥통을 달았소? 이건 내 그저 하나님 무서워서 벌벌벌 떠는 거지, 정말이요. 예? 전 정말 하나님 무서워서 떱니다. 떨어요.

어떡합니까? 불 가운데서 나올 때 안 하면 죽이겠다고 그래서 제발 살려달라고, 그저 하나님 불 가운데 놓고 죽이겠다 그래요. 안 하면 죽인다는 거야. 너 수도원 안 하면 죽인다는 거야. 그러니 수도원 하고 살아야 돼요, 거기서 죽어야 돼요? 그래 무서워서 그래서 나와서 하겠습니다. 지금도 안 하면 죽일까 봐 무서워서 그저 예예예 하고 있지 뭐.

그러니까 두고 보세요. 그저. 가만히 두고 보세요. 만일 이 사람을 통하여 하나님이 내 입을 통하여 말씀 변론한다면 어떤 사람 또 달리 연구해도 또 거기 또 권세 줄까요? 그 무슨 하나님이 그러겠어요? 말이 안 되지요. 안 돼요. 괜히 여러분들 후회막심하지 마시고 이거 분명히 자, 기독교 역사상 이런 일이 있었소, 없었소? 어디 있었어요? 없었습니다. 이건 분명히 하나님이 하시는 일입니다.

그러니까 권세라니까 또, 이목사 권세 받았다지? 나 혼 좀 내 주나 볼까? 더러운 자식이야. 하나님이 더러운 사람 혼이나 내 주라고 권세 주는 거야? 예? 그게 장난이야? 여보, 권세라는 건 누구 혼이나 내고자고 권세 주는 거요? 예? 그 말씀대로 새 시대가 이루어지는 게 권세지요. 그 말씀을 순종 안 하면 절대 살아 새 시대 못 가는 게 권세 아닙니까? 예?

내가 여러분의 손바닥을 딱 붙인다 해도 말씀 바르지 못하면 그 손바닥 붙이는 게 권세요? 뭐 어드런 목사 손바닥을 붙인다지요? 한번 가서 대 봤으면 좋겠어. 어디 붙여 보라고. 붙었으면 어떻단 말이요? 그 다 요술 비스름한 장난이야. 안 되는 거야. 그렇소, 안 그렇소? 예? 어떻단 말이요? 손바닥이 붙었으면 어떻고 떨어졌으면 어떻단 말이요? 그게 문제입니까?

휙~하면 또 넘어진다죠? 쓰러진다죠? 쓰러졌으면 또 어떻단 말이요? 그 말짱 우스운 장난이야, 장난이, 내가 보면요. 그게 무슨 필요 있습니까? 공산당 내려올 적에 휙~ 하고 쓰러졌다 해 보지, 콱~ 하고 짓밟으면 어떻게 할 테요? 그렇소, 안 그렇소? 공산당 내리밀 때, 휙~ 다 쓰러져, 콱 밟으면 어떡할라고? 어떡할 거요? 다 필요 있는 짓들이야?

그런 어리석은 믿음 가지지 말라구요. 나는 완전히 깨달은 건 그겁니다. 기독교는 인격적인 종교야요. 인격의 종교야요. 하나님은 신이시니 사람을 완전한 인격을 만들어서 사람을 통하여 영광 받고자 합니다. 하나님이 인격이 있습니까? 하나님이 손이 있어요? 하나님이 몸이 있습니까? 그러니까 하나님의 신은 아들을 완전한 사람을 만들어서 제일 큰 왕을 만들어 놓고, 그다음엔 또 우리 작은 왕들 다 만들어 놓겠답니다.

자, 만왕의 왕은 맏아들이 되고, 작은 아들들은 그다음에 무슨 왕이 돼야지요? 분봉왕. 그러니까 왕국 건설하려면 인격이 문제입니까, 요술쟁이처럼 뭐 조화 부리는 게 문제입니까? 인격이 문제지요. '뭐 이 목사 뭐 5·15에 또 역사 일어난다더니 뭐 떨어지는 거 없구만.' 그러지 마시오. 5·15에 왔다 한번 완전한 사람 돼 가시오.

하늘과 땅 만들기가 더 힘들어요, 사람 하나 똑똑히 만들기가 더 힘들어요? 사람 하나 왕감 하나 나오는 것이 하늘과 땅 만드는 것보다 더 힘든 거야요. 저 넓은 하늘, 저 계룡산, 계룡산 이까짓 건 획~ 하면 생긴 거야. 그렇소, 안 그렇소? 저기 암람산 저거 몇 삼태기나 될 것 같애요? 이까짓 건 획~하니까 된 거야. 그러나 조막다시 만한 백 근짜리 몸 요거 하나 영생체 변화 승천하는 건 참 힘든 거야요. 참 가치가 있습니다.

그러니까 여러분들은 그런 즉, 그래서 기독교는 완전한 인격의 종교입니다. 마귀를 낸 것도 왜 낸지 압니까? 인격자 만들라고 낸 거라요. 자, 마귀가 없다면 완전한 인격자를 골라낼 수 있습니까? 그렇잖아요? 마귀를 낸 것도 인격자 만들어 놓으라고 낸 거야요. 나도 마귀한테 한 15년간 싸우고 나니까 사람의 새끼가 쬐끔 된 것 같은데요. 쪼끔 된 것 같지요? 예? 똑똑해진 것 같소, 민충이 같소? 똑똑해졌어요. 15년전보다 좀 똑똑해졌습니다. 그러게 그 마귀로 시험하는 것도 완전한 왕의 인격을 만들자고 해서 마귀를 낸 거라요. 그겁니다. 마귀를.

자, 성신을 내리시는 것도 완전한 인격을 위해서, 마귀를 보내서 시험해 보는 것도 완전한 인격을 위해서, 알아요? 전부 그겁니다. 그 괜~히 헛된 시간 보내지 말라구요. 괜히. 필요 없는, 흥분으로 치우치지 말아요. 전 그렇게 알아요. 이 은혜라는 건 정상이야요. 정상입니다. 바짝 말라 늘 있는 게 정상이 아니야요, 늘 사시장춘 시냇가의 푸른 버들같이 되는 그게 정상입니다.

그러니까 일단 기독교는 하나님께서 권세를 주느냐 안 주느냐 이것으로써 통일되고 마는 거야. 자, 권세 받으면 주님 재림할 때 역사하는 거요, 못 받으면 쓰러져 죽는 거요. 그걸로 되고 마는 거지 뭐 다른 거 뭐 있어요? 그렇소, 안 그렇소? 예? 그거죠.

자, 촛대교회 나오면 예비처에 가는 거요, 안 나오면 또 죽는 거요. 그겁니다. 알겠어요? 간단하죠? 예? 간단하지. 우리 하나님 그렇게 뭐 복잡시리 일하지 않습니다. 자, 지금은 권세 받으면 재림의 주 영접할 인격이 되는 거요, 못 받으면 안 되는 거요. 5개월 환난에는 촛대교회 나오면 예비처에 가는 거요, 안 오면 빠지는 거요, 환난에. 간단한 거요.

자, 그러면 죄를 없이하고 은혜 주는 것도 십자가의 피로써 죄를 용납하지 않고 싹 없앤다는 게 통일이라면 인제 권세 받는 것도 통일이지. 그렇잖아요? 그렇소, 안 그렇소? 그렇잖아요?

조금도 성경 66권에 조금도 일점일획도 귀가 안 나야 하나님이 인정합니다. 하여튼 성경에 없는 소리를 한다고 하면 모르겠지만 성경 66권을 딱 맞춰서 합법적인 변론으로 말하면 지금 이 사람이 말하는 이거밖에 없어요. 다 말할 테요. 내 다 말하는 거요. 누가 말하든지 내 앞에 와 말하면 벌써 빵점 납니다. 아무 성경 딱 들이대면 꼼짝 못하는 거요. 만일 성경이 말이죠, 성경이 성경으로 마귀 시험을 막게 돼 있지 못하다면 정말 미혹을 막을 수 있습니까, 없습니까? 얼마든지 마귀가 들어오는 것을 성경으로 딱딱 목을 자를 수 있습니다.

그러게 마귀 역사라는 건 성경에 귀가 어긋나는 거야요. 성경에 맞질 않아요. 지시를 받아서 맞질 않아요. 성경과 맞질 않아요. 뭐 틀림없이 성경과, 자, 그렇지 않습니까? 예수님한테 마귀가 세 번 와서 시험했지만 성경에 말짱 맞소, 성경에 벌써 귀가 납니까? 귀가 나잖아요? 깜짝 못하잖아요, 뭐? 그렇게 돼 있어요.

그러니까 정말 다른 거 없습니다. 나는 저번에 송목사님 계신 교회 가서 집회하다가, 송목사님 책이 참 많거든요. 그래 짬만 있으면 책 펼쳐 봅니다. 척 펼쳐 봤을 때 빵점이야요. 헤이 이것도 빵점이로구나. 또 다른 거. 자 이거 읽어 보면 벌써 빵점이야요. 이거 귀가 안 됐거든요, 안 됐단 말야. 이거 안 된단 말야. 아무 성경에 틀린단 말야. 그래, 척 펼쳐가지고 몇 장 보면 벌써 거기서 잘못됐다는 게 딱 딱 드러나거든요. 잘못이다 이거. 아무 성경에서. 이 사람에게 뭣이 온 줄 압니까? 그게 왔어요. 내가 남의 책을 비판하고 흉본다고 그러는 거요? 성서로 말하는 거요? 남의 책을 비판하는 게 아니야. 성서로 말하는데 그렇습니다.

그래서 미국에 가 있는 김왕조 목사라는 양반이 그저 미국 가서도 지금 그저 그냥~ 이제 말세. 이, 내 책을 놓고 지금 아마 보고 있는 모양이죠? 그런데 저 여기 저 중국, 영국으로 뭐 댕기는 양반 저, 김형철 목사라는 양반이 미국을 또 갔어. 그 양반 있는 집에 가서 아마 좀 있은 모양이죠? 미국에 있는 목사가, 당신 말야 이거 전하지 않을라거든 댕기지 말라 말야. 당신 이거 전하느냐? 난 뭐 그거 뭐 그저 뭐. 그래? 그만 미국 있는 목사한테, 당신 말야, 그래서 그 편지 보니까 김형철 목사도 인제부터는 내가 말세복음 이뢰자 복음 그걸 전해야지 안 전하면 소용없다 이렇게 작정하고 갔다 그래요. 소용없어요, 소용없습니다. 지금 그 미국에 있는 김왕조 그 양반은요, 그렇게 무슨 정말, 활동가는 못 돼도요, 아주 그 양반 지금까지 그냥~ 이거밖에 없다고 그냥, 연구하고 있다거든요, 그걸 보고 있대요. 그냥. 이것밖에 없다고.

 정말 양심이 바르고, 사상이 바르고, 그런 사람은요, 정말 부득불 계룡산 이뢰자를 통해 나온 책밖에 없다고 말할 수밖에 없습니다. 별 수 없어요. 별 수 없습니다. 단지 그저 이건 그저 그 교권, 이놈의 교권 땜에 잡아 누르는 것, 여보시오, 교권 때문에 진리가 바른 걸 누르는 게 그게 양심이오, 비양심이오? 예? 아주 도둑놈이요. 도둑놈. 도둑놈. 도둑놈 아니요? 자기 교파, 교권 하나 세우고자 해서 진리를 탁 누르고 있어요?

 뭐 오늘도 저 어느 목사님한테 편지 왔습니다. 어느 교파에서, 제발 새일성가 호소 그것만이라도 하지 않으면 좋겠다고 그런다고. 그 새일성가 호소하는 게 그렇게 싫소? 참 이상들 하거든요. 그렇게도 싫어? 그렇게도 싫어? 제발 그것만이라도 좀 그만둬 달라고 부탁한다고. 그러면서 그곳에서는 바짝 더 부른답니다. 더. 해 보자. 어디. 어디. 하하.

가만히 보면요, 현 교회가 참 기가 막힌 노릇입니다. 그러니 순~ 자기네 교권 그놈 때문에 그러거든요. 그렇지요? 그러니 거기에 권세 역사가 올까요? 안 옵니다.

그러니까 그저 다른 거 없어요. 하나님이 그저 권세를 주느냐 안 주느냐 그걸로 끝나는 거야 뭐. 벌써 증인 권세 역사는 내게 왔어요. 왔습니다. 왔으니까 당신들 달리 해 볼라면 해 보라고 어디. 안 돼요. 안 돼. 안 돼. 안 돼. 해 보라구. 달리 해 보라구.

왔습니다. 자, 왔기 때문에 내 입술을 통하여 얼마든지 책자가 나오는 거죠? 그렇지 않소? 안 오고서 어떻게 그렇게 됩니까? 왔어요. 왔습니다. 분명히 왔습니다. 왔어요. 또 이렇게 말하니까, 아~ 알았다. 전 3년 반 됐구나. 이러지 마시오. 그런 말 하지 마시오. 증인 권세 오고도 베옷을 입고, 그랬죠? 예? 베옷을 입고 그랬는데.

분명히 제게 왔습니다. 왔어요. 왔으니깐요, 난 그걸 확신해요, 내게 그게 왔다는 거, 말씀 권세가 왔다는 거, 확신합니다. 틀림없이 제게 왔습니다. 분명히 왔어요.

그러니까 암만 가타부타 그래 봤던들 교권이 이길 테요, 증인 권세가 이길 거요? 암만 야단쳐 정말 해 보시오. 그러도록새 손해입니다. 그러도록새 손해야요. 그러도록새 손해야요. 정말 이 사람에 대해선요, 그저 대항하도록새, 송곳 끝에 뒷발질 해 보라구! 어드래? 요놈의 송곳, 요놈의 송곳, 차 보라구. 쇠꼬챙이가 못 견딜까, 발뒤축이 못 견딜까?

소용없어요. 인제는요, 별 수 없습니다. 내가 미워도 따라오고, 고와도 따라와야지. 괜히. 인제는 별 수 없어요. 작년 연말성회에요, 딱 여기 서니까 노골적입니다. '열왕 중의 왕'으로 널 이제 세우겠다 딱 그래요. 딱 그렇게 와요. 왕으로 세우겠다. 자, 이렇게 말하니까, '저게 이단이라니까' 여러분, 열왕 중의 왕이 안 되고 이방왕한테 가서 머리 숙이고 협상하겠소? 예? 최장로는 열왕 중의 왕 안 되겠소? 예? 그만 두겠어요? 나 원. 열왕 중의 왕 돼야지. 자, 이방의 왕들은 다 마귀왕들이요, 하나님의 왕이요? 저, 세상 왕들이. 그렇잖아요?

괜히 못 당하는 거요. 못 당해요. 그저 이 사람에 대해서는요, 한마디 말하면 그만큼 손해고, 쪼끔만 눈만 흘겨봐도 그만큼 손해고, 그저 손해입니다. 난 좋지요, 난 피해 안 당합니다. 쪼끔만 맘에 벌써 내게 대하여 비방 두면 당신들 손해입니다. 하나님 딱 쳐요. 야! 네가 뭐이기에 내가 세운 왕을? 손해입니다.

내가 이렇게 말하는 것은 내 자랑이 아니라 여러분들 손해 보지 말라고 말하는 거야요. 만일 내가 연구해 가지고 말해야 내 자랑이지, 나는 하나도 아무것도 한 것 없다는데 그게 내 자랑입니까? 하나님 자랑이요, 내 자랑이요? 자, 쓰란 말 허락 안 하면 월간지 한 자도 못 쓴다는 게 내 자랑입니까? 바보 같은 자식이라는 거지, 내가. 바보 같은 자식. 그거 내가 연구했다고 그래야 내 자랑이지, 위에서 허락이 없으면 글자 한 자 못 쓴다는 게 내 자랑입니까? 한 자도 못 씁니다. 안 되는 거요.

뭐 정말 참 이상해요. 금년치로 접어 들어서는요, 하여간 그, 그렇게 연말성회 때 말이 온 다음부터는요, 절대 더군다나 뭐, 뭘, 딴 생각을 못하게 해요. 정말 이상하게 돼 버렸다니깐요. 조금도 무슨 생각도 못하게 합니다. 못해요. 생각이 나지도 않아요. 나지도 않구요. 그렇게 돼 있어요. 절대 내 생각을 내 생각대로 못하게 돼 있고요.

그러니까 뭘 연구하겠다고 보면 싹 가리워 놓는데 안 돼요. 내가 좀 어떤 때는 월간지 하다가 '이거 월간지 너무 정말 계속 혼자 하니까 이거 좀 정말 찻간에 가면서도 책 좀 보고 연구해야지.' 캄캄하게 만들어 놔요. 그렇게 마음 먹으면. 에이고 모르겠다. 아버지여 맘대로 하시오. 주여, 뜻대로 하옵소서.

그저 그거야요. 절대에 여러분들 요거 하나는 아셔야 됩니다. 만일 여러분들이 내가 지금 문서 운동하는 걸 조금이라도 이뢰자 머리 짰다고 생각하면 당신들 영적으로 많이 손해 봐요. 막대한 손해 봅니다. 손해 봐요, 손해 봐요. 손해 봐요.

혹, 지금 볼 때에 그 교정보는 저, 토를 내가 척 보면 벌써 보다가요. 요건 사람이 조금 고쳤구나 하는 걸 또 발견합니다. 발견해요. 그래서 그저 뜻에 정~ 어긋나지 않으면 그냥 두고 맙니다. 자기네가 암만 고칠려고 했지마는 결국에는 내가 척 보면 벌써 알아요. 요건 좀 고쳤다는 거, 벌써 알아요. 잘한 것 같아도 벌써 영적으로 본다면 그게 잘 안 된 거요. 다 알아요. 다 알아요. 다 압니다.

그래서 그저 다른 것 없습니다. 없고, 일단 그저 별 수 없이 앞으로 보세요. 이 사람에게 분명히 그것이 왔는데 그저 우리 새일교단이 세계 통일합니다. 하게 돼 있어요.

이번에 전기 공사해서 계룡산 돌 들어내는 것 보니까요, 공산당 꼼짝 못하겠습디다. 아니 이거 뭐 어느 군대가 그래? 국군이 뭐 하라면 그렇게 할까? 예? 국군들 저 공사 다리 하는 꼴 보시오. 맥 떨어져 가지고, 곡괭이로 투욱~ 툭. 그놈의 꼴. 꼭 그래요, 안 그래요? 꼭 장난이지요? 그게 군대입니까? 진짜 군대는 우리죠? 이거 굉장합니다. 정말 무서워요. 무서워요. 무서워. 무서워. 그거 누가 그렇게 하라고 합디까? 내가 하라고 합디까? 안 하면 때리죠? 하하.

우리 봉사원들도 내가 하라고 그러면 그 성질에 안 해요. 우리 봉사원들 그 중에도 아주 고집쟁이들입니다. 아주 고집쟁이들이요, 아주 아주. 감 통 사나운 사람들이야, 사실. 우리 박집사도 그렇고, 윤봉조도 다 그래요. 뭐, 하나님이 때리니까 안 하는 수가 있대?

또 우리 저 부엌간에서 일하는 여종들도 그거 다 정말 보통 내기들이 아닙니다. 하하. 정말이요, 보통내기가 아니요 다. 정말 시어미 속을 썩여도 단단히 썩일 사람들이요. 그 사람들이. 하하.

아, 저번에 아니 부엌간에서 일하는 집사님이 그래요. 친정에 갔다가 안 올라고 작정했다나? 그랬더니 미치갱이가 되더래 자기가. 아, 미치더래. 단박. 단박 "아이구 아이구 하나님 큰일 났수다. 가겠수다. 가겠수다." 견뎌 배긴데? 어디! 하하. 그래서 그다음에는 겁이 나서 그다음엔 아니 중앙교회 달려오니까 정신이 좀 번하게 나더라나? 그담에 성산에 오니까 아무렇지도 않다는 거야. 어드메? 해 봐라! 그래야 되는 거지. 그게 권세죠? 예? 그게 권세죠? 사람 권세요, 하늘의 권세요? 하늘의 권세지. 어따 대고, 맘대로 친정에 가? 있어 봐, 있어 봐라, 어디!

우리 새일교단은 교권이요, 하늘 권세요? 정말 하늘 권세입니다. 꼼짝 못합니다. 떡~ 기도해 보면 그래요. 넌 가만히 있거라, 내가 처리한다 그럽니다. 하나님이. 가만히 있거라. 네까짓 게 처리하니? 내가 처리한다. 그러면 아예 우리 수도원에 낯짝 들고 들어오지도 못하게 만들어놔요. 아예.

자기가 그저, 하나님은 그 정치수법이 이상합니다. 경찰식이 아니고요. 스스로 자기가 낯짝을 들고 들어오지 못하게 만들어 놔요. 그렇게 만들어놔요. 그래야지 그거 정말, 그 몽둥이로 두들겨 내쫓습니까? 그렇잖아요? 그거 참 하나님 모략이 대단합니다.

　분명해요. 그러니까 분명히 우리 여호와새일교단에는 하늘 권세입니다. 절대 하늘 권세입니다. 하나님이 직접으로 지도하게 돼 있습니다. 다. 자, 현재 지금 그렇소, 안 그렇소? 그렇잖아요? 전도사 시취하는 것도 뭐 그저, 그래요. 절대에 전도사 시취하는 것도 사람이 합니까, 직접 그 시취 문답이 말이 옵니까? 직접 오는데요 뭐. 오는데요. 직접 오는데요.

　앞으로 우리 이제 새일교단도 또 부패해질까요? 예? 절대로 부패 안 합니다. 점점 신령해집니다. 인제부터 우리 새일교단은 더 신령해집니다. 신령해지게 돼 있어요. 정말 과거에는 완전한 교단적인 행동을 하나님이 안 하니까 그렇지만 인제부터 보십시오. 괜히. 어드메 괜히 교단에 들어와서 못하게 국물도 없수다 괜히. 쳐 갈기고 말아요 괜히. 정말 다신 낯짝 들고 괜히 다니지 못하게 만들어놔요, 하나님이. 정말입니다. 케케 망신하고 말이죠.

　우리 교단에는 인제 보세요. 타작기 앞에서 쭉정이가 견뎌 배깁니까? 견뎌 배겨요? 가라지가? 못 견디는 거요. 우리 교단에 인제 보세요. 절대 교역자 하나도 가짜는 견디지 못합니다. 견뎌 배기나요? 들어와 못 견뎌 배기는 거요. 빵점 딱딱 드러나는데 뭐 어떻게 하지요? 절대로 못 견뎌 배깁니다. 그래서 우리 교단이, 우리 여호와새일교단이 정말 하늘 권세 교단이야. 보시오, 괜히. 감당 못합니다.

　자, 그런 교단이 어디 있습니까? 자, 하~ 나 우리, 말짱 다 직접 하나님께서 시켜서 하는 거요, 누가 시켜서 하는 거요? 누가 어디 교회 세우라고 그럽디까? 내 언제 전도사 보냅디까? 그래도 다른 교파에서는 뭐 어디 교회 세우자 하고 예정하고 뭐, 전도비도 보내고 사람도 보내지요? 우리는 그게 아니야요. 자, 여기 누가 내가 교회 세우라고 해서 세운 사람 손들어 보시오.

땅에서 구속 받을 인격

– 계14:1~5 –

하나님 말씀 요한계시록 14장 보겠습니다.

이번엔 매양 성경을 생각하면서 우리 인격, 인격을 우리가 좀 반성하면서 좀 호소하겠어요. 이번 이렇게 뭐 성경을 이렇게, 그저 뭐 그저, 내내 이제 호소하면서 하나님께서 말씀 주는 대로 각자 각자가 인격을 반성하면서 호소해야 되겠습니다. 이 시간은 계시록 14장을 읽고서 우리.

[성경 본문 봉독]

우리가 오늘 이 아침은 땅에서 구속 받을 인격이라는 데 대해서 잠깐 말하겠어요. 땅에서 구속 받을 인격이라. 이 몸이 땅에서, 자 일러 봐요. 온 세상이 다 망하는 세상에서 죽지 않고 구속 받는 인격이라 그말입니다. 알겠어요? 온 땅이 망하는 세상에서 구속 받을 인격이라 그 말입니다.

우리 이번 호소는 그거야요. 우리가 완전한 단체가 이뤄질라면 인격 문제야요. 아무리 지도자가 이래라저래라 그래도 그 인격이 안 되면 단체 안 됩니다. 그러니까 단체라는 건 억지로 되는 단체가 없고 인격으로 하나가 되는데, 공산당은 단체가 잘됩니다. 왜냐 할 것 같으면 그건 말짱 아예 죄악의 왕이니까 죄진 사람들 갖다 놓고 뭐 곧잘 단체시켜요. 그렇잖아요?

자, 공산당 단체가 만들기가 더 쉬워요, 우리 단체가 더 쉬워요? 공산당은 죄악의 왕이니까, 거짓부리 대왕이니까 거짓부리하는 놈들 갖다 놓고 곧잘 뭐 거짓부리하라고 시킨단 말이요. 자, 거짓부리하기 좋아하는 놈들 모아다 놓고 거짓부리하라면 좋아해요, 안 좋아해요? 예?

도둑놈들 모아다 놓고 남의 것 뺏들어 먹자 그러면? 예? 그렇잖아요? 자, 오늘이라도 여기 서울 사람 모아다 놓고 나라에서, 우리가 명령하노니 저 부잣집 가서 그저 떨어 먹어도 죄가 아니라, 아무 부잣집에 가서 떨어 먹어라 그러면, 예~ . 고맙습니다. 와아~ 할 거 아니요? 그렇소, 안 그렇소? 오늘이라도 우리나라에서 그래 봐요. 저 대통령이, 나라의 명령이니, 실업자들 죽~ 데려다 놓고, 자, 너희들에게 특허를 준다. 아무 부잣집에 가서 때리고 뺏들어 먹어도 내가 죄라 안 그러고 허락하니까 가서 해라, 그래 놓으면, 단체가 돼요, 안 돼요? 뭐 승기가 나서. 그래 그런 단체는 참 쉽단 말이야요. 그렇지요? 그건 유황불로 들어갈 단체지요? 예?

그러나 구름 타고 올라갈 단체는 참 어려워요. 자, 죄악의 단체가 몽땅 몰살당하는 땅에서 이 몸이 구속 받으려면 내게는 죄가 없어야지. 거짓말하는 단체가 몽땅 다 쓰러지는 날에 살려면 내게는 거짓말이 없어야지. 음녀화 된 세상이 몽땅 망하는 세상에서 살려면 내가 음녀가 안 돼야지.

여러분들 덮어놓고 주님 재림만 고대하지 말고, 주님 재림하는 날은 죄 많은 사람 다 죽어 버리는 날이죠? 그날에 내가 올라가려면 내가 죄가 있으면 되겠소? 예? 주님 재림하는 날은 거짓부리하는 사람 몽땅 죽이는 날인데. 그러니까 나는 지금 오늘 주님 올까 봐 걱정입니다. 오면 내가 볼 때는 우리가 몽땅 올라가지 못할 것 같애요. 예? 이 시간 주님 오면 올라갈 것 같소?

 그래서 우리 이거야요. 우리 단체가 지금 부흥단이 안 나온다고 자꾸 그러지 마시오. 구름 타고 올라갈 사람이 돼야 부흥단 되지, 그전엔 부흥단 안 됩니다. 죽어 천당 가는 부흥사는 되기 쉬워도, 살아서 들림 받는 부흥사는 되기 어려워요. 그러니까 여기 부흥단이 잘 안 됩니다. 적어도 청와대를 뚫고 들어가려면요, 하늘로 구름 타고 올라갈 사람이라야 들어가지 못 들어갑니다. 지금.

 난 그러게 저, 유감한 말이지만 말이요, 우리 교회 뭐 그 여집사들 댕기면서 그거 자꾸 따라 댕기는 것 보면요, 도저히 안 되겠다는 생각이 나요. 참 걱정스러워요. 이런 정도 가지고서 어떻게 상대가 되느냐? 이거 도저히 안 되겠는데 말이야. 안 되겠는데. 안 되겠는데. 이게 적어도 정치인을 만나서 감화를 줄라면 우리가, 도저히 안 되겠다. 이거.

 그래 지금 여러분들 역사 안 일어난다고 그러지 말고, 단체가 일어안 나는 것을 염려하라구요. 단체. 예? 우리 여기 온 단체요. 단체가 될 자격이 아직 안 됐단 말이에요. 우리 단체라는 건 땅에서 구속 받는 단체죠? 예? 죄인을 용서할 때 구속 받는 단체요, 죄인이 다 죽는 날에 구속 받는 단체요?

 자, 이 땅 사람들이 말짱 통곡하는 날에 구름타고 올라가는 단체인데, 서울 사람이 그때 아우성치지요? 죽는다고 야단치면서. 요한계

땅에서 구속 받을 인격 327

시록 1장에 그랬소, 안 그랬소? 주님이 구름타고 올 때는 이땅에 모든 족속이 어떻게 해요? 통곡이라! 남이 다 통곡하는 날에 올라갈 사람이야. 알아요? 예? 그 단체가 우리가 지금 말하는 단체가 아닙니까? 말짱 모두 통곡하는 날에 우리는 구름타고 올라간단 말이야. 예? 알겠어요?

그럼 이 단체가 되려면 우리가 지금 이 인격 가지고 잘 됩니까? 먼저 부흥단 세 사람 세워 봐라! 내세워 봤어요. 세 사람 세워 내세워 봐라 그래요. 내세워 놓으니 말짱 빵점 맞아요, 안 맞아요? 그게 무슨 꼴입니까? 서이가 말짱 제가락으로 굴어 먹는데, 그게 어디 뭐, 그러니까 그걸 본다면 아직 멀었다는 거 아니에요? 서이 가운데 원, 둘이라도 단합이 되야지, 서이 제가락으로 놀아나는데 뭐, 말할 거 뭐 있어요? 그러니까 여러분들, 역사는 이번에 구름 타고 올라갈 단체가 나오는 게 큰 역사에요.

이건 호소하는데 벌써 어드런 분은 얼굴 보면 알아요. 얼굴에 압력이 꽉 차서 맥을 못추고, '♪ 우리 앞에 큰 환난' 해야 하는데, '♪ 우리 앞에 큰 환난' 벌써 보면 알거든요. 여기 잡아댕기는 게 있는지 없는지. 이마가 부예가지고 '♪ 우리 앞에~' 억지로 지금. 그러면 호소하는 단체도 못 되는 우리들이 어떻게 공산당과 싸우는 단체가 되겠느냐? 자, 달라는 것도 단체가 잘 안 되는데 공산당과 싸우는 단체가 돼? 이게 뭐 턱이 됩니까? 그렇소, 안 그렇소? 예?

자, 주고 싶은 아버지 앞에서 달라는 데도 단체가 잘 못되면서 공산당과 싸우겠다고? 예? 턱이 있어요, 턱이 없어요? 턱이 없어요.

그래서 여기 보시라구요. 첫째로 여자로 더럽히지 않아야 된다 그랬단 말이요. 그게 인격이야요. 더럽히지 않는다는 것. 여러분들 더럽히지 않는 인격 가지자고요. 더럽히지 않는 인격. 자, 최고의 인격은 더럽히지 않는 인격이죠? 여자로 더불어 더럽히지 않는다. 우리 주님 올 때에 '♪내 맘이 약하여 늘 넘어지오니 주 예수 힘 주사 굳세게 합소서' 그럴까요? 안 돼요. 오늘이나 그 노래 부를라면 부르지. 주님 올 때는 어따 대고?

 암만 똥에다 갖다 뒹굴려도 똥이 그 속에 안 들어가는, 자 봐요. 여러분들 바닷물이 짜지만 산 고기가 짜집디까? 짜져요? 예? 그거 왜 안 짜져? 그 뭐 있어서? 생명이 있어서. 자, 그놈이 이상하죠? 바닷물을 먹고 크는데 이놈이 짜질 않아요. 원 그렇게 짠 바닷물 속에서에 원, 하나 들어가지 않았거든. 그게 뭐냐 할 때에 그 속에 생명이 있어 그렇다 그말이에요. 그럼 여러분들 예수의 생명이 충만하다면 이 음녀 세상에 암만 있어야 더러워질까요? 예? 더러워질까요?

 여러분들 이러면 어드래요? 예? 우리 나 만나서 서로 호소할 때는 맘이 좀 좋다가도 따로 나가 저 딴 데 가서 불신자들 만나면 맘이 복잡해지고 압력이 들어온다면 그거 자격이 있습니까? 예? 자격이 없어요.

 그래, 더럽히지 않는 거에요. 근본에 생수가 없는 물은 흙덩이가 떨어지면 이내 뽀얗게 흐려져도 팡팡 솟아오르는 샘물은 아무리 돌 아니라 흙을 삼태기로 갖다 집어넣어도 슬쩍 나가고 마는 거예요. 예? 그렇지요?

 자, 하늘로부터 은혜가 항상 머리 위에 쏟아져 내리는 생활은 흙덩이 아니라 똥덩이를 집어넣어도 슬쩍 지내 내려가는 거요. 알아요?

 자, 지금도 우리 생수의 근본 되시는 하나님께로부터 지금 내립니까, 안 내립니까? 언제나 머리 위에 닿아야 돼요. 내가 지내 보니까,

별 수 없어요. 맘에 불덩어리가 왕왕왕왕 붙기 전에는 죄 또 들어오는 거야요. 천상 뭐가 내려와야, 나 오늘이라도 이 시간에 은혜가 안 내린다면 죄가 또 붙는 거요. 별 수 없어요. 인젠 그거라니까요. 아무리 나뭇가지가 진액을 많이 받았지만 진액 못 받으면 오늘 저녁에 또 시들어지죠?

그러면 그와 같이 난 그거야요. 오늘이라도 이뢰자 머리 위에 은혜발이 내려오지 않는다면 이뢰자 도로 죄 짓습니다. 별 수 없어요. 자, 하나님이 사람을 낼 때에 하나님의 역사를 받지 않고는 마귀한테 백전백패하게 낸 게 사람이야요. 예? 하나님 그거 잘못 냈지요? 그것이 뭐냐 할 때에, 그래서 우리가 마귀와 아무리 싸워도 마귀의 세력이 내게 와 피해를 못 준다면 그사람은 왕이야요. 알아요? 예? 그러면 낼 적에 말짱 마귀와 아무리 싸워도 피해를 못 받게 냈다면 저마다 다 왕이죠? 예? 그럼 왕 사태가 나서 그 뭐 왕이. 그렇소, 안 그렇소?

그러니까 사람을 낼 때에 자기 힘으로는 도저히 죄를 못 이기고 자기 힘으로는 마귀를 못 이기게 낸 게 사람이야요. 죄만, 마귀만 이기면 왕이란 말이야요. 알아요? 자, 일러 봐요. 하나님께서 사람을 창조할 때에 하나님을 바라보고 도움을 받아야만 마귀를 이기게 냈단 말이에요. 알아요? 그렇게 냈다는 게 틀림없지요? 그렇기 때문에 아담·하와 둘이 다 빵~ 하고. 그걸 알아야 됩니다.

그래서 인생이라는 건 이건 벌써 여자로 더불어 더럽히지 않으면 하늘로 올라갈 자격이란 말이에요. 여러분들 아직까지 좀 더러워질 때가 있습니까? 뭣이 암만 와 문대기야 까딱도 없습니까? 예? 어디 한 번 말해 봐요. 또 더러워지죠? 나빠지죠? 그러니까 안 됐단 말야. 절대에 더러워지지 않아야 되거든요.

그것이 자, 일러 봐요. 여자로 더불어 더러워지지 않는 인격이라면 오늘이라도 구름 타고 올라갈 인격이라요. 여자라니까 여기 또 무슨 그저 여자 아니요, 아주, 여귀, 여귀, 여자 귀신 예? 아주 음녀 귀신이야요. 음녀 귀신. 예? 이 세상이 음녀 귀신이 꽉 찼소, 안 찼소? 음란 귀신이 꽉 차 버렸어요. 사상음란, 육의 음란, 음란 귀신이 서울 바닥에 꽉 찼어요. 지금 여러분 눈 뜨고 보지만 저 속에요, 음란 귀신이 그저 꽉 찼습니다 지금. 음란 귀신이.

그래서 여러분이 사상적으로나 몸으로나 음란의 그 귀신의 피해를 당하지 않으면 오늘이라도 구름 타고 올라갑니다. 예? 음녀란 그거야요. 또 이렇게 맘먹지 말라구요. 이건 WCC 가입하지 말란 말이야. WCC만 음녀요? 난 WCC는 가입 안 했으니까 뭐 더럽히지 않았어. 그러고는 속에 음욕은 그냥 안고 다니고. 예? 그럼 WCC 가입 안 했다면 그건 뭐 저 NAE는 다 올라가겠네? ICCC는 다 올라가겠네? 그럼 뭐 세상에 믿지 않는 사람도 다 올라가겠네? 자, 안 믿는 사람들 WCC 가입했소? 그게 아니야요.

지금 이 말짱 음녀라니까 세상은. 난 이렇게 봐요. 자, 일러 봐요. 변화 승천할 사람 내놓고는 몽땅 다 음녀 마귀에 속한, 음녀, 음란 마귀에 속한 사람들이요. 음란 마귀, 다. 그래요, 안 그래요? 예? 음란 마귀. 그럼 여러분이 자체 속에 음욕이 발생을 하고 더러운 맘이 생긴다면 여러분들 아직까지도 공동묘지 갈 몸이라요. 사상적으로 벌써 우리가 타협이 있대도 벌써 공동묘지 갈 사람이야요. 그러니까 절대로 이 음녀적인 그 세력이 사상으로나 몸으로 침투 못하게 돼야 그 사람이 변화 승천할 자격이 있다 그말입니다.

자, 일러 봐요. 아무리 음녀 세상에 나가 싸워도 조금도 더러워 안 지는 사람끼리 단체가 돼야 공산당과 싸운다 그말이에요. 보는 것이 음란 세상이요, 듣는 것이 음녀 세상이요, 전부 이 세상은 음녀 세상입니다 이것이. 그래서 우리 오늘부터는 절대로 음녀로 더불어 더럽히지 않는 인격을 가지자 그말이야요. 예?

 그리고 정절이 있는 자라 그랬단 말이요. 정절. 지금 전 이렇게 봐요. 하나님께서 이 마귀를 내보내는 것은 절개가 있나 없나 검열해 보기 위해서 내보냈지요? 그저 마귀에게 허락했습니다. 너 절개를 빼앗아 봐라! 특허 받았습니다 마귀는. 극도로 더럽혀 봐라. 말짱 마귀가 허락 받았어요. 그 암만 절개 뺏을라고 그래도 절개 안 뺏긴다면 그사람은 오늘이라도 구름 타고 올라갈 사람이야요. 정절이 있다 그거요. 그래서 요걸 분명히 아셔야 됩니다.

 여기에 어디로 인도하든지 따라가는 자라. 이게 순종인데요. 이것도 어려운 거에요. 여러분 꼭 주님 하라는 대로 꼭 순종 다하겠습니까? 예? 그저 예수님이 가자는 대로 어디든지 따라가면 그사람 올라갈 수 있어요. 자, 골고다도 겟세마네도 어디든지 예수가 가자는 데는 다 따라간단 말야. 그러면 그사람은 예수와 같이 올라갈 자격이 있잖냐 그말이죠. 그렇잖아요?

 평안하면 따라가다가 골고다는 가지 말아야지? 예? 만일 주님께서 우리를 끌고 갈 때에 대접 받고, 환영 받고, 밥 잘 먹고, 옷 잘 입고, 거들거리는 데만 가다 데리고 올라간다면 다 따라가겠는데, 자, 이놈의 거 골고다로 끌고 갑니다 그려. 겟세마네로 끌고 갑니다 그려. 그러니 이걸 따라갈 수가 있어야지. 자, 평안할 때는 기도가 곧잘 되더니 겟세마네로 끌고가니 잠만 온단 말야. 원망이 나와요. 자, 일러 봅시다. 보리떡 먹고 얻어먹고 배부를 때는 곧잘 따라왔더니, 자, 영생의 생명의 떡 먹으라니까 다 간단 말야. 참.

그런데 우리 주님의 인도가 말이요, 그저 이렇다면 다 되지요? 왕. 환영 받고, 대접 받고, 밥 잘 먹고, 옷 잘 입고, 고이고이 가다가 하늘로 올라간다면 다 올라가는데, 자, 이거 그렇게 안 데려가고 인간으로는 갈 수 없는 길을 가자는 거야. 이거 참. 그저 우리 주님 합당치 못하죠?

어디든지 따라가겠소? 예? 난 잘 못 따라가겠수다 아직까지. 그래서 그저 난 못 따라갈까 봐 그래서 그저 항상 기도해요. 왜? 위에로부터 잡아댕기는 힘이 아니면 못 가겠어요. 오늘도 위에로부터 잡아댕기는 것 내려오지 않는다면 난 못 가겠습니다. 못 가요. 팍 쓰러집니다. 나 오늘이라도 내 머리 위에 내리는 잡아 댕기는 힘이 없다면 난 팍 쓰러져요. 못 따라가요. 난 이 몸도 못 따라가요. 팍 쓰러지고 맙니다. 그러니까 그저 장줄 매달리는 겁니다. 정말 저는요, 그거요.

어저께 한 번 본때를 보이는데요. 또 얘기합니다. 제가 어저께, 이 말 하면 미안하지만요, 가만히 생각해 보니까 이번에는 호소 많이 할라면 뭘 좀 잘먹는 것이 좋겠어요. 그래 밤에 일어나서 어떤 집사님이 아주 뭐 아주 영양 좋은 거라고 가져온 게 있거든요. 아주 먹어보니 맛이 좋거든요. 그런데 배가 아파요. 오! 주여 그다음엔 아무렇지도 않아요. 배도 아프지 않고. 에이 그래서 어저께부터는 난 인제 영양제고 무슨제고 뭐 그까짓 거 뭐 이제. 하하. 인젠 그저 잡아댕겨야 되겠다. 그래서 그저 아예 인제는, 나는 그저 정말 아예 손톱만치도 영양제는 내가 갖다 준대도….

아예 대룽둥대룽둥 매달릴 판입니다 인제는, 까짓 놈의 거. 하하. 자, 주님께로부터 오는 힘이 아니면 팍팍 쓰러질 이 지렁이 같은 놈의 자식이 강단에 서서 인도하고 있습니다. 나 오늘이라도 우리 주님이 보내는 거 아니라면 나 이 몸도 강단에 못 서요. 쓸 물건이요, 쓰지 못할 물건이요? 예? 어디 판단 좀 해 달라구요. 예? 그게 쓸 물건입니까? 영양제도 못 먹고, 아무것도 못 먹고, 비지나 조금 먹어야 되고, 눅거리나 조금 먹어야 되는 그따메 그 뭐.

자, 이거, 난 이거야요. 영적으로나 몸으로나 또 보시오, 지금 내가 뭘 연구할라고 그러면요, 이 봐요, 전 그러게 지금 야단났어요. 뭘 꼭 내가 머리 써서 연구할라고 그러면 머리가 아뜩아뜩하게 만들어 놔요. 자 이거 야단나지 않았습니까? 큰 병 들었거든요. 무얼 내가 맘으로 내가 좀 알아보겠다 하고 연구할라고 보면 머리가 아찔아찔하게 만들어 놔요. 자 그러니 이놈의 머리를 맘대로 씁니까? 아니 이 몸을 맘대로 합니까? 배를 제 맘대로 합니까? 또 요것도 맘대로 못 놀립니다.

그러니 나는 인제 그저 별 수 없이 그저, 그저 맘대로 하시오. 맘대로 하시오. 맘대로 하시오. 이 수밖에 없단 말이요. 자 그런 물건이 떡~ 강단에 섰수다. 야단났어요. 그러니 난 인제는 뭐 망신을 해도 맘대로 하시오. 뜻대로 하시오. 뜻대로 하시오 밖에는 할 수 없습니다. 예? 어떡합니까? 그저 인제는 그저 뜻대로 하시오 밖에는 뭐 다른 거 없어요. 아주 인젠 아예 도취가 돼 버렸는지 어떻게 된 건지 모르겠어요. 나는.

생각을 내 맘대로 할 수가 있습니까? 뭘 먹길 맘대로 할 수가 있습니까? 뭐, 그저 인젠 맘대로 하시오. 끌고 가시오. 난 모르겠수다. 그저 그러고서 인제는 배짱 있게 인젠, 에잇 까짓 놈의 거 인젠 뭐, 인제는 할 수 없다 말이야. 그래서 지금 제가 어디든지 인젠 따라가야지할 수 없다. 그럼 같이 가겠소, 같이 안 가겠소? 그럼 내가 앞장서라우, 여러분이 앞장서겠소? 예? 하하하.

그럼 따라갑시다. 인젠 뭐 막다른 골목이요 뭐 할 수 없어요. 그럼 여기서 이번에 이 성회 내가 인도하는 대로 꼭 따라하겠소? 졸지 말라면 또 졸겠소? 그럼. 내가 졸지 않으면 같이 졸지 않아야지요? 내가 울면 같이 울어야지요? 내가 호소하면 같이 호소해야지요? 그래야 날 따라 나랑 같이 가는 거지 뭐. 난 이렇게 하는데, 이러면, 그시간 벌써 함께 안 가는 거 아니야요? 그렇소, 안 그렇소?

자, 앞에 사람 잡아당기면 뒷 사람도 잡아당겨지고 졸랑졸랑 끌려가야 잡아댕겨지는 거지. 자, 띠를 떡 쥐었다면 말이요, 앞에 사람 예수님이 잡아댕기면, 내가 잡아댕기면 그 힘이 같이 가 잡아댕겨야지. 그래야 이거 한 단체지. 아, 그거 난 끌려가는데, 이러~ 고 있다면 그게 단체입니까? 줄 잡았소, 안 잡았소? 안 잡았기에 그렇지. 잡아 놨다면 위에서 날 잡아당기면 그러다가 이제 내가 올라가면 '증거 마칠 그때에 천지진동하리라 올라오라 할 때에 나는 들림 받으리' 쑥~ 같이 올라가요. 그래 여기서 호소할 때 같이 끌리지 않는다면 그건 벌써 한 단체가 아닌 게 아니냔 말이에요. 그렇지요?

자, 그러면 이 시간 고만치 하고서 우리 한번 끌려 봅시다. 어떻게, 잡아댕기면 올라가겠나 못 올라가겠나 어디 한번. 예? 예?

이제 위에서 줄이 내려와요. 내려오는데 이마에 말짱 가서 붙습니다 이제. 뜨거운 사람은 뜨겁게 붙고 식은 사람은, 하여간 붙긴 다 붙을 거에요 이제는. 붙는데 전부 우리가 여기 보니까 14만 4천 명은 다 그리스도께만 속했다고 그랬거든요. 꼭 속했다고. 또 거짓말이 없다고 그랬거든요. 흠이 없다고 그랬거든요. 몽땅 그렇게 되길 바라고 하자구요. 이거 예수님이 해야지요. 안 돼요.

 자, 우리 신랑 예수는 장가가 가고파서 눈먼 소경도 눈 뜨게 만들어서, 벙어리도 말하게 만들어서, 폐병쟁이도 고쳐서, 절뚝배기도 고쳐서, 지렁이 같은 사람도 타작기 만들어서 결혼식을 하고야 말겠답니다. 예? 어떻게, 그 신랑한테 시집들 가겠소, 안 가겠소? 예? 하하. 참.

 우리 신랑 예수 장가 갈 날은 가까웠는데 아내가 없어 야단났답니다. 아내가 꼭 14만 4천 명이 돼야 된답니다. 하하하. 무슨 신랑이? 하하.

 자, 이 시간 우리 신랑한테 한번 좀 합격하자구요. 뭣이나 달라는 데 합격해 봅시다. 우리 신랑은 달라고만 애쓰면 다 줘서 데리고 살겠다는 거야. 이거 원, 이런 양반이 어디 있느냐 말이야. 이런 양반한테 신부가 못 된다면 폐물이지 그 뭐요? 예? 그래서 이 시간 꼭 받아야 돼요. 제발 이, 눈감지 말라구요. 하하. 여길 바라보셔요. 내가 앞장섰어요. 내가 앞장섰습니다. 분명히 앞장섰습니다. 앞장섰기에 나를 통하여 내 입을 통하여 이런 성가가 내려오지 않았소? 나 부르는 대로만 부르라는데 뭐 그리 하우? 인제 꼭 부르셔요.

■ 기도: 땅에서 구속 받을 단체가 일어나야만 할 때가 이때가 아니옵나이까? 우리는 첫째 아담에 속하지 않았고, 둘째 아담 예수님께 속했사오니 어찌 우리가 완전하게 못 될 수가 있겠사옵나이까?

 주여! 역사를 나릴진대는 땅에서 구속함을 받는 단체가 이 주간부터 완전히 이루어지는 역사가 이 나라 수도 중앙청 앞에서부터 일어나야 되겠사옵나이다. 죽었던 영들이 살아나는 역사는 아시아 서극 예루살렘 다락방에서 나왔지마는 이 몸이 죽지 않고 구속 받는 동방 역사는 중앙청 앞에 10층 다락방에서 일어나야만 되겠사오니 강하게 내려보내 주시옵소서.

　오늘 이 성회에 와야 할 사람들은 이끌어 주시고 합당치 못한 사람은 막아 주시고 아무쪼록 땅에서 구속함을 받는 멸공 용사의 단체가 일어나는 호소 성회가 되도록 강하게 역사를 나리시옵소서. 열 시에 다시 모일 때에 더 큰 축복이 올 것을 믿사오니 받아 감당할 수 있는 그릇들이 되도록 성령이여 강하게 도와 주시옵소서.

　예수 이름으로 기도하옵나이다. 아멘.

부 록

1. 완전한 것 주고 싶어 하시는
   아버지의 심정을 내가 믿나이다
   　　　　　　　(이뢰자 목사 걸어온 길)

2. 사랑 떠난 교회를 위한 눈물의 기도

3. 사진자료

이뢰자 목사 신앙 간증

완전한 것 주고 싶어 하시는 아버지의 심정을 내가 믿나이다

완전한 것 내게 주고자 하는 아버지의 예정과 섭리를 내가 더욱 깨닫게 되고 믿게 되나이다. 아버지를 공경하는 생활 40년이 되는 금일에 크리스마스 성탄을 앞에 놓고 더욱 감사에 넘치는 생활에 금년도 성탄절을 맞이하게 되는 나의 마음 아버지께서 아시온즉 영광을 아버지께 돌리는 일이 있게 하실 줄 믿고 새로운 용기를 얻게 되나이다.

처음에 중생을 받고 성탄을 맞이할 때, 기쁘다 구주 오셨네 하는 새벽 찬양에 눈물겨운 감사를 드리며 기뻐하는 날은 벌써 40회를 맞이하면서 다음과 같은 감상이 있습니다. 40년이라는 세월이 인간으로는 이렇게도 변천이 많았습니다. 인간 과학이 시대를 바꾸어 놓고 있습니다. 인간 지식은 40년간에 완전한 것을 얻은 것같이 인간들은 교만해졌다고 봅니다. 그러나 나는 40년간 신앙생활에 내가 제일 약하다는 것, 어리석다는 것, 믿음이 없다는 것, 사랑이 없다는 것을 눈물겹게 깨닫는 심정뿐입니다.

그러나 아버지께서 내게 주신 은혜는 이렇게 흘러왔습니다. 15세 고아로 인생을 비관하고 사망의 공포 속에서 인생 종말을 알아보려는 마음 가졌으나 답답함을 금할 수 없어서 밤잠을 이루지 못한 적이 많았습니다. 그러므로 16세라는 해는 극도로 타락의 길을 가 보려고 시작했던 것입니다. 그러나 1년을 허송하고 보니 정신이 바짝 나면서 내가 이렇게 가다가는 사람의 꼴이 안 되겠다는 생각이 나서 영생이 있다는 성경을 구해다 놓고 매일같이 복음 책을 한 번씩 읽어보기로 작정하고 읽던 중 예수 믿을 마음이 생겨 믿기로 결심 한지 1주일 내에 중생의 체험을 받게 되었습니다.

캄캄한 마음은 밝아지고 공포에 떨던 마음은 큰 기쁨을 얻고 매일같이 성경을 읽는 데서 예수님과 직접 대화를 하는 것 같은 감동을 받고 성경을 읽을 때마다 신비한 체험은 성경에서 진리가 나타나되 설교할 문제와 대지가 본문에서 나타나게 되어 마태복음 1장에서부터 유다서까지 모조리 빠짐없이 문제와 대지를 쓰게 되었습니다.

이렇게 되므로 20세 청년으로 어디를 가든지 설교를 잘한다는 칭찬을 받고 환영을 받을 때에 나도 모르게 교만이 있게 되었습니다. 왜냐하면 남의 설교를 들을 적에 성경을 가지고 비판적으로 들을 때 성경과 맞지 않는 설교를 하는 사람은 무시하는 자리에 있게 되므로 나 자체의 영계가 더 올라가지 못하고 믿으면 구원 받는다는 것으로 만족을 삼는 생활에서 내려오던 중 순교 생활을 한다는 결심을 갖고 개척 전도를 시작했던 것입니다.

그러나 아무런 영적 발전을 이루지 못하고 신학을 배우려고 고려 신학에 입학했으나 거기에서도 영적 발전을 특별히 얻지 못하고 1955년 12월에 특별 기도를 작정할 때 중심에 완전한 성결을 얻어야 되겠다는 마음을 가지고 고요한 기도원을 찾아가 높은 바위 위에 기도 장소를 정하고 하늘을 바라보며 기도하기 시작했습니다.

이상하게도 강단 생활하면서 마음으로 지은 죄가 나타나기 시작되어 억제할 수 없이 일어서서 하늘을 바라보고 탄식하는 기도는 마음으로 지은 죄를 고백하는 호소가 나올 때에 20세부터 강단 생활하면서 나도 모르게 숨었던 죄가 쓸어나오기 시작하여 애통의 눈물이 옷

깃을 적시고 계속으로 애통, 호소가 나오던 중 4일째 되는 날 하늘의 문이 열려지는 광경이 나타나면서 주님의 모양이 나타나되 내 기도를 듣고 계신 모양으로 보여지되 눈을 뜨고 하늘을 바라보고 있는 중에 나타날 때에 나는 기도하기를 주님을 뵈옵는 것보다도 내 중심에 성결이 필요하다고 울 때 열렸던 하늘은 닫혀졌습니다.

　나는 계속하여 강단 생활에서 마음으로 지은 죄가 생각이 나면서 계속으로 고백을 하며 호소하게 되었습니다. 2일 만에 다시 하늘 문이 열리며 주님께서 두 손길을 모으고 무릎을 꿇고 머리를 숙였다 들었다 하면서 기도하는 모습이 똑똑히 하늘에서 나타나 보입니다. 그때에 나는 기쁜 마음을 얻었습니다. 나같이 강단 생활하면서 죄를 많이 지은 사람도 주님은 버리지 않고 대언기도 하신다는 확신이 생기며 안타깝던 마음이 위로가 생겼습니다.

　그러나 계속으로 중심 성결을 구하는 눈물의 호소는 하루를 계속했는데 이튿날 다시 하늘 문이 열리며 빛은 나 있는 곳으로 비쳐 내려옵니다. 이상한 손이 나타나서 하늘로부터 내려오며 내 머리 위에 임하여 안수를 하는 것이 나타나 있더니 손바닥에 못 자국 자리가 있다는 것을 보여 주면서 그 손은 다시 하늘로 올라갑니다. 그 후에 눈물도 없고 부르짖는 힘도 없고 조용히 앉아서 묵상을 하는 기도를 하게 되었습니다. 다시는 눈물이나 호소가 없게 되므로 기도를 마치고 부산으로 돌아가려는 길이었습니다.

　마지막 길을 떠나는 아침 기도하던 장소에 잠깐 나가서 기도를 하던 중 강한 기도의 힘이 이전보다 몇 갑절 오면서 입에서 찬송이 터질 때에 "큰 죄인 복 받아 빌 길을 얻었네 한없이 넓고 큰 은혜 늘 베퍼 줍소서" 하는 찬송을 하던 중 내 마음은 타지는 것같이 뜨거워졌습니다. 그때부터 지금까지 그 불은 마음에서 떠나지 않고 충만해 있으므로 15년간 신앙생활에 마음으로 죄를 짓지 않고 설교할 수 있는 사람이 되었음을 감사하게 됩니다. 이것이 아버지의 응답인 줄 믿습니다.

또는 내 몸이 피곤을 모르고 13년간 봉사하게 된 것은 아버지의 큰 축복인 줄 믿습니다. 나는 이것을 구해본 일은 없지만 1958년 3월 20일에 아버지께 받은 일입니다. 빈민굴에서 빈민을 위하여 주택을 짓고 교회를 지어 봉사하던 중 불쌍한 고아와 과부를 위하여 밤을 새워 눈물 흘려 기도하게 된 것은 영양 부족과 지나친 노동으로 병이 들어 쓰러진 것을 보고 잠을 자다가 큰 책망을 받고 일어나서 기도하기 시작하여 3일간 철야하던 중 강한 바람이 성전 안으로 들어오며 하늘로부터 생수가 내려 내 몸을 잠겨 놓게 되었습니다.

그때부터 30분 이상을 자지 않고 하루 이틀 밤을 새워 기도하기 시작하여 약10개월을 계속하게 되었습니다. 이상하게도 머리는 명랑해져서 하루 종일 선지서와 계시록을 읽어도 지루하지 않는 감을 느끼게 되었습니다. 이전에는 이사야나 계시록을 보아도 아무런 흥미가 없었는데 그때부터는 읽을 때마다 통달이 될 것 같은 느낌을 가지게 되었습니다.

약 1개월을 계속으로 읽던 중 이상한 힘이 하늘로부터 내게 와서 잠겨지는 체험이 있더니 그 힘은 움직여지면서 내 입 속으로 울려 들어올 때 말을 하는 것같이 알려오면서 계시록 4장~14장까지 똑똑히 해석이 알려왔습니다. 1958년 3월 16일부터 19일까지 세 번 알려오고 네 번째 기록하라는 명령이 오므로 알려오는 대로 책에다 기록하다보니 계시록 4장~14장까지 순서가 바뀌지 않고 하나도 빠진 것이 없이 다 해석이 기록되었습니다. 그때에 알려오기를 기독교 종말의 진리를 전부 네게 알려주기로 결정되었으니 너는 이것을 가지고 성경을 대조해 가면서 읽어보면 알게 될 것이라고 하는 것입니다.

그때에 지시가 오기를 너는 밤낮 쉬지 않고 이 진리를 증거하다가 재림의 주를 맞이하게 될 것이라고 하면서 네 몸에 신창조를 줄 것이니 십자가를 바라보고 정신을 차려 있으라는 것입니다. 그때에 나는 너무나 이상하기도 하고 두려워 밤에 전기 등을 켜놓고 눈을 뜨고 정신을 차리고 있었던 것입니다. 이상하게도 머리를 수술하는 증거가 나타납니다. 무슨 것인지 알 수 없는 것인데 내 머리를 모조리 뚫어 놓는 것같이 침 같은 것으로 30분간 전부 차례로 수술하는 것입니다. 다음에 인후를 수술하고 혀와 뼈의 관절 관절을 뜯어서 다시 맞추는 것이 있더니 다음에는 내 몸에 맥을 걷고 죽은 몸이 되게 해놓고 2, 3시간 있은 다음에 다시 맥을 돌려놓은 후에 13년간 매일같이 머리가 명랑하고 몸이 상쾌한 생활을 하면서 성경을 3년간 대조해 보고「말세 비밀」이라는 책자를 출판하게 되었습니다.

그 후에 쉬지 않고 집회를 인도하러 다니던 중 1964년 9월 24일부터 계룡산 상봉 앞에 수도원을 시작하게 되었습니다. 나의 목적은 새로운 용기를 얻기 위한 목적이었는데 하늘로부터 세미한 음성이 들려오기를 이산에 너를 인도한 것은 천지 창조할 때부터 변화성도를 일으키기 위하여 제단 자리를 준비한 곳이 있으니 그 곳을 찾아서 제단을 쌓고 변화성도가 될 사람들을 무장시키는 일에 전력을 두라고 하는 것입니다. 그때에 나는 무슨 뜻인지를 모르고 당황하게 되었습니다. 왜냐하면 목회 일을 보던 사람이 큰 교회를 내놓고 어떻게 이 산에 들어와서 이런 사업을 할 수가 있을까 하는 생각입니다.

그러나 계속으로 기도할 때마다 2, 3차 알려오므로 산을 편답하던 중 지금 「새일수도원」 자리를 발견했습니다. 그러나 조속한 시일 내에 이런 웅장한 건물이 설 줄은 몰랐던 것입니다. 이상하게도 산 주인 되는 사람이 나를 만나 무조건 수도원 대지 400평을 기증한다는 기증서를 써서 주는 것입니다. 그 기증서를 받고 기도하던 중 1964년 9월 24일 새벽 3시에 하늘로부터 큰 불덩이가 내려오면서 기도하는 나를 때리는 것입니다. 깜짝 놀라서 어찌할 줄 모르게 되었습니다. 그때에 그 불은 산을 덮고 그 불 속에서 음성이 들려오기를 너는 이름을 '뢰자'라 하고 이제부터 곧 성전을 짓되 자수로 노동을 하면서 성전을 건축하면 이 성전 안에 하나님의 말씀이 서책으로 임하게 될 것이니 너는 이것을 가지고 종들을 가르치라는 것입니다. 성전 모양을 앞에는 삼 탑을 쌓고 70평으로 짓되 튼튼하게 집을 지으라는 것입니다.

　물질을 아끼지 말고 완전한 건물을 세우라는 것이므로 공사를 시작하여 완전한 수도원을 이루게 된 금일에 하나님의 힘이 새 힘으로 내게 임하는 동시에 말씀이 입에 임하여 강단에서 설교하던 도중에 책자를 받아 기록하라는 명령이 있으므로 모든 사람들은 붓을 들게 되고 내 입에는 말씀이 내리기 시작되어 책자를 받아서 기록하게 된 것이 「성경 해석법」, 「요한일서 강의」, 「계시록 강의」, 「조직신학 강의」, 「선지서 강의」, 「인간론」 등의 학과 책이 나오게 되어 이것을 가지고 성경을 공부할 때 완전 무장을 갖출 수 있는 진리의 역사가 나타나게 됩니다.

　하나님께서 나같이 외로운 고아 중에도 고아인 한 사람으로 멸시를 받을 대로 받았고 고생을 할대로 해서 이 몸은 쓰지 못할 몸이 되었지만 몸까지 완전 개조를 시켜 매일같이 10시간씩 수도생들을 학과로 가르치는 일에 피곤 없이 감당하게 하시고 그 남은 시간은 입에 말씀을 주어서 기록하는 대로 말씀이 임하여 매월 70페이지의 월간지를 발행하기에 아무런 지장이 없게 해 주시고 날마다 하늘로부터 신령한 영양을 채워주므로 채소와 과실만 사용하는 가운데도 영양의 충만을 받아서 명랑한 몸으로 일하는 것을 생각할 때 아버지께서는 완전한 것을 주고 싶어 하시는 하나님이신 것을 날마다 새로이 체험하게 됩니다.

기독교 영계라는 것은 너무나 차이점이 중생 단계로부터 이렇게 높이 올라갈 수 있는 하나님의 역사가 있는 것을 40년간 체험한 나로서 앞으로 재앙으로 땅을 치며 나가는 일이나 구름을 타고 승천하는 일에 대하여 더욱 확신을 갖게 되며 크리스마스와 새해를 맞이하면서 더욱 완전한 역사가 동방에 임하여 새해에는 동방에 임한 새 일의 역사가 무엇인 것을 세계가 다 알도록끔 귀한 종들이 많이 일어나기를 기도하오며 완전한 역사가 이 나라에 나타나서 세계를 각성 주는 일이 있기를 바랍니다.

나같이 못나고 부족한 사람에게 이런 역사가 오는 것은 어느 종님이든지 다 같이 새 일의 축복을 받을 증거라고 믿어집니다.

(아름다운 소식 1970년 12월호 『특집』중에서)

사랑 떠난 교회를 위한 눈물의 기도

하늘에 계신 아버지여, 너무나 큰 사랑을 받았사오나 그 사랑 그대로 남에게 주지 못하여 교회는 다 식어지나이다. 하나님의 사랑은 너무나 넓고 높고 깊고 길어서 인간들이 그 사랑을 받고도 깨닫지 못하는 자리에 있으므로 사랑이 식어지는 것이로소이다. 우리에게 이러한 시련이 오는 것은 분명히 하나님의 큰 축복이 올 징조라고 성경을 통하여 깨달으면서도 실지 시련이 오면 감사하지 못하고 오히려 마음이 식어지는 것이 인간이로소이다.

아버지 하나님, 좀 더 뜨거운 마음을 내게 주시옵소서. 강단에 선 종의 마음 식어지면 굶주린 양 떼를 어떻게 하오리까. 억지로 설교 본문을 택하고 억지로 제목을 택하고 억지로 여기저기서 이말 저말 끌어다 횡설수설한다면 나 어찌 강단에 서서 주님 올 때까지 지킬 수 있사오리까. 아무리 생각을 해 보아도 강단의 생활부터 개혁이 일어나야 하겠나이다.

세파에 시달리던 양 떼들은 하늘로부터 내리는 새로운 만나를 찾고 있는데 과학적, 철학적 하는 설교 듣기 싫어 교회 출석할 힘조차 잃어버리고 갈팡질팡하면서 왔다 갔다 하는 양 떼를 어떻게 하오리까. 주여, 당신의 양을 사랑할진대는 내 입에 말씀을 주시옵소서.

예배 시간 되고 보니 은혜 없는 맥 떨어진 찬송 억지로 불러 보아도 오히려 열없는 생각나서 천장만 바라보는 그 태도, 하나님 보시기에 기뻐할 수 없으리이다. 하나님이여, 지절거리는 노래 부르지 않고 하늘 보좌 위에 올라가는 우렁찬 호소의 찬송을 부를 수 있는 입을 열어 주시옵소서.

 마지못해 예배 시간 지키는 사람 되고 보니 시간만 지루해서 졸고 있는 그 모양, 하나님 보시기에 가증할까 두려운 것뿐입니다. 하나님이여, 예배 시간 그리워서 모이기를 힘쓰고 설교 말씀 꿀보다 달아서 시간가는 줄 모르는 교회가 되도록 일으켜 주시옵소서.

 하늘에 계신 아버지여, 내가 오히려 은혜의 문을 막는 설교자가 될까 봐 떨리는 것뿐이오니 나를 때려서라도 은혜에 사로잡힌 종이 되도록 만들어 주시옵소서. 죄 중에 큰 죄는 강단에 선 종이 은혜 없이 설교하는 일인 줄 눈물겹게 깨닫게 되나이다. 한 사람을 죽이는 강도보다도 대중을 죽이는 설교자가 될까 봐 떨리오니 나를 말씀으로 사로잡아 괴로운 자의 마음을 만족하게 해 주는 전도자가 되도록 만들어 주시옵소서.

 의식만 따지다 보니 경건한 모양은 있으나 능력이 없으므로 자동적으로 외식하는 자가 되므로 환란 바람 불어올 때 겨같이 날아갈까 봐 두려운 것뿐입니다. 하늘의 하나님이여, 어찌하려나이까. 의식에 매이지 않고 사랑에 녹아진 인격을 주시옵소서. 사랑 떠난 의식은 진액 없는 나뭇가지 되어 열매 없이 찍힘을 당할까 봐 두려운 것뿐이로소이다. 하나님이여, 사랑의 불 가운데서 자동적으로 질서 정렬하게 이루어지는 역사를 주시옵소서.

 억지로 열심을 낸다한들 그 열심은 오히려 외식하는 열심이 될까 봐 두려운 것뿐이오니 억지가 아닌 자유로운 열심을 주시옵소서. 참된 자유를 위하여 우리를 부르신 아버지여, 그 자유 안에서만 승리가 있을 것이로소이다. 무소불능하신 아버지여, 우리가 억지로 몸부림쳐 보았던들 무슨 소용 있겠나이까. 아버지여 아버지께서 주시는 격동을 받아 몸부림쳐 기도하지 않고는 견딜 수 없고 말씀을 외치지 않고는 견딜 수 없게 해 주시옵소서.

　숨은 봉사 해 보려고 작정을 했사오나 사람이 알아주지 않을 때 봉사하던 일에 맥이 빠져 쓰러지는 자가 될까 봐 두려운 것뿐이오니 주여 잠잠히 나를 사랑하는 증거를 내게 주시사 고요히 문을 닫고 골방에 앉아서 기도로 봉사할 때, 손으로 봉사할 때 거기서 보좌와 교통하는 영계를 주시옵소서. 할 일 많아서 이것저것 만져보다가 나 홀로 할 수 없어 낙심하는 사람 될까 봐 두려운 것뿐이오니 신앙의 동지를 만나게 하옵소서.

　환영 받을 때 많은 사람 따라오고 억울함을 당할 때 많은 사람 나를 배척하니 괴로운 세상 더 살 마음 없어 스스로 목숨을 끊는 자가 될까 봐 두렵습니다. 하나님이여, 억울함을 당할 때 더 큰 역사를 주시옵소서. 하나님만 자랑할 수 있는 일을 내게 주시옵소서. 아버지만 자랑하는 사람이 된다면 무엇이 부족하겠나이까. 하나님 아버지여, 아버지만을 영화롭게 할 수 있는 인격과 생활이 있게 해 주시옵소서.

(아름다운 소식 1970년 11월호 『특집』중에서)

【 사진 자료 】

이뢰자 목사

수도학과 진행 광경

새일수도원

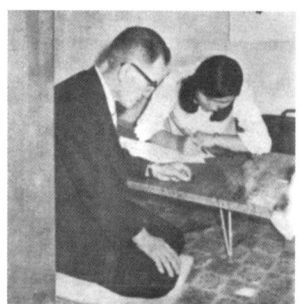
말씀을 받아쓰는 광경

반석위의 기호아래 새일수도생

받은 말씀으로 이루어진 책들

5·15 기념 예배

8·15 기념 성회(1971년)

새일수도원이 위치한 계룡산

새일수도원

새일수도생

당시 발행된 '아름다운소식'

이뢰자 목사 설교집 5
녹취 설교편

발행일	2017년 1월 17일
저자	이뢰자 목사
엮은이	김정윤
펴낸이	김정윤
펴낸곳	새일과새시대
등록일	2010년 8월 2일
등록번호	제2010-49호
주소	서울 관악구 봉천로 272
전화	02) 888-7191 010-7171-1691
팩스	02) 888-7192
이메일	newthing@newthing.kr
홈페이지	http://www.newthing.kr http://www.kingdombook.kr
ISBN	978-89-97098-19-4 978-89-97098-02-6 (세트)

- ⓒ 판권은 「새일과새시대」에 있습니다.
- 책값은 뒤표지에 있습니다.
- 잘못 만들어진 책은 교환해 드립니다.
- 이 출판물은 저작권법에 의해 보호를 받는 저작물이므로 무단전재와 복제를 금합니다.

「새일과새시대」는 선지예언대로 대한민국에 나타난 말세복음(심판의 다림줄의 진리)을 온 세계에 전파하여 재림의 주를 맞이할 수 있도록 하기 위한 문서운동의 사명을 가진 출판사입니다.